U0927052

产业工人队伍建设改革工作文件汇编

推进产业工人队伍建设改革协调小组办公室 编

Chanye Gongren Duiwu Jianshe Gaige Gongzuo

WENJIANHUIBIAN

中国工人出版社

一、中共中央、国务院文件

二、行政法规

三、部委文件

一、中共中央、国务院文件

中共中央 国务院关于印发《新时期产业工人队伍建设改革方案》的通知

（中发〔2017〕14号 2017年4月14日）

各省、自治区、直辖市党委和人民政府，中央和国家机关各部委，解放军各大单位、中央军委机关各部门，各人民团体：

现将《新时期产业工人队伍建设改革方案》印发给你们，请结合实际认真贯彻落实。

新时期产业工人队伍建设改革方案

习近平总书记高度重视工人阶级，十分关心产业工人队伍建设，强调工人阶级是我国的领导阶级，必须坚持全心全意依靠工人阶级方针，把提高职工队伍整体素质作为一项战略任务抓紧抓好，推动建设宏大的知识型、技术型、创新型劳动者大军，充分调动一线工人、制造业工人、农民工的积极性和创造性。产业工人是工人阶级中发挥支撑作用的主体力量，是创造社会财富的中坚力量，是创新驱动发展的骨干力量，是实施制造强国战略的有生力量。为贯彻习近平总书记重要指示精神，适应新形势新任务新要求，进一步巩固党的执政基础，实施制造强国战略，全面提高产业工人素质，现就新时期产业工人队伍建设改革制定如下方案。

一、总体要求

（一）指导思想。高举中国特色社会主义伟大旗帜，全面贯彻党的十八大和十八届三中、四中、五中、六中全会精神，坚持以邓小平理论、“三个代表”重要思想、科学发展观为指导，深入贯彻习近平总书记系列重要讲话精神和治国理政新理念新思想新战略，围绕统筹推进“五位一体”总体布局和协调推进“四个全面”战略布局，坚持稳中求进工作总基调，贯彻落实新发展理念，适应把握引领经济发展新常态，按照政治上保证、制度上落实、素质上提高、权益上维护的总体思路，改革不适应产业工人队伍建设要求的体制机制，充分调动广大产业工人的积极性主动性创造性，为实现“两个一百年”奋斗目标、实现中华民族伟大复兴的中国梦更好地发挥产业工人队伍的主力军作用。

（二）基本原则

——坚持党的领导，把握正确方向。加强和改进党对产业工人的领导，坚持全心全意依靠工人阶级的方针，坚守忠诚党的事业、竭诚服务职工的责任担当，最广泛地把产业工人组织动员起来，为实现党和国家的目标任务建功立业。

——坚持服务大局，发挥支撑作用。牢牢把握为实现中华民族伟大复兴中国梦而奋斗的工人运动时代主题，着力提升产业工人的素质能力，通过辛勤劳动、诚实劳动、创造性劳动，推动经济社会持续健康发展。

——坚持以人为本，落实主体地位。维护社会公平正义，从解决产业工人普遍关心的突出问题入手，提高产业工人的经济、政治、文化、社会地位，实现体面劳动、全面发展。

——坚持问题导向，勇于改革创新。针对不同区域、不同行业、不同规模、不同所有制企业的不同性质和特点，因地制宜、因企施策，抓住重点和难点，破除束缚产业工人队伍建设的思想观念和体制机制，清障搭台，强化保障，积极稳妥推进改革，确保改革落地见效。

（三）目标任务。把产业工人队伍建设作为实施科教兴国战略、人才强国战略、创新驱动发展战略的重要支撑和基础保障，纳入国家和地方经济社会发展规划，通过改革，产业工人队伍不断壮大、综合素质明显提高，保障产业工人地位的制度更加健全，产业工人合法权益进一步实现，劳动光荣、技能宝贵、创造伟大的时代风尚更加浓厚，造就一支有理想守信念、懂技术会创新、敢担当讲奉献的宏大的产业工人队伍。

二、主要举措

（一）加强和改进产业工人队伍思想政治建设

1. 强化和创新产业工人队伍党建工作。加大在产业工人队伍中发展党员力度，把技术能手、青年专家、优秀工人吸收到党组织中来，提高工人党员比例。适应新技术新业态新模式发展，探索不同类型企业党建工作方式方法，推进在非公有制企业、社会组织及小微企业就业的工人中发展党员的工作。大力加强企业基层党组织建设，推进“两学一做”学习教育常态化制度化，严格落实“三会一课”等党的组织生活制度，加强党员日常教育管理，发挥车间班组党组织的战斗堡垒作用和工人党员的先锋模范作用，不断增强产业工人先进性。

2. 突出产业工人思想政治引领。加强理想信念教育，引领团结产业工人坚决拥护以习近平同志为核心的党中央，自觉践行社会主义核心价值观，坚定不移听党话、跟党走。强化职业精神和职业素养教育，大力弘扬劳模精神、劳动精神、工匠精神，引导产业工人爱岗敬业、甘于奉献，培育健康文明、昂扬向上的职工文化，在精神文明建设中发挥示范导向作用。突出思想政治工作先导作用，制定加强和改进产业工人思想政治工作意见。加强法治教育，提高产业工人法律素养和诚信意识，引导产业工人依法理性有序表达利益诉求，坚决维护产业工人队伍团结统一和社会和谐稳定。

3. 健全保证产业工人主人翁地位的制度安排。适当增加产业工人在党的代表大会代表和委员会委员、人民代表大会代表、政协委员、群团组织代表大会代表和委员会委员中的比例，探索实行产业工人在群团组织挂职和兼职。健全协调劳动关系三方机制及政府和工会联席（联系）会议制度，落实以职工代表大会为基本形式的民主管理制度，推进厂务公开、业务公开，坚持企业在重大决策上听取产业工人意见，涉及产业工人切身利益的重大问题必须经过职代会审议，坚持和完善职工董事制度、职工监事制度，鼓励产业工人代表有序参与公司治理。

4. 创新面向产业工人的工会工作。坚持党建带工建，适应新时期产业工人队伍发展规模、内部结构、利益诉求、思想观念的新变化新特点，直面问题，自我革新，进一步改进工会组织体制、运行机制、活动方式、工作方法，创新国有企业工会工作，加强非公有制企业和混合所有制企业工会工作，保持和增强工会组织的政治性、先进性、群众性，把工会组织建设得更加充满活力、更加坚强有力，更好地发挥党联系职工群众的桥梁纽带作用、国家政权的重要社会支柱作用、职工利益的代表者维护者作用。

（二）构建产业工人技能形成体系

5. 完善现代职业教育制度。坚持面向市场、服务发展、促进就业的办学方向，加强职业教育、继续教育、普通教育的有机衔接，形成定位清晰、科学合理的职业教育层次结构。坚持产教融合、校企合作、工学结合、知行合一，适应经济社会发展需要，创新各层次各类型职业教育模式，紧跟产业变革和市场需求，优化专业设置、健全教学标准、更新课程内容，引导社会各界特别是行业企业积极支持职业教育，提高职业教育的针对性和实效性。制定校企合作促进办法，健全企业参与校企合作的成本补偿等政策，探索推进产教融合企业试点，打造足够数量和具备实践经验的高素质“双师型”职业教育师资队伍。组织开展各级各类创新创业教育，引导学生参与创业实践。加快发展技工教育，支持技师学院建设。

6. 改革职业技能培训制度。推进职业技能培训市场化、社会化、多元化改革，建立各类培训主体平等竞争、产业工人自主参加、政府购买服务的技能培训机制。强化和落实企业培养产业工人的主体责任，引导企业结合生产经营和技术创新需要，制定本单位技术工人培养规划和培训制度。依托企业、职业院校（含技工院校）、职业培训机构，建立现代化产业人才培养培训基地（中心）。推行国家基本职业培训包制度，构建助力产业工人学习的公共服务机制。

7. 统筹发展职业学校教育和职业培训。建立覆盖广泛、形式多样、运作规范，行业、企业、院校、社会力量共同参与的职业教育培训体系，促进学历与非学历教育纵向衔接连通、横向互通互认，搭建产业工人教育培训“立交桥”，将终身学习贯穿产业工人职业生涯全过程。鼓励名师带高徒，统筹规范现代学徒制和企业新型学徒制，推行学徒制培训。

8. 改进产业工人技能评价方式。优化职业技能等级标准，在政府指导下，由行业协会、龙头企业牵头开发职业标准和评价规范，完善职业技能等级认定政策。健全职业技能多元化评价方式，引导和支持企业、行业组织和社会组织自主开展技能评价。做好职业资格制度与职业技能等级制度的衔接。加大对技术工人创新能力、现场解决问题能力和业绩贡献的评价比重。加强面向非公有制企业、小微企业的职业技能鉴定。强化对技能鉴定机构的监督管理，提高服务水平。

9. 打造更多高技能人才。实施国家高技能人才振兴计划，创新协同培育模式，依托大型骨干企业建设示范性高技能人才培训基地，孵化拔尖技能人才，培育更多“大国工匠”。加快高技能人才专业市场建设，搭建高技能人才交流平台。鼓励企业设立高技能人才特聘岗位，对引进的高技能人才给予原单位必要的培养补偿费用。叫响做实“大国工匠”品牌。

10. 促进农民工融入城市、稳定就业。深入实施农民工学历与能力提升行动计划、农民工职业技能提升计划，帮助农民工特别是新生代农民工增加受教育培训机会，提高专业技能和胜任岗位能力。将农民工培养成为稳定就业的产业工人，公平保障其作为用人单位职工、城镇常住人口的权益，提供基本公共服务。

（三）运用互联网促进产业工人队伍建设

11. 创新产业工人队伍建设网络载体。按照国家信息化发展战略、“互联网+”行动计划，建立健全结构清晰、数据准确、动态管理的产业工人队伍基础数据库，运用信息化手段研判分析，及时准确掌握产业工人思想状况、生产生活、技术技能。加强网上思想引领、技术交流、创新成果展示、文化建设等，举办多行业、多工种网上练兵活动。

12. 打造网络学习平台。适应工业化、信息化融合发展要求，将促进产业工人终身学习纳入城乡信息化建设，加强集师资队伍、教育内容、传播渠道、受众群体为一体的网络公共学习平台建设，优化数字学习环境，满足广大产业工人个性化学习需求，提高产业工人有效应用现代信息技术的意识和能力。建设面向职工的新媒体矩阵，开展“网聚职工正能量，争做中国好网民”主题活动，培育积极健康、向上向善的网络文化，提升产业工人网络文明素养。

13. 推行“互联网+”普惠性服务。建设网上“职工之家”，加强与产业工人的网上互动交流，畅通产业工人诉求表达渠道，实现网上维权帮扶、提供公共服务等，让产业工人能在网上找到组织、参加组织活动。打造方便快捷、务实高效的服务产业工人新通道，提升网络服务产品的供给与服务能力，形成网上网下深度融合、互相联动格局。

（四）创新产业工人发展制度

14. 拓宽产业工人发展空间。改革企业人事管理和工人劳动管理相区分的双轨管理体制，实行统一的人力资源管理制度。打破职业技能等级与专业技术职务之间的界限，实现有效衔接，改变技术工人成长成才“独木桥”现象。完善个人学习账号和学分累计制度，制定国家资历框架，推进非学历教育学习成果、职业技能等级学分转换互认。把优秀产业工人特别是高技能人才纳入党管人才总盘子统筹考虑，搭建产业工人职业成长平台。

15. 畅通产业工人流动渠道。健全公共就业服务体系，丰富就业服务内容，拓展服务功能，加强职业指导，完善就业信息服务制度，做好职业供求信息发布，促进产业工人合理流动，提高人力资源配置效率。

16. 创新技能导向的激励机制。建立健全培养、考核、使用、待遇相统一的激励机制，引导企业在关键岗位、关键工序培养使用高技能人才，提高相应待遇，实现多劳者多得、技高者多得。建立技术工人创新成果按要素参与分配制度，研究创新激励方式。完善国家级技术工人表彰奖项，形成以党和国家表彰为导向、企业和社会积极参与的产业工人表彰奖励制度。增加产业工人在各级各类劳动模范和先进代表等评选中的名额比例。

17. 改进劳动和技能竞赛体系。建立以企业岗位练兵和技术比武为基础、以国家和行业职业技能竞赛为主体、国内竞赛与国际竞赛赛项相衔接的劳动和技能竞赛机制。深入推进重大战略、重大工程、重大项目、重点产业劳动和技能竞赛，积极开展各类技能大赛，完善劳动和技能竞赛组织、效能评估及激励机制等。

18. 加大对产业工人创新创效扶持力度。深化群众性技术创新活动，开展先进操作法总结、命名和推广。推动具备条件的行业企业建立职工创新工作室、劳模创新工作室和技能大师工作室，联合高等学校、职业学校和专业科研机构共建实验实训平台，探索创建跨区域、跨行业、跨企业的创新工作室联盟。开展全国职工优秀创新成果评选，适当增加国家科技进步奖推荐名额，鼓励和支持产业工人创新成果评选、展示，推动大众创业、万众创新蓬勃发展。

19. 组织产业工人积极参与实施走出去战略和“一带一路”建设。加强产业工人技能国际交流与合作。参加和举办有关国际性的产业工人技能交流活动，增进中外产业工人之间互学互鉴、友好交流。

（五）强化产业工人队伍建设支撑保障

20. 加强有关产业工人队伍建设的法治保障。推进修订职业教育法，研究技术资格方面的立法，依法保障产业工人接受教育和培训的权利。规范政府管理，督促企业提供技术技能培训，支持工会组织发挥监督作用。研究制定企业民主管理、集体协商等方面的制度，督促企业依法履行社会责任，保障产业工人与用人单位平等协商的权利，推进构建中国特色和谐劳动关系。

21. 完善财政投入机制。加大财政职业教育投入，加大就业专项资金对职业培训补贴的支持力度，改进补贴方式，合理确定补贴标准和补贴对象。落实职业技能鉴定补贴政策。将高技能人才队伍建设经费纳入各级政府人才工作经费预算，对参加技师、高级技师教育培训并获得职业资格证书或职业技能等级证书的产业工人，给予一定的培训费补贴。加强对各项投入和专项经费使用情况的绩效考评，提高资金使用效益。

22. 建立社会多元投入机制。落实完善鼓励企业、社会组织加大职业学校教育和职业培训投入的政策措施。落实企业职工教育经费，完善经费投入与监督制度，允许企业培训费用列入成本并按规定在税前扣除。支持企业举办或参与举办职业教育。落实完善引导社会资本进入职业教育领域的优惠扶持政策，支持各类办学主体通过独资、合资、合作等形式举办民办职业教育。

23. 完善产业工人劳动经济权益保障机制。创造平等就业环境，保障就业机会公平，实现更高质量就业。完善工资平等协商机制、正常增长机制、支付保障机制，健全向一线产业工人倾斜的分配制度，落实产业工人参与分配决定的权利，维护劳动收入的主体地位。健全社会保险制度，提高统筹层次，稳步提高社会保障水平，做好跨地区、行业、单位流动的社会保险关系接续。加强安全生产和职业健康工作，改善劳动条件，提高产业工人健康素质。规范劳务派遣用工，保障其合法权益。

24. 深化产业工人队伍建设理论政策研究。定期开展产业工人队伍状况调查，加强对产业工人问题理论研究，了解借鉴国外产业工人队伍建设的有益做法，不断丰富和发展产业工人理论，制定完善相关政策。在各级党校、行政学院和高等学校开设相关课程，加强有关产业工人问题的教学科研。

25. 营造尊重劳动、崇尚技能、鼓励创造的社会氛围。组织中央和地方主流新闻媒体加大对产业工人的宣传力度，运用微博、微信、移动客户端等新媒体，开展分众化、互动式宣传。引导广大文艺工作者创作更多展现产业工人风采的优秀文艺作品。组织劳模、工匠进学校、进课堂，进企业、进班组，奏响“工人伟大、劳动光荣”的时代主旋律。

三、组织实施

（一）构建合力推进产业工人队伍建设改革的工作格局。坚持党委统一领导，政府有关部门各司其职，工会、行业协会、企业代表组织充分发挥作用，统筹社会组织的协同力量；建立贯彻落实协调机制，由全国总工会牵头、各相关部门参与，加强对产业工人队伍建设改革的宏观指导、政策协调和组织推进，实现产业工人队伍建设与宏观政策、产业政策、就业政策、社会政策联动，打破部门界限，形成整体合力，勇于责任担当，提高产业工人队伍建设科学化水平。

（二）有力有序推进改革。各地区各有关部门要结合各自实际，循序渐进、积极稳妥推进产业工人队伍建设改革。突出重点，着力在支柱产业、战略性新兴产业和骨干企业中推进改革，发挥国有企业的带动作用。针对各地区各产业的不同情况，加强分类指导，探索总结经验，做到有序实施。

（三）做好改革宣传工作。坚持正确舆论导向，大力宣传新时期产业工人队伍建设改革的重大意义、目标任务、主要举措，宣传改革实施中的先进典型、经验成效，营造关心、支持改革的良好社会环境。

（四）加强对改革实施的督促检查。建立推进改革情况的监督检查和信息反馈制度，开展改革情况绩效评估，探索实行第三方评估。各有关部门要根据职责要求，研究制定推进改革的实施细则和配套措施，加大工作力度，认真抓好落实。

中共中央办公厅　国务院办公厅印发《关于提高技术工人待遇的意见》的通知

（中办发〔2018〕16号）

各省、自治区、直辖市党委和人民政府，中央和国家机关各部委，解放军各大单位，中央军委机关各部门，各人民团体：

《关于提高技术工人待遇的意见》已经中央领导同志同意，现印发给你们，请结合实际认真贯彻落实。

中共中央办公厅　国务院办公厅

2018年3月7日

关于提高技术工人待遇的意见

为落实《新时期产业工人队伍建设改革方案》，创新技能导向的激励机制，进一步鼓励辛勤劳动、诚实劳动、创造性劳动，增强生产服务一线岗位对劳动者的吸引力，建设知识型、技能型、创新型劳动者大军，营造劳动光荣的社会风尚和精益求精的敬业风气，现就提高技术工人待遇提出如下意见。

一、指导思想

全面贯彻党的十九大精神，以习近平新时代中国特色社会主义思想为指导，紧紧围绕统筹推进“五位一体”总体布局和协调推进“四个全面”战略布局，牢固树立和贯彻落实新发展理念，坚持以人民为中心的发展思想，坚持全心全意依靠工人阶级的方针，充分发挥政府、企业、社会的协同作用，完善技术工人培养、评价、使用、激励、保障等措施，实现技高者多得、多劳者多得，增强技术工人获得感、自豪感、荣誉感，激发技术工人积极性、主动性、创造性，为实施人才强国战略和创新驱动发展战略，实现“两个一百年”奋斗目标、实现中华民族伟大复兴的中国梦，提供坚实的人才保障。

二、基本原则

——加强领导，形成合力。坚持党管人才的原则，充分发挥市场在资源配置中的决定性作用，更好发挥政府作用，进一步增强企业主体作用、工会监督作用、群团组织动员作用和社会支持作用，完善多方参与的工作体系，形成齐抓共促的工作格局。

——重点突破，多措并举。以为国家作出突出贡献的高技能领军人才为重点支持对象，着力提高技术工人收入水平，完善工资正常增长机制，拓宽收入渠道，加大培养培训力度，强化评价使用激励，优化社会环境，全面改善技术工人待遇水平。

——立足当前，着眼长远。加强政策引导，着力改变技术工人社会地位偏低现状，促进广大技术工人爱岗敬业；坚持长期稳定支持，不断营造良好社会氛围，让全体技术工人焕发劳动热情，释放创造潜能，创造更加美好的生活。

三、突出“高精尖缺”导向，大力提高高技能领军人才待遇水平

（一）全面加强对高技能领军人才的服务保障。对为国家经济发展和重大战略实施作出突出贡献，具有高超技艺技能和一流业绩水平，并长期坚守在生产服务一线岗位工作的高技能领军人才，全面采取措施，切实加强服务保障和提高待遇水平。高技能领军人才包括获得全国劳动模范、全国五一劳动奖章、中华技能大奖、全国技术能手等荣誉以及享受省级以上政府特殊津贴的人员，或各省（自治区、直辖市）政府认定的“高精尖缺”高技能人才，各地要设立高技能领军人才服务窗口，负责协调落实相关待遇政策，并结合实际制定支持政策。(牵头单位：人力资源和社会保障部、全国总工会)

（二）提高高技能领军人才的政治待遇。探索实行高技能领军人才在工会等群团组织中挂职和兼职，纳入党委联系专家范围。鼓励行业主管部门、群团组织、行业协会、企业及社会各方面力量，以多种方式对高技能领军人才进行特殊奖励。定期组织高技能领军人才国情研修考察、面向社会进行咨询服务等活动。鼓励企业吸纳高技能领军人才参与经营管理决策，适当提高其在职工代表大会中的比例。（牵头单位：中央组织部、人力资源和社会保障部、国家公务员局、全国总工会；参与单位：全国人大常委会办公厅、全国政协办公厅、国务院国资委、共青团中央、全国妇联、中国科协）

（三）提高高技能领军人才的经济待遇。鼓励企业为高技能领军人才制定职业发展规划和年资（年功）工资制度，科学评价技能水平和业绩贡献，合

理确定年资起加点和工资级差。试行高技能领军人才年薪制和股权期权激励，鼓励各类企业设立特聘岗位津贴、带徒津贴等，参照高级管理人员标准落实经济待遇。对于参与国家科技计划项目的高技能领军人才，鼓励所在单位根据其在项目中的实际贡献给予绩效奖励。落实中央财政科研项目资金管理等政策，制定间接费用统筹使用内部管理办法，对高技能领军人才进行绩效奖励，提高高技能领军人才创新创造的积极性。对于解决重大工艺技术难题和重大质量问题、技术创新成果获得省部级以上奖项、“师带徒”业绩突出的，取消学历、年限等限制，破格晋升技术等级。（牵头单位：人力资源和社会保障部、国务院国资委、科技部；参与单位：全国总工会、财政部）

（四）提高高技能领军人才的社会待遇。鼓励各地根据实际情况，研究探索对高技能领军人才在购（租）住房、安家补贴、子女接受义务教育等方面的支持政策，通过提供人才公寓和发放房租补贴等方式，解决引进高技能领军人才的住房问题。实施积分落户的城市，要重点考虑高技能领军人才落户需求并放宽落户条件限制。对经济结构调整中出现困难的企业，要保障高技能领军人才稳定就业，对他们的配偶、子女有就业愿望但未就业的，由有关部门积极提供职业指导和就业前培训，推荐就业岗位。（牵头单位：公安部、人力资源和社会保障部、住房城乡建设部、教育部；参与单位：国务院国资委、全国总工会、全国工商联）

（五）发挥高技能领军人才在技术创新等方面的重要作用。鼓励高技能领军人才更多参与国家科研项目，开展科技攻关活动。增加高技能领军人才参与全国创新争先奖等奖项的推荐名额。支持高技能领军人才参加创新成果评选、展示和创业创新等活动，切实保护高技能领军人才的知识产权和技术创新成果转化权益。支持高技能领军人才参与所在企业（地区、集团、行业组织）的职工教育培训，在制定人才发展规划、高技能人才选拔、职称（技能等级）评审或认定、教学实践等工作中发挥骨干作用。多渠道组织高技能领军人才参与国际大型工业展、国际发明展等海外交流活动，海外交流活动可按程序报批列入政府出国培训团组计划。宣传高技能领军人才先进事迹，开展先进操作法总结、命名，推广绝招、绝技、绝活，制作教育纪录片，树立宣传典型。（牵头单位：中央宣传部、人力资源和社会保障部、科技部、新闻出版广电总局、国务院国资委、国家外专局、国家知识产权局、全国总工会、中国科协）

四、实施工资激励计划，提高技术工人收入水平

（一）完善符合技术工人特点的企业工资分配制度。指导企业深化工资分配制度改革，建立基于岗位价值、能力素质、业绩贡献的工资分配机制，强化工资收入分配的技能价值激励导向。鼓励企业在工资结构中设置体现技术技能价值的工资单元，或对关键技术岗位、关键工序和紧缺急需的技术工人实行协议工资、项目工资、年薪制等分配形式，提高技术工人工资待遇。鼓励企业建立针对技术工人的补助性津贴制度，提高技术工人津贴水平。（牵头单位：人力资源和社会保障部、国家发展改革委；参与单位：国务院国资委、全国总工会、全国工商联）

（二）建立企业技术工人工资正常增长机制。推动企业建立健全反映劳动力市场供求关系和企业经济效益的工资决定及正常增长机制，积极推进工资集体协商，引导企业科学确定技术工人工资水平并实现合理增长。国有企业工资总额分配要向高技能人才倾斜，高技能人才人均工资增幅应不低于本单位管理人员人均工资增幅。（牵头单位：人力资源和社会保障部、国家发展改革委、全国总工会；参与单位：国务院国资委、全国工商联）

（三）探索技术工人长效激励机制。制定企业技术工人技能要素和创新成果按贡献参与分配的办法，推动技术工人享受促进科技成果转化的有关政策。鼓励企业对高技能人才实行技术创新成果入股、岗位分红等激励方式，促进长期稳定提高技术工人收入水平。（牵头单位：人力资源和社会保障部、国家发展改革委、科技部、全国总工会、国家知识产权局；参与单位：财政部、国务院国资委）

五、构建技能形成与提升体系，支持技术工人凭技能提高待遇

（一）加强终身职业技能培训。适应产业结构转型升级趋势，大力弘扬劳模精神和工匠精神，根据劳动者不同就业阶段特点，加强职业素质培养，开展就业技能培训、岗位技能提升培训、创业创新培训，着力缓解就业结构性矛盾。充分发挥企业在技术工人培训中的主体作用，引导企业结合生产经营和技术创新需要，制定技术工人培养规划和培训制度，发挥工会支持、监督和共青团动员、组织作用，确保企业职工教育培训资金落实到位，并向一线技术工人倾斜。加大政府支持力度，按规定对参加职业培训的技术工人提供职业培训补贴和职业技能鉴定补贴。发挥失业保险基金支持参保职工提升职业技能作用，按规定为参保职工提供技能提升补贴。探索“互联网+”远程职业培训新模式。（牵头单位：人力资源和社会保障部；参与单位：财政部、国务院国资委、全国总工会、共青团中央）

（二）深入实施高技能人才振兴计划。紧密结合先进制造业、战略性新兴产业、现代服务业发展需要，重点实施高技能人才培训基地、技师培训等项

目，推动具备条件的行业企业建立首席技师制度，加大技能大师工作室、劳模和工匠人才创新工作室、职工创新工作室、青创先锋工作室等建设力度。企业可从职工教育经费中列支相关工作室专项经费，支持高技能人才“师带徒”。（牵头单位：人力资源和社会保障部、财政部、全国总工会；参与单位：国务院国资委、共青团中央）

（三）加大校企合作培养技术工人力度。充分发挥国民教育对技术工人成长发展的支撑作用，促进职业院校（含技工院校）、本科高校与企业充分合作，改革人才培养模式，提高应用型和技术技能型人才培养培训能力。积极发展职工培训和学历继续教育。提高职业教育质量，促进产教融合。完善职业教育“文化素质+职业技能”的考试招生方式。支持职业院校（含技工院校）、本科高校与企业共同开发教学资源和培训项目。统筹规范现代学徒制和企业新型学徒制。逐步扩大高等职业院校招收有实践经历人员的比例。鼓励企业、职业院校（含技工院校）、本科高校、职业培训机构合作建设现代化产业人才培养培训基地（中心），健全企业参与校企合作的成本补偿等政策，培养符合企业岗位需求的技术工人。鼓励各地根据实际打造具备实践经验的高素质职业教育师资队伍。（牵头单位：教育部、人力资源和社会保障部；参与单位：国务院国资委、工业和信息化部、全国总工会、全国工商联）

六、强化评价使用激励工作，畅通技术工人成长成才通道

（一）完善技术工人评价工作。健全技术工人评价选拔制度，突破年龄、学历、资历、身份等限制，促进优秀技术工人脱颖而出。完善职业技能等级认定政策，引导和支持企业自主开展技能评价并落实待遇。鼓励企业增加技术工人的技能等级层次，拓宽技术工人晋升通道，探索设立技能专家、首席技师、特级技师等岗位。（牵头单位：人力资源和社会保障部、全国总工会；参与单位：工业和信息化部、国务院国资委、全国工商联）

（二）加大劳动和技能竞赛培养选拔技术工人工作力度。制定出台全国职业技能竞赛管理办法，围绕重大战略、重大工程、重大项目、重点产业，组织开展劳动和技能竞赛。建立以企业岗位练兵和技术比武为基础、以国家和行业竞赛为主体、国内竞赛与国际竞赛相衔接的职业技能竞赛体系。积极参与世界技能大赛，对优秀选手给予奖励和荣誉激励。支持工会、共青团、妇联等群团组织、行业协会在职业技能竞赛工作中积极发挥作用。（牵头单位：人力资源和社会保障部、全国总工会；参与单位：教育部、工业和信息化部、财政部、国务院国资委、共青团中央、全国妇联）

（三）完善技术工人平等享受待遇政策。建立职业资格、职业技能等级与

相应职称比照认定制度，制定高技能人才参加工程技术人才职称评审或认定的政策。鼓励企业对在聘的高级工、技师、高级技师在学习进修、岗位聘任、职务职级晋升等方面，比照相应层级工程技术人员享受同等待遇。（牵头单位：人力资源和社会保障部；参与单位：全国总工会）

（四）落实好技术工人休息休假权利。落实《职工带薪年休假条例》和《企业职工带薪年休假实施办法》，加强劳动执法监察，确保技术工人休息休假权利。建立优秀技术工人休疗养制度，定期组织、分级实施休疗养活动。（牵头单位：人力资源和社会保障部；参与单位：全国人大常委会法工委、国务院法制办、国务院国资委、国家公务员局、全国总工会）

（五）广泛宣传技术工人劳动成果和创造价值。大力弘扬工匠精神，组织形式多样的宣传活动，展示优秀技术工人风采。鼓励各地区各部门大力开展技术工人表彰活动。做好“五一”国际劳动节、世界青年技能日、职业教育活动周、高技能人才评选表彰等集中宣传工作，继续办好“技能中国行”“中国大能手”等品牌活动和“大国工匠”系列专题宣传，引导社会各界创作更多反映技术工人时代风貌的优秀文艺作品，营造劳动光荣、技能宝贵、创造伟大的社会氛围，使技术工人获得更多职业荣誉感，不断提高技术工人社会地位。（牵头单位：中央宣传部、人力资源和社会保障部、教育部、全国总工会；参与单位：文化部、新闻出版广电总局）

七、加强组织领导

各地区各部门要充分认识提高技术工人待遇的重大意义，列入重要议事日程，持续推动技术工人待遇水平的提高，对成熟有效的做法要及时上升为法规政策。建立多方协调机制，人力资源和社会保障部门要加强统筹协调，发展改革、教育、科技、工业和信息化、公安、财政、住房城乡建设、文化、国资、税务、外专等有关部门和工会、共青团、妇联、科协等群团组织要各尽其职、紧密配合。各有关部门要深入调查研究，加强工作指导和对技术工人的教育管理，广泛听取各类企业、行业协会、技术工人、社会公众的意见，密切跟踪技术工人待遇政策落实情况，加强督查检查，认真总结经验，推动各项政策措施落到实处。国有企业要带头落实本意见明确的各项政策措施。推动非国有企业结合实际，进一步完善提高技术工人待遇水平的措施。

中共中央　国务院印发《中国教育现代化2035》

（2019年2月）

近日，中共中央、国务院印发了《中国教育现代化2035》，并发出通知，要求各地区各部门结合实际认真贯彻落实。

《中国教育现代化2035》分为五个部分：一、战略背景；二、总体思路；三、战略任务；四、实施路径；五、保障措施。

《中国教育现代化2035》提出推进教育现代化的指导思想是：以习近平新时代中国特色社会主义思想为指导，全面贯彻党的十九大和十九届二中、三中全会精神，坚定实施科教兴国战略、人才强国战略，紧紧围绕统筹推进“五位一体”总体布局和协调推进“四个全面”战略布局，坚定“四个自信”，在党的坚强领导下，全面贯彻党的教育方针，坚持马克思主义指导地位，坚持中国特色社会主义教育发展道路，坚持社会主义办学方向，立足基本国情，遵循教育规律，坚持改革创新，以凝聚人心、完善人格、开发人力、培育人才、造福人民为工作目标，培养德智体美劳全面发展的社会主义建设者和接班人，加快推进教育现代化、建设教育强国、办好人民满意的教育。将服务中华民族伟大复兴作为教育的重要使命，坚持教育为人民服务、为中国共产党治国理政服务、为巩固和发展中国特色社会主义制度服务、为改革开放和社会主义现代化建设服务，优先发展教育，大力推进教育理念、体系、制度、内容、方法、治理现代化，着力提高教育质量，促进教育公平，优化教育结构，为决胜全面建成小康社会、实现新时代中国特色社会主义发展的奋斗目标提供有力支撑。

《中国教育现代化2035》提出了推进教育现代化的八大基本理念：更加注重以德为先，更加注重全面发展，更加注重面向人人，更加注重终身学习，更加注重因材施教，更加注重知行合一，更加注重融合发展，更加注重共建共享。明确了推进教育现代化的基本原则：坚持党的领导、坚持中国特色、坚持优先发展、坚持服务人民、坚持改革创新、坚持依法治教、坚持统筹推进。

《中国教育现代化2035》提出，推进教育现代化的总体目标是：到2020

年，全面实现“十三五”发展目标，教育总体实力和国际影响力显著增强，劳动年龄人口平均受教育年限明显增加，教育现代化取得重要进展，为全面建成小康社会作出重要贡献。在此基础上，再经过15年努力，到2035年，总体实现教育现代化，迈入教育强国行列，推动我国成为学习大国、人力资源强国和人才强国，为到本世纪中叶建成富强民主文明和谐美丽的社会主义现代化强国奠定坚实基础。2035年主要发展目标是：建成服务全民终身学习的现代教育体系、普及有质量的学前教育、实现优质均衡的义务教育、全面普及高中阶段教育、职业教育服务能力显著提升、高等教育竞争力明显提升、残疾儿童少年享有适合的教育、形成全社会共同参与的教育治理新格局。

《中国教育现代化2035》聚焦教育发展的突出问题和薄弱环节，立足当前，着眼长远，重点部署了面向教育现代化的十大战略任务：

一是学习习近平新时代中国特色社会主义思想。把学习贯彻习近平新时代中国特色社会主义思想作为首要任务，贯穿到教育改革发展全过程，落实到教育现代化各领域各环节。以习近平新时代中国特色社会主义思想武装教育战线，推动习近平新时代中国特色社会主义思想进教材进课堂进头脑，将习近平新时代中国特色社会主义思想融入中小学教育，加强高等学校思想政治教育。加强习近平新时代中国特色社会主义思想系统化、学理化、学科化研究阐释，健全习近平新时代中国特色社会主义思想研究成果传播机制。

二是发展中国特色世界先进水平的优质教育。全面落实立德树人根本任务，广泛开展理想信念教育，厚植爱国主义情怀，加强品德修养，增长知识见识，培养奋斗精神，不断提高学生思想水平、政治觉悟、道德品质、文化素养。增强综合素质，树立健康第一的教育理念，全面强化学校体育工作，全面加强和改进学校美育，弘扬劳动精神，强化实践动手能力、合作能力、创新能力的培养。完善教育质量标准体系，制定覆盖全学段、体现世界先进水平、符合不同层次类型教育特点的教育质量标准，明确学生发展核心素养要求。完善学前教育保教质量标准。建立健全中小学各学科学业质量标准和体质健康标准。健全职业教育人才培养质量标准，制定紧跟时代发展的多样化高等教育人才培养质量标准。建立以师资配备、生均拨款、教学设施设备等资源要素为核心的标准体系和办学条件标准动态调整机制。加强课程教材体系建设，科学规划大中小学课程，分类制定课程标准，充分利用现代信息技术，丰富并创新课程形式。健全国家教材制度，统筹为主、统分结合、分类指导，增强教材的思想性、科学性、民族性、时代性、系统性，完善教材编写、修订、审查、选用、退出机制。创新人才培养方式，推行启发式、探究式、参与式、合作式等教学方式以及走班制、选课制等教学组织模式，培养学生创新精神与实践能力。大力推进校园文化建设。重视家庭教育和社会教育。构建教育质量评估监测机制，建立更加科学公正的考试评价制度，建立全过程、全方位人才培养质量反馈监控体系。

三是推动各级教育高水平高质量普及。以农村为重点提升学前教育普及水平，建立更为完善的学前教育管理体制、办园体制和投入体制，大力发展公办园，加快发展普惠性民办幼儿园。提升义务教育巩固水平，健全控辍保学工作责任体系。提升高中阶段教育普及水平，推进中等职业教育和普通高中教育协调发展，鼓励普通高中多样化有特色发展。振兴中西部地区高等教育。提升民族教育发展水平。

四是实现基本公共教育服务均等化。提升义务教育均等化水平，建立学校标准化建设长效机制，推进城乡义务教育均衡发展。在实现县域内义务教育基本均衡基础上，进一步推进优质均衡。推进随迁子女入学待遇同城化，有序扩大城镇学位供给。完善流动人口子女异地升学考试制度。实现困难群体帮扶精准化，健全家庭经济困难学生资助体系，推进教育精准脱贫。办好特殊教育，推进适龄残疾儿童少年教育全覆盖，全面推进融合教育，促进医教结合。

五是构建服务全民的终身学习体系。构建更加开放畅通的人才成长通道，完善招生入学、弹性学习及继续教育制度，畅通转换渠道。建立全民终身学习的制度环境，建立国家资历框架，建立跨部门跨行业的工作机制和专业化支持体系。建立健全国家学分银行制度和学习成果认证制度。强化职业学校和高等学校的继续教育与社会培训服务功能，开展多类型多形式的职工继续教育。扩大社区教育资源供给，加快发展城乡社区老年教育，推动各类学习型组织建设。

六是提升一流人才培养与创新能力。分类建设一批世界一流高等学校，建立完善的高等学校分类发展政策体系，引导高等学校科学定位、特色发展。持续推动地方本科高等学校转型发展。加快发展现代职业教育，不断优化职业教育结构与布局。推动职业教育与产业发展有机衔接、深度融合，集中力量建成一批中国特色高水平职业院校和专业。优化人才培养结构，综合运用招生计划、就业反馈、拨款、标准、评估等方式，引导高等学校和职业学校及时调整学科专业结构。加强创新人才特别是拔尖创新人才的培养，加大应用型、复合型、技术技能型人才培养比重。加强高等学校创新体系建设，建设一批国际一流的国家科技创新基地，加强应用基础研究，全面提升高等学校原始创新能力。探索构建产学研用深度融合的全链条、网络化、开放式协同创新联盟。提高高等学校哲学社会科学研究水平，加强中国特色新型智库建设。健全有利于激发创新活力和促进科技成果转化的科研体制。

七是建设高素质专业化创新型教师队伍。大力加强师德师风建设，将师德师风作为评价教师素质的第一标准，推动师德建设长效化、制度化。加大教职工统筹配置和跨区域调整力度，切实解决教师结构性、阶段性、区域性短缺问题。完善教师资格体系和准入制度。健全教师职称、岗位和考核评价制度。培养高素质教师队伍，健全以师范院校为主体、高水平非师范院校参与、优质中小学（幼儿园）为实践基地的开放、协同、联动的中国特色教师教育体系。强化职前教师培养和职后教师发展的有机衔接。夯实教师专业发展体系，推动教师终身学习和专业自主发展。提高教师社会地位，完善教师待遇保障制度，健全中小学教师工资长效联动机制，全面落实集中连片特困地区生活补助政策。加大教师表彰力度，努力提高教师政治地位、社会地位、职业地位。

八是加快信息化时代教育变革。建设智能化校园，统筹建设一体化智能化教学、管理与服务平台。利用现代技术加快推动人才培养模式改革，实现规模化教育与个性化培养的有机结合。创新教育服务业态，建立数字教育资源共建共享机制，完善利益分配机制、知识产权保护制度和新型教育服务监管制度。推进教育治理方式变革，加快形成现代化的教育管理与监测体系，推进管理精准化和决策科学化。

九是开创教育对外开放新格局。全面提升国际交流合作水平，推动我国同其他国家学历学位互认、标准互通、经验互鉴。扎实推进“一带一路”教育行动。加强与联合国教科文组织等国际组织和多边组织的合作。提升中外合作办学质量。优化出国留学服务。实施留学中国计划，建立并完善来华留学教育质量保障机制，全面提升来华留学质量。推进中外高级别人文交流机制建设，拓展人文交流领域，促进中外民心相通和文明交流互鉴。促进孔子学院和孔子课堂特色发展。加快建设中国特色海外国际学校。鼓励有条件的职业院校在海外建设“鲁班工坊”。积极参与全球教育治理，深度参与国际教育规则、标准、评价体系的研究制定。推进与国际组织及专业机构的教育交流合作。健全对外教育援助机制。

十是推进教育治理体系和治理能力现代化。提高教育法治化水平，构建完备的教育法律法规体系，健全学校办学法律支持体系。健全教育法律实施和监管机制。提升政府管理服务水平，提升政府综合运用法律、标准、信息服务等现代治理手段的能力和水平。健全教育督导体制机制，提高教育督导的权威性和实效性。提高学校自主管理能力，完善学校治理结构，继续加强高等学校章程建设。鼓励民办学校按照非营利性和营利性两种组织属性开展现代学校制度改革创新。推动社会参与教育治理常态化，建立健全社会参与学校管理和教育评价监管机制。

《中国教育现代化2035》明确了实现教育现代化的实施路径：一是总体规划，分区推进。在国家教育现代化总体规划框架下，推动各地从实际出发，制定本地区教育现代化规划，形成一地一案、分区推进教育现代化的生动局面。二是细化目标，分步推进。科学设计和进一步细化不同发展阶段、不同规划周期内的教育现代化发展目标和重点任务，有计划有步骤地推进教育现代化。三是精准施策，统筹推进。完善区域教育发展协作机制和教育对口支援机制，深入实施东西部协作，推动不同地区协同推进教育现代化建设。四是改革先行，系统推进。充分发挥基层特别是各级各类学校的积极性和创造性，鼓励大胆探索、积极改革创新，形成充满活力、富有效率、更加开放、有利于高质量发展的教育体制机制。

为确保教育现代化目标任务的实现，《中国教育现代化2035》明确了三个方面的保障措施：

一是加强党对教育工作的全面领导。各级党委要把教育改革发展纳入议事日程，协调动员各方面力量共同推进教育现代化。建立健全党委统一领导、党政齐抓共管、部门各负其责的教育领导体制。建设高素质专业化教育系统干部队伍。加强各级各类学校党的领导和党的建设工作。深入推进教育系统全面从严治党、党风廉政建设和反腐败斗争。

二是完善教育现代化投入支撑体制。健全保证财政教育投入持续稳定增长的长效机制，确保财政一般公共预算教育支出逐年只增不减，确保按在校学生人数平均的一般公共预算教育支出逐年只增不减，保证国家财政性教育经费支出占国内生产总值的比例一般不低于4%。依法落实各级政府教育支出责任，完善多渠道教育经费筹措体制，完善国家、社会和受教育者合理分担非义务教育培养成本的机制，支持和规范社会力量兴办教育。优化教育经费使用结构，全面实施绩效管理，建立健全全覆盖全过程全方位的教育经费监管体系，全面提高经费使用效益。

三是完善落实机制。建立协同规划机制、健全跨部门统筹协调机制，建立教育发展监测评价机制和督导问责机制，全方位协同推进教育现代化，形成全社会关心、支持和主动参与教育现代化建设的良好氛围。

国务院关于推行终身职业技能培训制度的意见

（国发〔2018〕11号）

各省、自治区、直辖市人民政府，国务院各部委、各直属机构：

职业技能培训是全面提升劳动者就业创业能力、缓解技能人才短缺的结构性矛盾、提高就业质量的根本举措，是适应经济高质量发展、培育经济发展新动能、推进供给侧结构性改革的内在要求，对推动大众创业万众创新、推进制造强国建设、提高全要素生产率、推动经济迈上中高端具有重要意义。为全面提高劳动者素质，促进就业创业和经济社会发展，根据党的十九大精神和“十三五”规划纲要相关要求，现就推行终身职业技能培训制度提出以下意见。

一、总体要求

（一）指导思想。

以习近平新时代中国特色社会主义思想为指导，全面深入贯彻党的十九大和十九届二中、三中全会精神，认真落实党中央、国务院决策部署，统筹推进“五位一体”总体布局和协调推进“四个全面”战略布局，坚持以人民为中心的发展思想，牢固树立新发展理念，深入实施就业优先战略和人才强国战略，适应经济转型升级、制造强国建设和劳动者就业创业需要，深化人力资源供给侧结构性改革，推行终身职业技能培训制度，大规模开展职业技能培训，着力提升培训的针对性和有效性，建设知识型、技能型、创新型劳动者大军，为全面建成社会主义现代化强国、实现中华民族伟大复兴的中国梦提供强大支撑。

（二）基本原则。

促进普惠均等。针对城乡全体劳动者，推进基本职业技能培训服务普惠性、均等化，注重服务终身，保障人人享有基本职业技能培训服务，全面提升培训质量、培训效益和群众满意度。

坚持需求导向。坚持以促进就业创业为目标，瞄准就业创业和经济社会发展需求确定培训内容，加强对就业创业重点群体的培训，提高培训后的就业创业成功率，着力缓解劳动者素质结构与经济社会发展需求不相适应、结构性就业矛盾突出的问题。

创新体制机制。推进职业技能培训市场化、社会化改革，充分发挥企业主体作用，鼓励支持社会力量参与，建立培训资源优化配置、培训载体多元发展、劳动者按需选择、政府加强监管服务的体制机制。

坚持统筹推进。加强职业技能开发和职业素质培养，全面做好技能人才培养、评价、选拔、使用、激励等工作，着力加强高技能人才队伍建设，形成有利于技能人才发展的制度体系和社会环境，促进技能振兴与发展。

（三）目标任务。

建立并推行覆盖城乡全体劳动者、贯穿劳动者学习工作终身、适应就业创业和人才成长需要以及经济社会发展需求的终身职业技能培训制度，实现培训对象普惠化、培训资源市场化、培训载体多元化、培训方式多样化、培训管理规范化，大规模开展高质量的职业技能培训，力争2020年后基本满足劳动者培训需要，努力培养造就规模宏大的高技能人才队伍和数以亿计的高素质劳动者。

二、构建终身职业技能培训体系

（四）完善终身职业技能培训政策和组织实施体系。面向城乡全体劳动者，完善从劳动预备开始，到劳动者实现就业创业并贯穿学习和职业生涯全过程的终身职业技能培训政策。以政府补贴培训、企业自主培训、市场化培训为主要供给，以公共实训机构、职业院校（含技工院校，下同）、职业培训机构和行业企业为主要载体，以就业技能培训、岗位技能提升培训和创业创新培训为主要形式，构建资源充足、布局合理、结构优化、载体多元、方式科学的培训组织实施体系（人力资源社会保障部、教育部等按职责分工负责。列第一位者为牵头单位，下同）

（五）围绕就业创业重点群体，广泛开展就业技能培训。持续开展高校毕业生技能就业行动，增强高校毕业生适应产业发展、岗位需求和基层就业工作能力。深入实施农民工职业技能提升计划——“春潮行动”，将农村转移就业人员和新生代农民工培养成为高素质技能劳动者。配合化解过剩产能职工安置工作，实施失业人员和转岗职工特别职业培训计划。实施新型职业农民培育工程和农村实用人才培训计划，全面建立职业农民制度。对城乡未继续升学的初、高中毕业生开展劳动预备制培训。对即将退役的军人开展退役前技能储备培训和职业指导，对退役军人开展就业技能培训。面向符合条件的建档立卡贫困家庭、农村“低保”家庭、困难职工家庭和残疾人，开展技能脱贫攻坚行动，实施“雨露计划”、技能脱贫千校行动、残疾人职业技能提升计划。对服刑人员、强制隔离戒毒人员，开展以顺利回归社会为目的的就业技能培训。（人力资源社会保障部、教育部、工业和信息化部、民政部、司法部、住房城乡建设部、农业农村部、退役军人事务部、国务院国资委、国务院扶贫办、全国总工会、共青团中央、全国妇联、中国残联等按职责分工负责）

（六）充分发挥企业主体作用，全面加强企业职工岗位技能提升培训。将企业职工培训作为职业技能培训工作的重点，明确企业培训主体地位，完善激励政策，支持企业大规模开展职业技能培训，鼓励规模以上企业建立职业培训机构开展职工培训，并积极面向中小企业和社会承担培训任务，降低企业兴办职业培训机构成本，提高企业积极性。对接国民经济和社会发展中长期规划，适应高质量发展要求，推动企业健全职工培训制度，制定职工培训规划，采取岗前培训、学徒培训、在岗培训、脱产培训、业务研修、岗位练兵、技术比武、技能竞赛等方式，大幅提升职工技能水平。全面推行企业新型学徒制度，对企业新招用和转岗的技能岗位人员，通过校企合作方式，进行系统职业技能培训。发挥失业保险促进就业作用，支持符合条件的参保职工提升职业技能。健全校企合作制度，探索推进产教融合试点。（人力资源社会保障部、教育部、工业和信息化部、住房城乡建设部、国务院国资委、全国总工会等按职责分工负责）

（七）适应产业转型升级需要，着力加强高技能人才培训。面向经济社会发展急需紧缺职业（工种），大力开展高技能人才培训，增加高技能人才供给。深入实施国家高技能人才振兴计划，紧密结合战略性新兴产业、先进制造业、现代服务业等发展需求，开展技师、高级技师培训。对重点关键岗位的高技能人才，通过开展新知识、新技术、新工艺等方面培训以及技术研修攻关等方式，进一步提高他们的专业知识水平、解决实际问题能力和创新创造能力。支持高技能领军人才更多参与国家科研项目。发挥高技能领军人才在带徒传技、技能推广等方面的重要作用。（人力资源社会保障部、教育部、工业和信息化部、住房城乡建设部、国务院国资委、全国总工会等按职责分工负责）

（八）大力推进创业创新培训。组织有创业意愿和培训需求的人员参加创业创新培训。以高等学校和职业院校毕业生、科技人员、留学回国人员、退役军人、农村转移就业和返乡下乡创业人员、失业人员和转岗职工等群体为重点，依托高等学校、职业院校、职业培训机构、创业培训（实训）中心、创业孵化基地、众创空间、网络平台等，开展创业意识教育、创新素质培养、创业项目指导、开业指导、企业经营管理等培训，提升创业创新能力。健全以政策支持、项目评定、孵化实训、科技金融、创业服务为主要内容的创业创新支持体系，将高等学校、职业院校学生在校期间开展的“试创业”实践活动纳入政策支持范围。发挥技能大师工作室、劳模和职工创新工作室作用，开展集智创新、技术攻关、技能研修、技艺传承等群众性技术创新活动，做好创新成果总结命名推广工作，加大对劳动者创业创新的扶持力度。（人力资源社会保障部、教育部、科技部、工业和信息化部、住房城乡建设部、农业农村部、退役军人事务部、国务院国资委、国务院扶贫办、全国总工会、共青团中央、全国妇联、中国残联等按职责分工负责）

（九）强化工匠精神和职业素质培育。大力弘扬和培育工匠精神，坚持工学结合、知行合一、德技并修，完善激励机制，增强劳动者对职业理念、职业责任和职业使命的认识与理解，提高劳动者践行工匠精神的自觉性和主动性。广泛开展“大国工匠进校园”活动。加强职业素质培育，将职业道德、质量意识、法律意识、安全环保和健康卫生等要求贯穿职业培训全过程。（人力资源社会保障部、教育部、科技部、工业和信息化部、住房城乡建设部、国务院国资委、国家市场监督管理总局、全国总工会、共青团中央等按职责分工负责）

三、深化职业技能培训体制机制改革

（十）建立职业技能培训市场化社会化发展机制。加大政府、企业、社会等各类培训资源优化整合力度，提高培训供给能力。广泛发动社会力量，大力发展民办职业技能培训。鼓励企业建设培训中心、职业院校、企业大学，开展职业训练院试点工作，为社会培育更多高技能人才。鼓励支持社会组织积极参与行业人才需求发布、就业状况分析、培训指导等工作。政府补贴的职业技能培训项目全部向具备资质的职业院校和培训机构开放。（人力资源社会保障部、教育部、工业和信息化部、民政部、国家市场监督管理总局、全国总工会等按职责分工负责）

（十一）建立技能人才多元评价机制。健全以职业能力为导向、以工作业绩为重点、注重工匠精神培育和职业道德养成的技能人才评价体系。建立与国家职业资格制度相衔接、与终身职业技能培训制度相适应的职业技能等级制度。完善职业资格评价、职业技能等级认定、专项职业能力考核等多元化评价方式，促进评价结果有机衔接。健全技能人才评价管理服务体系，加强对评价质量的监管。建立以企业岗位练兵和技术比武为基础、以国家和行业竞赛为主体、国内竞赛与国际竞赛相衔接的职业技能竞赛体系，大力组织开展职业技能竞赛活动，积极参与世界技能大赛，拓展技能人才评价选拔渠道。（人力资源社会保障部、教育部、工业和信息化部、住房城乡建设部、国务院国资委、全国总工会、共青团中央、中国残联等按职责分工负责）

（十二）建立职业技能培训质量评估监管机制。对职业技能培训公共服务项目实施目录清单管理，制定政府补贴培训目录、培训机构目录、鉴定评价机构目录、职业资格目录，及时向社会公开并实行动态调整。建立以培训合格率、就业创业成功率为重点的培训绩效评估体系，对培训机构、培训过程进行全方位监管。结合国家“金保工程”二期，建立基于互联网的职业技能培训公共服务平台，提升技能培训和鉴定评价信息化水平。探索建立劳动者职业技能培训电子档案，实现培训信息与就业、社会保障信息联通共享。（人力资源社会保障部、财政部等按职责分工负责）

（十三）建立技能提升多渠道激励机制。支持劳动者凭技能提升待遇，建立健全技能人才培养、评价、使用、待遇相统一的激励机制。指导企业不唯学历和资历，建立基于岗位价值、能力素质、业绩贡献的工资分配机制，强化技能价值激励导向。制定企业技术工人技能要素和创新成果按贡献参与分配的办法，推动技术工人享受促进科技成果转化的有关政策，鼓励企业对高技能人才实行技术创新成果入股、岗位分红和股权期权等激励方式，鼓励凭技能创造财富、增加收入。落实技能人才积分落户、岗位聘任、职务职级晋升、参与职称评审、学习进修等政策。支持用人单位对聘用的高级工、技师、高级技师，比照相应层级工程技术人员确定其待遇。完善以国家奖励为导向、用人单位奖励为主体、社会奖励为补充的技能人才表彰奖励制度。（人力资源社会保障部、教育部、工业和信息化部、公安部、国务院国资委、国家公务员局等按职责分工负责）

四、提升职业技能培训基础能力

（十四）加强职业技能培训服务能力建设。推进职业技能培训公共服务体系建设，为劳动者提供市场供求信息咨询服务，引导培训机构按市场和产业发展需求设立培训项目，引导劳动者按需自主选择培训项目。推进培训内容和方式创新，鼓励开展新产业、新技术、新业态培训，大力推广“互联网+职业培训”模式，推动云计算、大数据、移动智能终端等信息网络技术在职业技能培训领域的应用，提高培训便利度和可及性。（人力资源社会保障部、国家发展改革委等按职责分工负责）

（十五）加强职业技能培训教学资源建设。紧跟新技术、新职业发展变化，建立职业分类动态调整机制，加快职业标准开发工作。建立国家基本职业培训包制度，促进职业技能培训规范化发展。支持弹性学习，建立学习成果积累和转换制度，促进职业技能培训与学历教育沟通衔接。实行专兼职教师制度，完善教师在职培训和企业实践制度，职业院校和培训机构可根据需要和条件自主招用企业技能人才任教。大力开展校长等管理人员培训和师资培训。发挥院校、行业企业作用，加强职业技能培训教材开发，提高教材质量，规范教材使用。（人力资源社会保障部、教育部等按职责分工负责）

（十六）加强职业技能培训基础平台建设。推进高技能人才培训基地、技能大师工作室建设，建成一批高技能人才培养培训、技能交流传承基地。加强公共实训基地、职业农民培育基地和创业孵化基地建设，逐步形成覆盖全国的技能实训和创业实训网络。对接世界技能大赛标准，加强竞赛集训基地建设，提升我国职业技能竞赛整体水平和青年技能人才培养质量。积极参与走出去战略和“一带一路”建设中的技能合作与交流。（人力资源社会保障部、国家发展改革委、教育部、科技部、工业和信息化部、财政部、农业农村部、商务部、国务院国资委、国家国际发展合作署等按职责分工负责）

五、保障措施

（十七）加强组织领导。地方各级人民政府要按照党中央、国务院的总体要求，把推行终身职业技能培训制度作为推进供给侧结构性改革的重要任务，根据经济社会发展、促进就业和人才发展总体规划，制定中长期职业技能培训规划并大力组织实施，推进政策落实。要建立政府统一领导，人力资源社会保障部门统筹协调，相关部门各司其职、密切配合，有关人民团体和社会组织广泛参与的工作机制，不断加大职业技能培训工作力度。（人力资源社会保障部等部门、单位和各省级人民政府按职责分工负责）

（十八）做好公共财政保障。地方各级人民政府要加大投入力度，落实职业技能培训补贴政策，发挥好政府资金的引导和撬动作用。合理调整就业补助资金支出结构，保障培训补贴资金落实到位。加大对用于职业技能培训各项补贴资金的整合力度，提高使用效益。完善经费补贴拨付流程，简化程序，提高效率。要规范财政资金管理，依法加强对培训补贴资金的监督，防止骗取、挪用，保障资金安全和效益。有条件的地区可安排经费，对职业技能培训教材开发、新职业研究、职业技能标准开发、师资培训、职业技能竞赛、评选表彰等基础工作给予支持。（人力资源社会保障部、教育部、财政部、审计署等按职责分工负责）

（十九）多渠道筹集经费。加大职业技能培训经费保障，建立政府、企业、社会多元投入机制，通过就业补助资金、企业职工教育培训经费、社会捐助赞助、劳动者个人缴费等多种渠道筹集培训资金。通过公益性社会团体或者县级以上人民政府及其部门用于职业教育的捐赠，依照税法相关规定在税前扣除。鼓励社会捐助、赞助职业技能竞赛活动。（人力资源社会保障部、教育部、工业和信息化部、民政部、财政部、国务院国资委、税务总局、全国总工会等按职责分工负责）

（二十）进一步优化社会环境。加强职业技能培训政策宣传，创新宣传方式，提升社会影响力和公众知晓度。积极开展技能展示交流，组织开展好职业教育活动周、世界青年技能日、技能中国行等活动，宣传校企合作、技能竞赛、技艺传承等成果，提高职业技能培训吸引力。大力宣传优秀技能人才先进事迹，大力营造劳动光荣的社会风尚和精益求精的敬业风气。（人力资源社会保障部、教育部、全国总工会、共青团中央等按职责分工负责）

国务院

2018 年 5 月 3 日

国务院关于印发国家职业教育改革实施方案的通知

（国发〔2019〕4号）

各省、自治区、直辖市人民政府，国务院各部委、各直属机构：

现将《国家职业教育改革实施方案》印发给你们，请认真贯彻执行。

国务院

2019年1月24日

国家职业教育改革实施方案

职业教育与普通教育是两种不同教育类型，具有同等重要地位。改革开放以来，职业教育为我国经济社会发展提供了有力的人才和智力支撑，现代职业教育体系框架全面建成，服务经济社会发展能力和社会吸引力不断增强，具备了基本实现现代化的诸多有利条件和良好工作基础。随着我国进入新的发展阶段，产业升级和经济结构调整不断加快，各行各业对技术技能人才的需求越来越紧迫，职业教育重要地位和作用越来越凸显。但是，与发达国家相比，与建设现代化经济体系、建设教育强国的要求相比，我国职业教育还存在着体系建设不够完善、职业技能实训基地建设有待加强、制度标准不够健全、企业参与办学的动力不足、有利于技术技能人才成长的配套政策尚待完善、办学和人才培养质量水平参差不齐等问题，到了必须下大力气抓好的时候。没有职业教育现代化就没有教育现代化。为贯彻全国教育大会精神，进一步办好新时代职业教育，落实《中华人民共和国职业教育法》，制定本实施方案。

总体要求与目标：坚持以习近平新时代中国特色社会主义思想为指导，把职业教育摆在教育改革创新和经济社会发展中更加突出的位置。牢固树立新发展理念，服务建设现代化经济体系和实现更高质量更充分就业需要，对接科技发展趋势和市场需求，完善职业教育和培训体系，优化学校、专业布局，深化办学体制改革和育人机制改革，以促进就业和适应产业发展需求为导向，鼓励和支持社会各界特别是企业积极支持职业教育，着力培养高素质劳动者和技术技能人才。经过5—10年左右时间，职业教育基本完成由政府举办为主向政府统筹管理、社会多元办学的格局转变，由追求规模扩张向提高质量转变，由参照普通教育办学模式向企业社会参与、专业特色鲜明的类型教育转变，大幅提升新时代职业教育现代化水平，为促进经济社会发展和提高国家竞争力提供优质人才资源支撑。

具体指标：到2022年，职业院校教学条件基本达标，一大批普通本科高等学校向应用型转变，建设50所高水平高等职业学校和150个骨干专业（群）。建成覆盖大部分行业领域、具有国际先进水平的中国职业教育标准体系。企业参与职业教育的积极性有较大提升，培育数以万计的产教融合型企业，打造一批优秀职业教育培训评价组织，推动建设300个具有辐射引领作用的高水平专业化产教融合实训基地。职业院校实践性教学课时原则上占总课时一半以上，顶岗实习时间一般为6个月。“双师型”教师（同时具备理论教学和实践教学能力的教师）占专业课教师总数超过一半，分专业建设一批国家级职业教育教师教学创新团队。从2019年开始，在职业院校、应用型本科高校启动“学历证书+若干职业技能等级证书”制度试点（以下称1+X证书制度试点）工作。

一、完善国家职业教育制度体系

（一）健全国家职业教育制度框架。

把握好正确的改革方向，按照“管好两端、规范中间、书证融通、办学多元”的原则，严把教学标准和毕业学生质量标准两个关口。将标准化建设作为统领职业教育发展的突破口，完善职业教育体系，为服务现代制造业、现代服务业、现代农业发展和职业教育现代化提供制度保障与人才支持。建立健全学校设置、师资队伍、教学教材、信息化建设、安全设施等办学标准，引领职业教育服务发展、促进就业创业。落实好立德树人根本任务，健全德技并修、工学结合的育人机制，完善评价机制，规范人才培养全过程。深化产教融合、校企合作，育训结合，健全多元化办学格局，推动企业深度参与协同育人，扶持鼓励企业和社会力量参与举办各类职业教育。推进资历框架建设，探索实现学历证书和职业技能等级证书互通衔接。

（二）提高中等职业教育发展水平。

优化教育结构，把发展中等职业教育作为普及高中阶段教育和建设中国特色职业教育体系的重要基础，保持高中阶段教育职普比大体相当，使绝大多数城乡新增劳动力接受高中阶段教育。改善中等职业学校基本办学条件。加强省级统筹，建好办好一批县域职教中心，重点支持集中连片特困地区每个地（市、州、盟）原则上至少建设一所符合当地经济社会发展和技术技能人才培养需要的中等职业学校。指导各地优化中等职业学校布局结构，科学配置并做大做强职业教育资源。加大对民族地区、贫困地区和残疾人职业教育的政策、金融支持力度，落实职业教育东西协作行动计划，办好内地少数民族中职班。完善招生机制，建立中等职业学校和普通高中统一招生平台，精准服务区域发展需求。积极招收初高中毕业未升学学生、退役军人、退役运动员、下岗职工、返乡农民工等接受中等职业教育；服务乡村振兴战略，为广大农村培养以新型职业农民为主体的农村实用人才。发挥中等职业学校作用，帮助部分学业困难学生按规定在职业学校完成义务教育，并接受部分职业技能学习。

鼓励中等职业学校联合中小学开展劳动和职业启蒙教育，将动手实践内容纳入中小学相关课程和学生综合素质评价。

（三）推进高等职业教育高质量发展。

把发展高等职业教育作为优化高等教育结构和培养大国工匠、能工巧匠的重要方式，使城乡新增劳动力更多接受高等教育。高等职业学校要培养服务区域发展的高素质技术技能人才，重点服务企业特别是中小微企业的技术研发和产品升级，加强社区教育和终身学习服务。建立“职教高考”制度，完善“文化素质+职业技能”的考试招生办法，提高生源质量，为学生接受高等职业教育提供多种入学方式和学习方式。在学前教育、护理、养老服务、健康服务、现代服务业等领域，扩大对初中毕业生实行中高职贯通培养的招生规模。启动实施中国特色高水平高等职业学校和专业建设计划，建设一批引领改革、支撑发展、中国特色、世界水平的高等职业学校和骨干专业（群）。根据高等学校设置制度规定，将符合条件的技师学院纳入高等学校序列。

（四）完善高层次应用型人才培养体系。

完善学历教育与培训并重的现代职业教育体系，畅通技术技能人才成长渠道。发展以职业需求为导向、以实践能力培养为重点、以产学研用结合为途径的专业学位研究生培养模式，加强专业学位硕士研究生培养。推动具备条件的普通本科高校向应用型转变，鼓励有条件的普通高校开办应用技术类型专业或课程。开展本科层次职业教育试点。制定中国技能大赛、全国职业院校技能大赛、世界技能大赛获奖选手等免试入学政策，探索长学制培养高端技术技能人才。服务军民融合发展，把军队相关的职业教育纳入国家职业教育大体系，共同做好面向现役军人的教育培训，支持其在服役期间取得多类职业技能等级证书，提升技术技能水平。落实好定向培养直招士官政策，推动地方院校与军队院校有效对接，推动优质职业教育资源向军事人才培养开放，建立军地网络教育资源共享机制。制订具体政策办法，支持适合的退役军人进入职业院校和普通本科高校接受教育和培训，鼓励支持设立退役军人教育培训集团（联盟），推动退役、培训、就业有机衔接，为促进退役军人特别是退役士兵就业创业作出贡献。

二、构建职业教育国家标准

（五）完善教育教学相关标准。

发挥标准在职业教育质量提升中的基础性作用。按照专业设置与产业需求对接、课程内容与职业标准对接、教学过程与生产过程对接的要求，完善中等、高等职业学校设置标准，规范职业院校设置；实施教师和校长专业标准，提升职业院校教学管理和教学实践能力。持续更新并推进专业目录、专业教学标准、课程标准、顶岗实习标准、实训条件建设标准（仪器设备配备规范）建设和在职业院校落地实施。巩固和发展国务院教育行政部门联合行业制定国家教学标准、职业院校依据标准自主制订人才培养方案的工作格局。

（六）启动 1+X 证书制度试点工作。

深化复合型技术技能人才培养培训模式改革，借鉴国际职业教育培训普遍做法，制订工作方案和具体管理办法，启动 1+X 证书制度试点工作。试点工作要进一步发挥好学历证书作用，夯实学生可持续发展基础，鼓励职业院校学生在获得学历证书的同时，积极取得多类职业技能等级证书，拓展就业创业本领，缓解结构性就业矛盾。国务院人力资源社会保障行政部门、教育行政部门在职责范围内，分别负责管理监督考核院校外、院校内职业技能等级证书的实施（技工院校内由人力资源社会保障行政部门负责），国务院人力资源社会保障行政部门组织制定职业标准，国务院教育行政部门依照职业标准牵头组织开发教学等相关标准。院校内培训可面向社会人群，院校外培训也可面向在校学生。各类职业技能等级证书具有同等效力，持有证书人员享受同等待遇。院校内实施的职业技能等级证书分为初级、中级、高级，是职业技能水平的凭证，反映职业活动和个人职业生涯发展所需要的综合能力。

（七）开展高质量职业培训。

落实职业院校实施学历教育与培训并举的法定职责，按照育训结合、长短结合、内外结合的要求，面向在校学生和全体社会成员开展职业培训。自2019 年开始，围绕现代农业、先进制造业、现代服务业、战略性新兴产业，推动职业院校在10个左右技术技能人才紧缺领域大力开展职业培训。引导行业企业深度参与技术技能人才培养培训，促进职业院校加强专业建设、深化课程改革、增强实训内容、提高师资水平，全面提升教育教学质量。各级政府要积极支持职业培训，行政部门要简政放权并履行好监管职责，相关下属机构要优化服务，对于违规收取费用的要严肃处理。畅通技术技能人才职业发展通道，鼓励其持续获得适应经济社会发展需要的职业培训证书，引导和支持企业等用人单位落实相关待遇。对取得职业技能等级证书的离校未就业高校毕业生，按规定落实职业培训补贴政策。

（八）实现学习成果的认定、积累和转换。

加快推进职业教育国家“学分银行”建设，从2019年开始，探索建立职业教育个人学习账号，实现学习成果可追溯、可查询、可转换。有序开展学历证书和职业技能等级证书所体现的学习成果的认定、积累和转换，为技术技能人才持续成长拓宽通道。职业院校对取得若干职业技能等级证书的社会成员，支持其根据证书等级和类别免修部分课程，在完成规定内容学习后依法依规取得学历证书。对接受职业院校学历教育并取得毕业证书的学生，在参加相应的职业技能等级证书考试时，可免试部分内容。从2019年起，在有条件的地区和高校探索实施试点工作，制定符合国情的国家资历框架。

三、促进产教融合校企“双元”育人

（九）坚持知行合一、工学结合。

借鉴“双元制”等模式，总结现代学徒制和企业新型学徒制试点经验，校企共同研究制定人才培养方案，及时将新技术、新工艺、新规范纳入教学标准和教学内容，强化学生实习实训。健全专业设置定期评估机制，强化地方引导本区域职业院校优化专业设置的职责，原则上每5年修订1次职业院校专业目录，学校依据目录灵活自主设置专业，每年调整1次专业。健全专业教学资源库，建立共建共享平台的资源认证标准和交易机制，进一步扩大优质资源覆盖面。遴选认定一大批职业教育在线精品课程，建设一大批校企“双元”合作开发的国家规划教材，倡导使用新型活页式、工作手册式教材并配套开发信息化资源。每3年修订1次教材，其中专业教材随信息技术发展和产业升级情况及时动态更新。适应“互联网+职业教育”发展需求，运用现代信息技术改进教学方式方法，推进虚拟工厂等网络学习空间建设和普遍应用。

（十）推动校企全面加强深度合作。

职业院校应当根据自身特点和人才培养需要，主动与具备条件的企业在人才培养、技术创新、就业创业、社会服务、文化传承等方面开展合作。学校积极为企业提供所需的课程、师资等资源，企业应当依法履行实施职业教育的义务，利用资本、技术、知识、设施、设备和管理等要素参与校企合作，促进人力资源开发。校企合作中，学校可从中获得智力、专利、教育、劳务等报酬，具体分配由学校按规定自行处理。在开展国家产教融合建设试点基础上，建立产教融合型企业认证制度，对进入目录的产教融合型企业给予“金融+财政+土地+信用”的组合式激励，并按规定落实相关税收政策。试点企业兴办职业教育的投资符合条件的，可按投资额一定比例抵免该企业当年应缴教育费附加和地方教育附加。厚植企业承担职业教育责任的社会环境，推动职业院校和行业企业形成命运共同体。

（十一）打造一批高水平实训基地。

加大政策引导力度，充分调动各方面深化职业教育改革创新的积极性，带动各级政府、企业和职业院校建设一批资源共享，集实践教学、社会培训、企业真实生产和社会技术服务于一体的高水平职业教育实训基地。面向先进制造业等技术技能人才紧缺领域，统筹多种资源，建设若干具有辐射引领作用的高水平专业化产教融合实训基地，推动开放共享，辐射区域内学校和企业；鼓励职业院校建设或校企共建一批校内实训基地，提升重点专业建设和校企合作育人水平。积极吸引企业和社会力量参与，指导各地各校借鉴德国、日本、瑞士等国家经验，探索创新实训基地运营模式。提高实训基地规划、管理水平，为社会公众、职业院校在校生取得职业技能等级证书和企业提升人力资源水平提供有力支撑。

（十二）多措并举打造“双师型”教师队伍。

从2019年起，职业院校、应用型本科高校相关专业教师原则上从具有3年以上企业工作经历并具有高职以上学历的人员中公开招聘，特殊高技能人才（含具有高级工以上职业资格人员）可适当放宽学历要求，2020年起基本不再从应届毕业生中招聘。加强职业技术师范院校建设，优化结构布局，引导一批高水平工科学校举办职业技术师范教育。实施职业院校教师素质提高计划，建立100个“双师型”教师培养培训基地，职业院校、应用型本科高校教师每年至少1个月在企业或实训基地实训，落实教师5年一周期的全员轮训制度。探索组建高水平、结构化教师教学创新团队，教师分工协作进行模块化教学。定期组织选派职业院校专业骨干教师赴国外研修访学。在职业院校实行高层次、高技能人才以直接考察的方式公开招聘。建立健全职业院校自主聘任兼职教师的办法，推动企业工程技术人员、高技能人才和职业院校教师双向流动。职业院校通过校企合作、技术服务、社会培训、自办企业等所得收入，可按一定比例作为绩效工资来源。

四、建设多元办学格局

（十三）推动企业和社会力量举办高质量职业教育。

各级政府部门要深化“放管服”改革，加快推进职能转变，由注重“办”职业教育向“管理与服务”过渡。政府主要负责规划战略、制定政策、依法依规监管。发挥企业重要办学主体作用，鼓励有条件的企业特别是大企业举办高质量职业教育，各级人民政府可按规定给予适当支持。完善企业经营管理和技术人员与学校领导、骨干教师相互兼职兼薪制度。2020 年初步建成 300 个示范性职业教育集团（联盟），带动中小企业参与。支持和规范社会力量兴办职业教育培训，鼓励发展股份制、混合所有制等职业院校和各类职业培训机构。建立公开透明规范的民办职业教育准入、审批制度，探索民办职业教育负面清单制度，建立健全退出机制。

（十四）做优职业教育培训评价组织。

职业教育包括职业学校教育和职业培训，职业院校和应用型本科高校按照国家教学标准和规定职责完成教学任务和职业技能人才培养。同时，也必须调动社会力量，补充校园不足，助力校园办学。能够依据国家有关法规和职业标准、教学标准完成的职业技能培训，要更多通过职业教育培训评价组织（以下简称培训评价组织）等参与实施。政府通过放宽准入，严格末端监督执法，严格控制数量，扶优、扶大、扶强，保证培训质量和学生能力水平。要按照在已成熟的品牌中遴选一批、在成长中的品牌中培育一批、在有需要但还没有建立项目的领域中规划一批的原则，以社会化机制公开招募并择优遴选培训评价组织，优先从制订过国家职业标准并完成标准教材编写，具有专家、师资团队、资金实力和 5 年以上优秀培训业绩的机构中选择。培训评价组织应对接职业标准，与国际先进标准接轨，按有关规定开发职业技能等级标准，负责实施职业技能考核、评价和证书发放。政府部门要加强监管，防止出现乱培训、滥发证现象。行业协会要积极配合政府，为培训评价组织提供好服务环境支持，不得以任何方式收取费用或干预企业办学行为。

五、完善技术技能人才保障政策

（十五）提高技术技能人才待遇水平。

支持技术技能人才凭技能提升待遇，鼓励企业职务职级晋升和工资分配向关键岗位、生产一线岗位和紧缺急需的高层次、高技能人才倾斜。建立国家技术技能大师库，鼓励技术技能大师建立大师工作室，并按规定给予政策和资金支持，支持技术技能大师到职业院校担任兼职教师，参与国家重大工程项目联合攻关。积极推动职业院校毕业生在落户、就业、参加机关事业单位招聘、职称评审、职级晋升等方面与普通高校毕业生享受同等待遇。逐步提高技术技能人才特别是技术工人收入水平和地位。机关和企事业单位招用人员不得歧视职业院校毕业生。国务院人力资源社会保障行政部门会同有关部门，适时组织清理调整对技术技能人才的歧视政策，推动形成人人皆可成才、人人尽展其才的良好环境。按照国家有关规定加大对职业院校参加有关技能大赛成绩突出毕业生的表彰奖励力度。办好职业教育活动周和世界青年技能日宣传活动，深入开展“大国工匠进校园”、“劳模进校园”、“优秀职校生校园分享”等活动，宣传展示大国工匠、能工巧匠和高素质劳动者的事迹和形象，培育和传承好工匠精神。

（十六）健全经费投入机制。

各级政府要建立与办学规模、培养成本、办学质量等相适应的财政投入制度，地方政府要按规定制定并落实职业院校生均经费标准或公用经费标准。在保障教育合理投入的同时，优化教育支出结构，新增教育经费要向职业教育倾斜。鼓励社会力量捐资、出资兴办职业教育，拓宽办学筹资渠道。进一步完善中等职业学校生均拨款制度，各地中等职业学校生均财政拨款水平可适当高于当地普通高中。各地在继续巩固落实好高等职业教育生均财政拨款水平达到12000元的基础上，根据发展需要和财力可能逐步提高拨款水平。组织实施好现代职业教育质量提升计划、产教融合工程等。经费投入要进一步突出改革导向，支持校企合作，注重向中西部、贫困地区和民族地区倾斜。进一步扩大职业院校助学金覆盖面，完善补助标准动态调整机制，落实对建档立卡等家庭经济困难学生的倾斜政策，健全职业教育奖学金制度。

六、加强职业教育办学质量督导评价

（十七）建立健全职业教育质量评价和督导评估制度。

以学习者的职业道德、技术技能水平和就业质量，以及产教融合、校企合作水平为核心，建立职业教育质量评价体系。定期对职业技能等级证书有关工作进行“双随机、一公开”的抽查和监督，从2019年起，对培训评价组织行为和职业院校培训质量进行监测和评估。实施职业教育质量年度报告制度，报告向社会公开。完善政府、行业、企业、职业院校等共同参与的质量评价机制，积极支持第三方机构开展评估，将考核结果作为政策支持、绩效考核、表彰奖励的重要依据。完善职业教育督导评估办法，建立职业教育定期督导评估和专项督导评估制度，落实督导报告、公报、约谈、限期整改、奖惩等制度。国务院教育督导委员会定期听取职业教育督导评估情况汇报。

（十八）支持组建国家职业教育指导咨询委员会。

为把握正确的国家职业教育改革发展方向，创新我国职业教育改革发展模式，提出重大政策研究建议，参与起草、制订国家职业教育法律法规，开展重大改革调研，提供各种咨询意见，进一步提高政府决策科学化水平，规划并审议职业教育标准等，在政府指导下组建国家职业教育指导咨询委员会。成员包括政府人员、职业教育专家、行业企业专家、管理专家、职业教育研究人员、中华职业教育社等团体和社会各方面热心职业教育的人士。通过政府购买服务等方式，听取咨询机构提出的意见建议并鼓励社会和民间智库参与。政府可以委托国家职业教育指导咨询委员会作为第三方，对全国职业院校、普通高校、校企合作企业、培训评价组织的教育管理、教学质量、办学方式模式、师资培养、学生职业技能提升等情况，进行指导、考核、评估等。

七、做好改革组织实施工作

（十九）加强党对职业教育工作的全面领导。

以习近平新时代中国特色社会主义思想特别是习近平总书记关于职业教育的重要论述武装头脑、指导实践、推动工作。加强党对教育事业的全面领导，全面贯彻党的教育方针，落实中央教育工作领导小组各项要求，保证职业教育改革发展正确方向。要充分发挥党组织在职业院校的领导核心和政治核心作用，牢牢把握学校意识形态工作领导权，将党建工作与学校事业发展同部署、同落实、同考评。指导职业院校上好思想政治理论课，实施好中等职业学校“文明风采”活动，推进职业教育领域“三全育人”综合改革试点工作，使各类课程与思想政治理论课同向同行，努力实现职业技能和职业精神培养高度融合。加强基层党组织建设，有效发挥基层党组织的战斗堡垒作用和共产党员的先锋模范作用，带动学校工会、共青团等群团组织和学生会组织建设，汇聚每一位师生员工的积极性和主动性。

（二十）完善国务院职业教育工作部际联席会议制度。

国务院职业教育工作部际联席会议由教育、人力资源社会保障、发展改革、工业和信息化、财政、农业农村、国资、税务、扶贫等单位组成，国务院分管教育工作的副总理担任召集人。联席会议统筹协调全国职业教育工作，研究协调解决工作中重大问题，听取国家职业教育指导咨询委员会等方面的意见建议，部署实施职业教育改革创新重大事项，每年召开两次会议，各成员单位就有关工作情况向联席会议报告。国务院教育行政部门负责职业教育工作的统筹规划、综合协调、宏观管理，国务院教育行政部门、人力资源社会保障行政部门和其他有关部门在职责范围内，分别负责有关的职业教育工作。各成员单位要加强沟通协调，做好相关政策配套衔接，在国家和区域战略规划、重大项目安排、经费投入、企业办学、人力资源开发等方面形成政策合力。推动落实《中华人民共和国职业教育法》，为职业教育改革创新提供重要的制度保障。

中共中央办公厅　国务院办公厅
印发《关于分类推进人才评价机制
改革的指导意见》的通知

（中办发〔2018〕6号）

各省、自治区、直辖市党委和人民政府，中央和国家机关各部委，解放军各大单位、中央军委机关各部门，各人民团体：

《关于分类推进人才评价机制改革的指导意见》已经党中央、国务院同意，现印发给你们，请结合实际认真贯彻落实。

关于分类推进人才评价机制改革的指导意见

人才评价是人才发展体制机制的重要组成部分，是人才资源开发管理和使用的前提。建立科学的人才分类评价机制，对于树立正确用人导向、激励引导人才职业发展、调动人才创新创业积极性、加快建设人才强国具有重要作用。当前，我国人才评价机制仍存在分类评价不足、评价标准单一、评价手段趋同、评价社会化程度不高、用人主体自主权落实不够等突出问题，亟需通过深化改革加以解决。为深入贯彻落实《中共中央印发〈关于深化人才发展体制机制改革的意见〉的通知》，创新人才评价机制，发挥人才评价指挥棒作用，现就分类推进人才评价机制改革提出如下意见。

一、总体要求和基本原则

（一）总体要求。全面贯彻党的十九大精神，以习近平新时代中国特色社会主义思想为指导，认真落实党中央、国务院决策部署，按照统筹推进“五位一体”总体布局和协调推进“四个全面”战略布局要求，落实新发展理念，围绕实施人才强国战略和创新驱动发展战略，以科学分类为基础，以激发人才创新创业活力为目的，加快形成导向明确、精准科学、规范有序、竞争择优的科学化社会化市场化人才评价机制，建立与中国特色社会主义制度相适应的人才评价制度，努力形成人人渴望成才、人人努力成才、人人皆可成才、人人尽展其才的良好局面，使优秀人才脱颖而出。

（二）基本原则

——坚持党管人才原则。充分发挥党的思想政治优势、组织优势、密切联系群众优势，进一步加强党对人才评价工作的领导，将改革完善人才评价机制作为人才工作的重要内容，在全社会大兴识才爱才敬才用才容才聚才之风，把各方面优秀人才集聚到党和人民的伟大奋斗中来。

——坚持服务发展。围绕经济社会发展和人才发展需求，充分发挥人才评价正向激励作用，推动多出人才、出好人才，最大限度激发和释放人才创新创业活力，促进人才发展与经济社会发展深度融合。

——坚持科学公正。遵循人才成长规律，突出品德、能力和业绩评价导向，分类建立体现不同职业、不同岗位、不同层次人才特点的评价机制，科学客观公正评价人才，让各类人才价值得到充分尊重和体现。

——坚持改革创新。围绕用好用活人才，着力破除思想障碍和制度藩篱，加快转变政府职能，保障落实用人主体自主权，发挥政府、市场、专业组织、用人单位等多元评价主体作用，营造有利于人才成长和发挥作用的评价制度环境。

二、分类健全人才评价标准

（三）实行分类评价。以职业属性和岗位要求为基础，健全科学的人才分类评价体系。根据不同职业、不同岗位、不同层次人才特点和职责，坚持共通性与特殊性、水平业绩与发展潜力、定性与定量评价相结合，分类建立健全涵盖品德、知识、能力、业绩和贡献等要素，科学合理、各有侧重的人才评价标准。加快新兴职业领域人才评价标准开发工作。建立评价标准动态更新调整机制。

（四）突出品德评价。坚持德才兼备，把品德作为人才评价的首要内容，加强对人才科学精神、职业道德、从业操守等评价考核，倡导诚实守信，强化社会责任，抵制心浮气躁、急功近利等不良风气，从严治理弄虚作假和学术不端行为。完善人才评价诚信体系，建立诚信守诺、失信行为记录和惩戒制度。探索建立基于道德操守和诚信情况的评价退出机制。

（五）科学设置评价标准。坚持凭能力、实绩、贡献评价人才，克服唯学历、唯资历、唯论文等倾向，注重考察各类人才的专业性、创新性和履责绩效、创新成果、实际贡献。着力解决评价标准“一刀切”问题，合理设置和使用论文、专著、影响因子等评价指标，实行差别化评价，鼓励人才在不同领域、不同岗位作出贡献、追求卓越。

三、改进和创新人才评价方式

（六）创新多元评价方式。按照社会和业内认可的要求，建立以同行评价为基础的业内评价机制，注重引入市场评价和社会评价，发挥多元评价主体作用。基础研究人才以同行学术评价为主，加强国际同行评价。应用研究和技术开发人才突出市场评价，由用户、市场和专家等相关第三方评价。哲学社会科学人才评价重在同行认可和社会效益。丰富评价手段，科学灵活采用考试、评审、考评结合、考核认定、个人述职、面试答辩、实践操作、业绩展示等不同方式，提高评价的针对性和精准性。

（七）科学设置人才评价周期。遵循不同类型人才成长发展规律，科学合理设置评价考核周期，注重过程评价和结果评价、短期评价和长期评价相结合，克服评价考核过于频繁的倾向。探索实施聘期评价制度。突出中长期目标导向，适当延长基础研究人才、青年人才等评价考核周期，鼓励持续研究和长期积累。

（八）畅通人才评价渠道。进一步打破户籍、地域、所有制、身份、人事关系等限制，依托具备条件的行业协会、专业学会、公共人才服务机构等，畅通非公有制经济组织、社会组织和新兴职业等领域人才申报评价渠道。对引进的海外高层次人才和急需紧缺人才，建立评价绿色通道。完善外籍人才、港澳台人才申报评价办法。

（九）促进人才评价和项目评审、机构评估有机衔接。按照既出成果、又出人才的要求，在各类工程项目、科技计划、机构平台等评审评估中加强人才评价，完善在重大科研、工程项目实施、急难险重工作中评价、识别人才机制。深入推进项目评审、人才评价、机构评估改革，树立正确评价导向，进一步精简整合、取消下放、优化布局评审事项，简化评审环节，改进评审方式，减轻人才负担。避免简单通过各类人才计划头衔评价人才。加强评价结果共享，避免多头、频繁、重复评价人才。

四、加快推进重点领域人才评价改革

（十）改革科技人才评价制度。围绕建设创新型国家和世界科技强国目标，结合科技体制改革，建立健全以科研诚信为基础，以创新能力、质量、贡献、绩效为导向的科技人才评价体系。对主要从事基础研究的人才，着重评价其提出和解决重大科学问题的原创能力、成果的科学价值、学术水平和影响等。对主要从事应用研究和技术开发的人才，着重评价其技术创新与集成能力、取得的自主知识产权和重大技术突破、成果转化、对产业发展的实际贡献等。对从事社会公益研究、科技管理服务和实验技术的人才，重在评价考核工作绩效，引导其提高服务水平和技术支持能力。

实行代表性成果评价，突出评价研究成果质量、原创价值和对经济社会发展实际贡献。改变片面将论文、专利、项目、经费数量等与科技人才评价直接挂钩的做法，建立并实施有利于科技人才潜心研究和创新的评价制度。

注重个人评价与团队评价相结合。适应科技协同创新和跨学科、跨领域发展等特点，进一步完善科技创新团队评价办法，实行以合作解决重大科技问题为重点的整体性评价。对创新团队负责人以把握研究发展方向、学术造诣水平、组织协调和团队建设等为评价重点。尊重认可团队所有参与者的实际贡献，杜绝无实质贡献的虚假挂名。

（十一）科学评价哲学社会科学和文化艺术人才。坚持马克思主义指导地位、为人民做学问的研究立场、以人民为中心的创作导向，注重政治标准和学术标准、继承性和民族性、原创性和时代性、系统性和专业性相统一，建立健全中国特色的哲学社会科学和文化艺术人才评价体系，推进中国特色哲学社会科学学科体系、学术体系、话语体系建设，推出更多无愧于民族、无愧于时代的文艺精品。

根据人文科学、社会科学、文化艺术等不同学科领域，理论研究、应用对策研究、艺术表演创作等不同类型，对其人才实行分类评价。对主要从事理论研究的人才，重点评价其在推动理论创新、传承文明、学科建设等方面的能力贡献。对主要从事应用对策研究的人才，重点评价其围绕统筹推进“五位一体”总体布局和协调推进“四个全面”战略布局，为党和政府决策提供服务支撑的能力业绩。对主要从事艺术表演创作的人才，重点评价其在艺术表演、作品创作、满足人民精神文化需求等方面的能力业绩。突出成果的研究质量、内容创新和社会效益，推行理论文章、决策咨询研究报告、建言献策成果、优秀网络文章、艺术创作作品等与论文、专著等效评价。

（十二）健全教育人才评价体系。坚持立德树人，把教书育人作为教育人才评价的核心内容。深化高校教师评价制度改革，坚持社会主义办学方向，坚持思想政治素质和业务能力双重考察、全面考核和突出重点相结合，注重对师德师风、教育教学、科学研究、社会服务、专业发展的综合评价。坚持分类指导和分层次评价相结合，根据不同类型高校、不同岗位教师的职责特点，分类分层次分学科设置评价内容和评价方式。突出教育教学业绩评价，将人才培养中心任务落到实处，要求所有教师都必须承担教育教学工作，建立健全教学工作量评价标准，落实教授为本专科生授课制度，加强教学质量和课堂教学纪律考核。

适应现代职业教育发展需要，按照兼备专业理论知识和技能操作实践能力的要求，完善职业院校（含技工院校）“双师型”教师评价标准，吸纳行业、企业作为评价参与主体，重点评价其职业素养、专业教学能力和生产一线实践经验。

适应中小学素质教育和课程改革新要求，建立充分体现中小学教师岗位特点的评价标准，重点评价其教育教学方法、教书育人工作业绩和一线实践经历。严禁简单用学生升学率和考试成绩评价中小学教师。

（十三）改进医疗卫生人才评价制度。强化医疗卫生人才临床实践能力评价，完善涵盖医德医风、临床实践、科研带教、公共卫生服务等要素的评价指标体系，合理确定不同医疗卫生机构、不同专业岗位人才评价重点。对主要从事临床工作的人才，重点考察其临床医疗医技水平、实践操作能力和工作业绩，引入临床病历、诊治方案等作为评价依据。对主要从事科研工作的人才，重点考察其创新能力业绩，突出创新成果的转化应用能力。对主要从事疾病预防控制等的公共卫生人才，重点考察其流行病学调查、传染病疫情和突发公共卫生事件处置、疾病及危害因素监测与评价等能力。

建立符合全科医生岗位特点的评价机制，考核其掌握全科医学基本理论知识、常见病多发病诊疗、预防保健和提供基本公共卫生服务的能力，将签约居民数量、接诊量、服务质量、群众满意度作为重要评价因素。

按照强基层、保基本及分级诊疗要求，建立更加注重临床水平、服务质量、工作业绩的基层医疗卫生人才评价机制，鼓励医疗卫生人才服务基层，更好满足基层人民群众健康需求。

（十四）创新技术技能人才评价制度。适应工程技术专业化、标准化程度高、通用性强等特点，分专业领域建立健全工程技术人才评价标准，着力解决评价标准过于追求学术化问题，重点评价其掌握必备专业理论知识和解决工程技术难题、技术创造发明、技术推广应用、工程项目设计、工艺流程标准开发等实际能力和业绩。探索推动工程师国际互认，提高工程教育质量和工程技术人才职业化、国际化水平。

健全以职业能力为导向、以工作业绩为重点、注重职业道德和知识水平的技能人才评价体系。加快构建国家职业标准、行业企业工种岗位要求、专项职业能力考核规范等多层次职业标准。完善职业资格评价、职业技能等级认定、专项职业能力考核等多元化评价方式，做好评价结果有机衔接。坚持职业标准和岗位要求、职业能力考核和工作业绩评价、专业评价和企业认可相结合的原则，对技术技能型人才突出实际操作能力和解决关键生产技术难题要求，对知识技能型人才突出掌握运用理论知识指导生产实践、创造性开展工作要求，对复合技能型人才突出掌握多项技能、从事多工种多岗位复杂工作要求，引导鼓励技能人才培育精益求精的工匠精神。

（十五）完善面向企业、基层一线和青年人才的评价机制。建立与产业发展需求、经济结构相适应的企业人才评价机制，突出创新创业实践能力，推动企业自主创新能力提升。对业绩贡献突出的优秀企业家、经营管理人才、高层次创新创业人才，可放宽学历、资历、年限等申报条件。健全以市场和出资人认可为重要标准的企业经营管理人才评价体系，突出对经营业绩和综合素质的考核。建立社会化的职业经理人评价制度。

创新基层人才评价激励机制。对长期在基层一线和艰苦边远地区工作的人才，加大爱岗敬业表现、实际工作业绩、工作年限等评价权重，着力拓展基层人才职业发展空间。健全以职业农民为主体的农村实用人才评价制度，完善教育培训、认定评价管理、政策扶持“三位一体”的制度体系。完善社会工作专业人才职业水平评价制度，加强社会工作者职业化管理与激励保障，提升社会治理和社会服务现代化水平。

完善青年人才评价激励措施。破除论资排辈、重显绩不重潜力等陈旧观念，重点遴选支持一批有较大发展潜力、有真才实学、堪当重任的优秀青年人才。加大各类科技、教育、人才工程项目对青年人才支持力度，鼓励设立青年专项，促进优秀青年人才脱颖而出。探索建立优秀青年人才举荐制度。

五、健全完善人才评价管理服务制度

（十六）保障和落实用人单位自主权。尊重用人单位主导作用，支持用人单位结合自身功能定位和发展方向评价人才，促进人才评价与培养、使用、激励等相衔接。合理界定和下放人才评价权限，推动具备条件的高校、科研院所、医院、文化机构、大型企业、国家实验室、新型研发机构及其他人才智力密集单位自主开展评价聘用（任）工作。防止人才评价行政化、“官本位”倾向，充分发挥学术委员会等作用。对开展自主评价的单位，人才管理部门不再进行资格审批，通过完善信用机制、第三方评估、检查抽查等方式加强事中事后监管。

（十七）健全市场化、社会化的管理服务体系。进一步明确政府、市场、用人主体在人才评价中的职能定位，建立权责清晰、管理科学、协调高效的人才评价管理体制。推动人才管理部门转变职能、简政放权，强化政府人才评价宏观管理、政策法规制定、公共服务、监督保障等职能，减少审批事项和微观管理。发挥市场、社会等多元评价主体作用，积极培育发展各类人才评价社会组织和专业机构，逐步有序承接政府转移的人才评价职能。建立人才评价机构综合评估、动态调整机制。

（十八）优化公平公正的评价环境。加强人才评价法治建设，健全完善规章制度，提高评价质量和公信力，维护人才合法权益。严格规范评价程序，建立健全申报、审核、公示、反馈、申诉、巡查、举报、回溯等制度。加强评价专家数据库建设和资源共享，建立随机、回避、轮换的专家遴选机制，优化专家来源和结构，强化业内代表性。建立评价专家责任和信誉制度，实施退出和问责机制。强化人才评价综合治理，依法清理规范各类人才评价活动和发证、收费等事项，加强考试环境治理，落实考试安全主体责任。加强人才评价文化建设，提倡开展平等包容的学术批评、学术争论，保障不同学术观点的充分讨论，营造求真务实、鼓励创新、宽容失败的评价氛围和环境。

各地区各部门要坚持党管人才原则，切实加强党委和政府对改革完善人才评价机制的统一领导，党委组织部门要牵头抓总，有关部门要各司其职、密切配合，发挥社会力量重要作用，认真抓好组织落实。要深入调查研究，结合实际制定具体实施方案，加强分类指导，强化督促检查，确保改革任务落地见效。军队可根据本意见，结合实际建立健全军队人才评价机制。要坚持分类推进、先行试点、稳步实施，及时研究解决改革中遇到的新情况新问题。要加强政策解读和舆论引导，积极回应社会关切，为分类推进人才评价机制改革营造良好氛围。

中共中央办公厅　国务院办公厅印发《加快推进教育现代化实施方案（2018—2022年）》

（2019 年 2 月）

近日，中共中央办公厅、国务院办公厅印发了《加快推进教育现代化实施方案（2018—2022 年）》（以下简称《实施方案》），并发出通知，要求各地区各部门结合实际认真贯彻落实。

《实施方案》指出，今后 5 年加快推进教育现代化的指导思想是：以习近平新时代中国特色社会主义思想为指导，全面贯彻党的十九大和十九届二中、三中全会精神，以培养社会主义建设者和接班人为根本任务，以全面加强党对教育工作的领导为根本保证，以促进公平和提高质量为时代主题，围绕加快推进教育现代化这一主线，聚焦教育发展的战略性问题、紧迫性问题和人民群众关心的问题，统筹实施各类工程项目和行动计划，着力深化改革、激发活力，着力补齐短板、优化结构，更好发挥教育服务国计民生的作用，确保完成决胜全面建成小康社会教育目标任务，为推动高质量发展、实现 2035 年奋斗目标夯实基础。

《实施方案》提出了加快推进教育现代化的实施原则：立足当前，着眼长远；聚焦重点，带动全局；问题导向，改革创新；分区规划，分类推进。总体目标是：经过 5 年努力，全面实现各级各类教育普及目标，全面构建现代化教育制度体系，教育总体实力和国际影响力大幅提升。实现更高水平、更有质量的普及，教育改革发展成果更公平地惠及全体人民，教育服务经济社会发展的能力显著提高，社会关注的教育热点难点问题得到有效缓解，多样化可选择的优质教育资源更加丰富，人民群众受教育机会进一步扩大，学习大国建设取得重要进展。

《实施方案》提出了推进教育现代化的十项重点任务：

一是实施新时代立德树人工程。全面推动习近平新时代中国特色社会主义思想进教材进课堂进头脑，把习近平新时代中国特色社会主义思想贯穿课程教材建设全过程，把教材体系、教学体系有效转化为学生的知识体系、价值体系。增强中小学德育针对性实效性，从中小学生身心特点和思想实际出发改进德育方式方法，注重循序渐进、因材施教、潜移默化，开展喜闻乐见、入脑入心的德育活动。提升高等学校思想政治工作质量。将思想政治工作体系贯穿于学科体系、教学体系、教材体系、管理体系当中，深入构建一体化育人体系。大力加强体育美育劳动教育。加强劳动和实践育人，构建学科教学和校园文化相融合、家庭和社会相衔接的综合劳动、实践育人机制。

二是推进基础教育巩固提高。推进义务教育优质均衡发展，加快城乡义务教育一体化发展。推进学前教育普及普惠发展，健全学前教育管理机构和专业化管理队伍，加强幼儿园质量监管与业务指导。加快高中阶段教育普及攻坚，推动普通高中优质特色发展。保障特殊群体受教育权利，将进城务工人员随迁子女义务教育纳入城镇发展规划，加强对留守儿童的关爱保护，组织实施特殊教育提升计划。着力减轻中小学生过重课外负担，支持中小学校普遍开展课后服务工作。

三是深化职业教育产教融合。构建产业人才培养培训新体系，完善学历教育与培训并重的现代职业教育体系，推动教育教学改革与产业转型升级衔接配套。健全产教融合的办学体制机制，坚持面向市场、服务发展、促进就业的办学方向，优化专业结构设置，大力推进产教融合、校企合作，开展国家产教融合建设试点。建立健全职业教育制度标准，完善学校设置、专业教学、教师队伍、学生实习、经费投入、信息化建设等系列制度和标准，制定并落实职业院校生均拨款制度。建立国务院职业教育工作联席会议制度。

四是推进高等教育内涵发展。加快“双一流”建设，推动建设高等学校全面落实建设方案，研究建立中国特色“双一流”建设的综合评价体系。建设一流本科教育，深入实施“六卓越一拔尖”计划 2.0，实施一流专业建设“双万计划”，实施创新创业教育改革燎原计划、高等学校毕业生就业创业促进计划。提升研究生教育水平，完善产教融合的专业学位研究生培养模式、科教融合的学术学位研究生培养模式，加强紧缺高端复合人才培养。完善高等教育质量标准和监测评价体系。提升高等学校科学研究与创新服务能力，实施高等学校基础研究珠峰计划，建设一批前沿科学中心，支持高等学校建设一批重大科技基础设施，积极参与国家实验室建设。继续实施高等学校哲学社会科学繁荣计划。

五是全面加强新时代教师队伍建设。加强师德师风建设，把师德师风作为评价教师队伍素质的第一标准，实施师德师风建设工程。提高教师教育质量，实施教师教育振兴行动计划，大力培养高素质专业化中小学教师。深化教师管理制度改革，创新编制管理，修订高等学校、中小学和中职学校岗位设置管理指导意见，分类推进教师职称制度改革。保障教师工资待遇，健全中小学教师工资长效联动机制，核定绩效工资总量时统筹考虑当地公务员实际收入水平，实现与当地公务员工资收入同步调整，完善中小学教师绩效工资总量核定分配办法和内部分配办法。补强薄弱地区教师短板，深入实施乡村教师支持计划、银龄讲学计划、援藏援疆万名教师支教计划。

六是大力推进教育信息化。着力构建基于信息技术的新型教育教学模式、教育服务供给方式以及教育治理新模式。促进信息技术与教育教学深度融合，支持学校充分利用信息技术开展人才培养模式和教学方法改革，逐步实现信息化教与学应用师生全覆盖。创新信息时代教育治理新模式，开展大数据支撑下的教育治理能力优化行动，推动以互联网等信息化手段服务教育教学全过程。加快推进智慧教育创新发展，设立“智慧教育示范区”，开展国家虚拟仿真实验教学项目等建设，实施人工智能助推教师队伍建设行动。构建“互联网+教育”支撑服务平台，深入推进“三通两平台”建设。

七是实施中西部教育振兴发展计划。坚决打赢教育脱贫攻坚战，以保障义务教育为核心，全面落实教育扶贫政策，稳步提升贫困地区教育基本公共服务水平。推进“三区三州”等深度贫困地区教育脱贫攻坚。补齐中西部教育发展短板，加快中西部地区义务教育学校标准化建设，全面改善贫困地区义务教育薄弱学校基本办学条件，支持中西部地区加快普及高中阶段教育，加快发展民族教育。提升中西部高等教育发展水平，继续实施中西部高等学校基础能力建设工程、东部高等学校对口支援西部高等学校计划，“部省合建”支持中西部地区 14 所高等学校发展。实施乡村振兴战略教育行动，大力发展现代农业职业教育，推进服务乡村振兴战略的高等农林教育改革，加快乡村振兴急需紧缺人才培养。

八是推进教育现代化区域创新试验。创新体制机制，探索新时代区域教育改革发展的新模式。高起点高标准规划发展雄安新区教育，优先发展高质量基础教育，加快发展现代职业教育，以新机制新模式建设雄安大学。深化粤港澳高等教育合作交流，促进教育资源特别是高等教育相关的人才、科技、信息等要素在粤港澳大湾区高效流动。构建长三角教育协作发展新格局，进一步加大区域内教育资源相互开放的力度，搭建各级各类教育协作发展与创新平台，实现资源优势互补和有序流动。促进海南教育创新发展，依托海南自由贸易试验区打造新时代教育全面深化改革开放的新标杆。

九是推进共建“一带一路”教育行动。加快培养高层次国际化人才，完善留学生回国创业就业政策，提高中外合作办学质量，完善中外合作办学准入和退出机制。加强与共建“一带一路”国家教育合作，建设“一带一路”

教育资源信息服务综合平台，建立国际科教合作交流平台，实施高等学校科技创新服务“一带一路”倡议行动计划。深化与共建“一带一路”国家人文交流，大力支持中外民间交流，加强中外体育艺术等人文交流。优化孔子学院区域布局，加强孔子学院能力建设，全面提高办学水平。加大汉语国际教育工作力度。

十是深化重点领域教育综合改革。加快重点领域和关键环节改革步伐，为加快推进教育现代化提供制度支撑。积极稳妥推进考试招生制度改革，坚定高考改革方向，完善普通高中学业水平考试制度，进一步推进学术学位与专业学位硕士研究生分类考试，完善博士研究生“申请—考核”和直接攻博等选拔机制。完善民办教育分类管理，全面落实民办教育促进法，修订民办教育促进法实施条例，积极鼓励社会力量依法兴办教育，促进民办教育持续健康发展。加快构建终身学习制度体系，加强终身学习法律法规建设，搭建沟通各级各类教育、衔接多种学习成果的全民终身学习立交桥，加快发展社区教育、老年教育，深入推动学习型组织建设和学习型城市建设。深化教育领域放管服改革，深化简政放权、放管结合、优化服务改革，推进政府职能转变，构建政府、学校、社会之间的新型关系。推进学校治理现代化。

《实施方案》明确了推进教育现代化四个方面的保障措施：一是全面加强教育系统党的建设，不断提高教育系统党的建设质量，坚定不移推进全面从严治党向纵深发展。二是全面推进依法治教，加快完善教育法律制度体系，加快推进教育行政执法体制机制改革，建立健全教育系统法律顾问制度，加强学校法治工作，广泛深入开展青少年法治教育。三是完善教育经费投入和管理机制，健全财政教育投入机制，全面实施绩效管理。四是加强教育督导评估，有效发挥教育督导“督导评估、检查验收、质量监测”职能，保障教育事业优先优质发展。

《实施方案》最后强调，各级党委和政府要把思想和行动统一到党中央、国务院关于加快教育现代化、建设教育强国的重大部署上来，加强组织领导，结合地方实际制定本地区落实方案。各部门要主动履职尽责，确保实施方案确定的目标任务落到实处。国务院教育督导部门定期组织督导评估，压实落实责任。及时总结宣传典型经验和做法，凝聚全社会共同促进教育健康发展的共识，为新时代教育改革发展营造良好环境和氛围。

国务院办公厅关于深化产教融合的若干意见

（国办发〔2017〕95号）

各省、自治区、直辖市人民政府，国务院各部委、各直属机构：

进入新世纪以来，我国教育事业蓬勃发展，为社会主义现代化建设培养输送了大批高素质人才，为加快发展壮大现代产业体系作出了重大贡献。但同时，受体制机制等多种因素影响，人才培养供给侧和产业需求侧在结构、质量、水平上还不能完全适应，“两张皮”问题仍然存在。深化产教融合，促进教育链、人才链与产业链、创新链有机衔接，是当前推进人力资源供给侧结构性改革的迫切要求，对新形势下全面提高教育质量、扩大就业创业、推进经济转型升级、培育经济发展新动能具有重要意义。为贯彻落实党的十九大精神，深化产教融合，全面提升人力资源质量，经国务院同意，现提出以下意见。

一、总体要求

（一）指导思想。

全面贯彻党的十九大精神，坚持以习近平新时代中国特色社会主义思想为指导，紧紧围绕统筹推进“五位一体”总体布局和协调推进“四个全面”战略布局，坚持以人民为中心，坚持新发展理念，认真落实党中央、国务院关于教育综合改革的决策部署，深化职业教育、高等教育等改革，发挥企业重要主体作用，促进人才培养供给侧和产业需求侧结构要素全方位融合，培养大批高素质创新人才和技术技能人才，为加快建设实体经济、科技创新、现代金融、人力资源协同发展的产业体系，增强产业核心竞争力，汇聚发展新动能提供有力支撑。

（二）原则和目标。

统筹协调，共同推进。将产教融合作为促进经济社会协调发展的重要举措，融入经济转型升级各环节，贯穿人才开发全过程，形成政府企业学校行业社会协同推进的工作格局。

服务需求，优化结构。面向产业和区域发展需求，完善教育资源布局，加快人才培养结构调整，创新教育组织形态，促进教育和产业联动发展。

校企协同，合作育人。充分调动企业参与产教融合的积极性和主动性，强化政策引导，鼓励先行先试，促进供需对接和流程再造，构建校企合作长效机制。

深化产教融合的主要目标是，逐步提高行业企业参与办学程度，健全多元化办学体制，全面推行校企协同育人，用10年左右时间，教育和产业统筹融合、良性互动的发展格局总体形成，需求导向的人才培养模式健全完善，人才教育供给与产业需求重大结构性矛盾基本解决，职业教育、高等教育对经济发展和产业升级的贡献显著增强。

二、构建教育和产业统筹融合发展格局

（三）同步规划产教融合与经济社会发展。制定实施经济社会发展规划，以及区域发展、产业发展、城市建设和重大生产力布局规划，要明确产教融合发展要求，将教育优先、人才先行融入各项政策。结合实施创新驱动发展、新型城镇化、制造强国战略，统筹优化教育和产业结构，同步规划产教融合发展政策措施、支持方式、实现途径和重大项目。

（四）统筹职业教育与区域发展布局。按照国家区域发展总体战略和主体功能区规划，优化职业教育布局，引导职业教育资源逐步向产业和人口集聚区集中。面向脱贫攻坚主战场，积极推进贫困地区学生到城市优质职业学校就学。加强东部对口西部、城市支援农村职业教育扶贫。支持中部打造全国重要的先进制造业职业教育基地。支持东北等老工业基地振兴发展急需的职业教育。加强京津冀、长江经济带城市间协同合作，引导各地结合区域功能、产业特点探索差别化职业教育发展路径。

（五）促进高等教育融入国家创新体系和新型城镇化建设。完善世界一流大学和一流学科建设推进机制，注重发挥对国家和区域创新中心发展的支撑引领作用。健全高等学校与行业骨干企业、中小微创业型企业紧密协同的创新生态系统，增强创新中心集聚人才资源、牵引产业升级能力。适应以城市群为主体的新型城镇化发展，合理布局高等教育资源，增强中小城市产业承载和创新能力，构建梯次有序、功能互补、资源共享、合作紧密的产教融合网络。

（六）推动学科专业建设与产业转型升级相适应。建立紧密对接产业链、创新链的学科专业体系。大力发展现代农业、智能制造、高端装备、新一代信息技术、生物医药、节能环保、新能源、新材料以及研发设计、数字创意、现代交通运输、高效物流、融资租赁、电子商务、服务外包等产业急需紧缺

学科专业。积极支持家政、健康、养老、文化、旅游等社会领域专业发展，推进标准化、规范化、品牌化建设。加强智慧城市、智能建筑等城市可持续发展能力相关专业建设。大力支持集成电路、航空发动机及燃气轮机、网络安全、人工智能等事关国家战略、国家安全等学科专业建设。适应新一轮科技革命和产业变革及新经济发展，促进学科专业交叉融合，加快推进新工科建设。

（七）健全需求导向的人才培养结构调整机制。加快推进教育“放管服”改革，注重发挥市场机制配置非基本公共教育资源作用，强化就业市场对人才供给的有效调节。进一步完善高校毕业生就业质量年度报告发布制度，注重发挥行业组织人才需求预测、用人单位职业能力评价作用，把市场供求比例、就业质量作为学校设置调整学科专业、确定培养规模的重要依据。新增研究生招生计划向承担国家重大战略任务、积极推行校企协同育人的高校和学科倾斜。严格实行专业预警和退出机制，引导学校对设置雷同、就业连续不达标专业，及时调减或停止招生。

三、强化企业重要主体作用

（八）拓宽企业参与途径。鼓励企业以独资、合资、合作等方式依法参与举办职业教育、高等教育。坚持准入条件透明化、审批范围最小化，细化标准、简化流程、优化服务，改进办学准入条件和审批环节。通过购买服务、委托管理等，支持企业参与公办职业学校办学。鼓励有条件的地区探索推进职业学校股份制、混合所有制改革，允许企业以资本、技术、管理等要素依法参与办学并享有相应权利。

（九）深化“引企入教”改革。支持引导企业深度参与职业学校、高等学校教育教学改革，多种方式参与学校专业规划、教材开发、教学设计、课程设置、实习实训，促进企业需求融入人才培养环节。推行面向企业真实生产环境的任务式培养模式。职业学校新设专业原则上应有相关行业企业参与。鼓励企业依托或联合职业学校、高等学校设立产业学院和企业工作室、实验室、创新基地、实践基地。

（十）开展生产性实习实训。健全学生到企业实习实训制度。鼓励以引企驻校、引校进企、校企一体等方式，吸引优势企业与学校共建共享生产性实训基地。支持各地依托学校建设行业或区域性实训基地，带动中小微企业参与校企合作。通过探索购买服务、落实税收政策等方式，鼓励企业直接接收学生实习实训。推进实习实训规范化，保障学生享有获得合理报酬等合法权益。

（十一）以企业为主体推进协同创新和成果转化。支持企业、学校、科研院所围绕产业关键技术、核心工艺和共性问题开展协同创新，加快基础研究成果向产业技术转化。引导高校将企业生产一线实际需求作为工程技术研究选题的重要来源。完善财政科技计划管理，高校、科研机构牵头申请的应用型、工程技术研究项目原则上应有行业企业参与并制订成果转化方案。完善高校科研后评价体系，将成果转化作为项目和人才评价重要内容。继续加强企业技术中心和高校技术创新平台建设，鼓励企业和高校共建产业技术实验室、中试和工程化基地。利用产业投资基金支持高校创新成果和核心技术产业化。

（十二）强化企业职工在岗教育培训。落实企业职工培训制度，足额提取教育培训经费，确保教育培训经费60%以上用于一线职工。创新教育培训方式，鼓励企业向职业学校、高等学校和培训机构购买培训服务。鼓励有条件的企业开展职工技能竞赛，对参加培训提升技能等级的职工予以奖励或补贴。支持企业一线骨干技术人员技能提升，加强产能严重过剩行业转岗就业人员再就业培训。将不按规定提取使用教育培训经费并拒不改正的行为记入企业信用记录。

（十三）发挥骨干企业引领作用。鼓励区域、行业骨干企业联合职业学校、高等学校共同组建产教融合集团（联盟），带动中小企业参与，推进实体化运作。注重发挥国有企业特别是中央企业示范带头作用，支持各类企业依法参与校企合作。结合推进国有企业改革，支持有条件的国有企业继续办好做强职业学校。

四、推进产教融合人才培养改革

（十四）将工匠精神培育融入基础教育。将动手实践内容纳入中小学相关课程和学生综合素质评价。加强学校劳动教育，开展生产实践体验，支持学校聘请劳动模范和高技能人才兼职授课。组织开展“大国工匠进校园”活动。鼓励有条件的普通中学开设职业类选修课程，鼓励职业学校实训基地向普通中学开放。鼓励有条件的地方在大型企业、产业园区周边试点建设普职融通的综合高中。

（十五）推进产教协同育人。坚持职业教育校企合作、工学结合的办学制度，推进职业学校和企业联盟、与行业联合、同园区联结。大力发展校企双制、工学一体的技工教育。深化全日制职业学校办学体制改革，在技术性、实践性较强的专业，全面推行现代学徒制和企业新型学徒制，推动学校招生与企业招工相衔接，校企育人“双重主体”，学生学徒“双重身份”，学校、企业和学生三方权利义务关系明晰。实践性教学课时不少于总课时的50%。

健全高等教育学术人才和应用人才分类培养体系，提高应用型人才培养比重。推动高水平大学加强创新创业人才培养，为学生提供多样化成长路径。大力支持应用型本科和行业特色类高校建设，紧密围绕产业需求，强化实践教学，完善以应用型人才为主的培养体系。推进专业学位研究生产学结合培养模式改革，增强复合型人才培养能力。

（十六）加强产教融合师资队伍建设。支持企业技术和管理人才到学校任教，鼓励有条件的地方探索产业教师（导师）特设岗位计划。探索符合职业教育和应用型高校特点的教师资格标准和专业技术职务（职称）评聘办法。允许职业学校和高等学校依法依规自主聘请兼职教师和确定兼职报酬。推动职业学校、应用型本科高校与大中型企业合作建设“双师型”教师培养培训基地。完善职业学校和高等学校教师实践假期制度，支持在职教师定期到企业实践锻炼。

（十七）完善考试招生配套改革。加快高等职业学校分类招考，完善“文化素质+职业技能”评价方式。适度提高高等学校招收职业教育毕业生比例，建立复合型、创新型技术技能人才系统培养制度。逐步提高高等学校招收有工作实践经历人员的比例。

（十八）加快学校治理结构改革。建立健全职业学校和高等学校理事会制度，鼓励引入行业企业、科研院所、社会组织等多方参与。推动学校优化内部治理，充分体现一线教学科研机构自主权，积极发展跨学科、跨专业教学和科研组织。

（十九）创新教育培训服务供给。鼓励教育培训机构、行业企业联合开发优质教育资源，大力支持“互联网+教育培训”发展。支持有条件的社会组织整合校企资源，开发立体化、可选择的产业技术课程和职业培训包。推动探索高校和行业企业课程学分转换互认，允许和鼓励高校向行业企业和社会培训机构购买创新创业、前沿技术课程和教学服务。

五、促进产教供需双向对接

（二十）强化行业协调指导。行业主管部门要加强引导，通过职能转移、授权委托等方式，积极支持行业组织制定深化产教融合工作计划，开展人才需求预测、校企合作对接、教育教学指导、职业技能鉴定等服务。

（二十一）规范发展市场服务组织。鼓励地方政府、行业企业、学校通过购买服务、合作设立等方式，积极培育市场导向、对接供需、精准服务、规范运作的产教融合服务组织（企业）。支持利用市场合作和产业分工，提供专业化服务，构建校企利益共同体，形成稳定互惠的合作机制，促进校企紧密联结。

（二十二）打造信息服务平台。鼓励运用云计算、大数据等信息技术，建设市场化、专业化、开放共享的产教融合信息服务平台。依托平台汇聚区域和行业人才供需、校企合作、项目研发、技术服务等各类供求信息，向各类主体提供精准化产教融合信息发布、检索、推荐和相关增值服务。

（二十三）健全社会第三方评价。积极支持社会第三方机构开展产教融合效能评价，健全统计评价体系。强化监测评价结果运用，作为绩效考核、投入引导、试点开展、表彰激励的重要依据。

六、完善政策支持体系

（二十四）实施产教融合发展工程。“十三五”期间，支持一批中高等职业学校加强校企合作，共建共享技术技能实训设施。开展高水平应用型本科高校建设试点，加强产教融合实训环境、平台和载体建设。支持中西部普通本科高校面向产业需求，重点强化实践教学环节建设。支持世界一流大学和一流学科建设高校加强学科、人才、科研与产业互动，推进合作育人、协同创新和成果转化。

（二十五）落实财税用地等政策。优化政府投入，完善体现职业学校、应用型高校和行业特色类专业办学特点和成本的职业教育、高等教育拨款机制。职业学校、高等学校科研人员依法取得的科技成果转化奖励收入不纳入绩效工资，不纳入单位工资总额基数。各级财政、税务部门要把深化产教融合作为落实结构性减税政策，推进降成本、补短板的重要举措，落实社会力量举办教育有关财税政策，积极支持职业教育发展和企业参与办学。企业投资或与政府合作建设职业学校、高等学校的建设用地，按科教用地管理，符合《划拨用地目录》的，可通过划拨方式供地，鼓励企业自愿以出让、租赁方式取得土地。

（二十六）强化金融支持。鼓励金融机构按照风险可控、商业可持续原则支持产教融合项目。利用中国政企合作投资基金和国际金融组织、外国政府贷款，积极支持符合条件的产教融合项目建设。遵循相关程序、规则和章程，推动亚洲基础设施投资银行、丝路基金在业务领域内将“一带一路”职业教育项目纳入支持范围。引导银行业金融机构创新服务模式，开发适合产教融合项目特点的多元化融资品种，做好政府和社会资本合作模式的配套金融服务。积极支持符合条件的企业在资本市场进行股权融资，发行标准化债权产品，加大产教融合实训基地项目投资。加快发展学生实习责任保险和人身意外伤害保险，鼓励保险公司对现代学徒制、企业新型学徒制保险专门确定费率。

（二十七）开展产教融合建设试点。根据国家区域发展战略和产业布局，支持若干有较强代表性、影响力和改革意愿的城市、行业、企业开展试点。在认真总结试点经验基础上，鼓励第三方开展产教融合型城市和企业建设评价，完善支持激励政策。

（二十八）加强国际交流合作。鼓励职业学校、高等学校引进海外高层次人才和优质教育资源，开发符合国情、国际开放的校企合作培养人才和协同创新模式。探索构建应用技术教育创新国际合作网络，推动一批中外院校和企业结对联合培养国际化应用型人才。鼓励职业教育、高等教育参与配合“一带一路”建设和国际产能合作。

七、组织实施

（二十九）强化工作协调。加强组织领导，建立发展改革、教育、人力资源社会保障、财政、工业和信息化等部门密切配合，有关行业主管部门、国有资产监督管理部门积极参与的工作协调机制，加强协同联动，推进工作落实。各省级人民政府要结合本地实际制定具体实施办法。

（三十）营造良好环境。做好宣传动员和舆论引导，加快收入分配、企业用人制度以及学校编制、教学科研管理等配套改革，引导形成学校主动服务经济社会发展、企业重视“投资于人”的普遍共识，积极营造全社会充分理解、积极支持、主动参与产教融合的良好氛围。

附件：重点任务分工

国务院办公厅

2017年12月5日

附件：

重点任务分工

序号	工作任务	主要内容	责任单位
1	构建教育和产业统筹融合发展格局	同步规划产教融合与经济社会发展。	国家发展改革委会同有关部门，各省级人民政府
2		统筹职业教育与区域发展布局。	教育部、国家发展改革委、人力资源社会保障部，各省级人民政府
3		促进高等教育融入国家创新体系和新型城镇化建设。	教育部、国家发展改革委、科技部，有关省级人民政府
4		推动学科专业建设与产业转型升级相适应。建立紧密对接产业链、创新链的学科专业体系。加快推进新工科建设。	教育部、国家发展改革委会同有关部门
5		健全需求导向的人才培养结构调整机制。严格实行专业预警和退出机制。	教育部会同有关部门
6	强化企业重要主体作用	鼓励企业以独资、合资、合作等方式依法参与举办职业教育、高等教育。坚持准入条件透明化、审批范围最小化，细化标准、简化流程、优化服务，改进办学准入条件和审批环节。	教育部会同有关部门
7		鼓励有条件的地区探索推进职业学校股份制、混合所有制改革，允许企业以资本、技术、管理等要素依法参与办学并享有相应权利。	有关省级人民政府
8		深化“引企入教”改革，促进企业需求融入人才培养环节。	教育部、人力资源社会保障部、工业和信息化部会同有关部门
9		健全学生到企业实习实训制度，推进实习实训规范化。	教育部、国家发展改革委、人力资源社会保障部会同有关部门

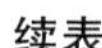

续表

序号	工作任务	主要内容	责任单位
10	强化企业重要主体作用	引导高校将企业生产一线实际需求作为工程技术研究选题的重要来源。高校、科研机构牵头申请的应用型、工程技术研究项目原则上应有行业企业参与并制订成果转化方案。完善高校科研后评价体系，将成果转化作为项目和人才评价重要内容。	教育部、科技部会同有关部门
11		继续加强企业技术中心和高校技术创新平台建设，鼓励企业和高校共建产业技术实验室、中试和工程化基地。利用产业投资基金支持高校创新成果和核心技术产业化。	国家发展改革委、教育部、科技部、财政部会同有关部门
12		强化企业职工在岗教育培训。	全国总工会、人力资源社会保障部会同有关部门
13		鼓励区域、行业骨干企业联合职业学校、高等学校共同组建产教融合集团（联盟），带动中小企业参与，推进实体化运作。	有关部门和行业协会，各省级人民政府
14		注重发挥国有企业特别是中央企业示范带头作用，支持各类企业依法参与校企合作。	国务院国资委、全国工商联
15		结合推进国有企业改革，支持有条件的国有企业继续办好做强职业学校。	国务院国资委、国家发展改革委、财政部

续表

序号	工作任务	主要内容	责任单位
16	推进产教融合人才培养改革	将工匠精神培育融入基础教育。深化全日制职业学校办学体制改革，在技术性、实践性较强的专业，全面推行现代学徒制和企业新型学徒制。	教育部、人力资源社会保障部、国家发展改革委、全国总工会会同有关部门
17		健全高等教育学术人才和应用人才分类培养体系，提高应用型人才培养比重。	教育部、国家发展改革委会同有关部门
18		加强产教融合师资队伍建设。支持企业技术和管理人才到学校任教，鼓励有条件的地方探索产业教师（导师）特设岗位计划。	教育部，各省级人民政府
19		适度提高高等学校招收职业教育毕业生比例，建立复合型、创新型技术技能人才系统培养制度。逐步提高高等学校招收有工作实践经历人员的比例。	教育部会同有关部门
20		加快学校治理结构改革。创新教育培训服务供给。	教育部会同有关部门
21	促进产教供需双向对接	强化行业协调指导。规范发展市场服务组织。打造信息服务平台。健全社会第三方评价。	国家发展改革委、教育部、有关部门和行业协会，有关省级人民政府

续表

序号	工作任务	主要内容	责任单位
22	完善政策支持体系	实施产教融合发展工程。	国家发展改革委、教育部、人力资源社会保障部
23		落实财税用地等政策。	财政部、税务总局、国土资源部、国家发展改革委，各省级人民政府
24		强化金融支持。	人民银行、银监会、证监会、保监会、国家发展改革委、财政部
25		开展产教融合建设试点。	国家发展改革委、教育部会同有关部门，各省级人民政府
26		加强国际交流合作。	教育部会同有关部门

国务院办公厅关于印发保障农民工工资支付工作考核办法的通知

（国办发〔2017〕96号）

各省、自治区、直辖市人民政府，国务院各部委、各直属机构：

《保障农民工工资支付工作考核办法》已经国务院同意，现印发给你们，请认真贯彻执行。

国务院办公厅

2017年12月6日

保障农民工工资支付工作考核办法

第一条 为落实保障农民工工资支付工作的属地监管责任，有效预防和解决拖欠农民工工资问题，切实保障农民工劳动报酬权益，维护社会公平正义，促进社会和谐稳定，根据有关规定，制定本办法。

第二条 本办法适用于对各省（区、市）人民政府及新疆生产建设兵团（以下统称各省级政府）保障农民工工资支付工作的年度考核。

第三条 考核工作在国务院领导下，由解决企业工资拖欠问题部际联席会议（以下简称部际联席会议）负责实施，部际联席会议办公室具体组织落实。考核工作从2017年到2020年，每年开展一次。

第四条 考核工作坚持目标导向、问题导向和结果导向，遵循客观公正原则，突出重点，注重实效。

第五条 考核内容主要包括加强对保障农民工工资支付工作的组织领导、建立健全工资支付保障制度、治理欠薪特别是工程建设领域欠薪工作成效等情况。

第六条 部际联席会议办公室组织部际联席会议各成员单位制定年度考核方案及细则，明确具体考核指标和分值。

第七条 考核工作于考核年度次年年初开始，4 月底前完成。按照以下步骤进行：

（一）省级自查。各省级政府对照考核方案及细则，对考核年度保障农民工工资支付工作进展情况和成效进行自查，填报自查考核表，形成自查报告，于 2 月底前报送部际联席会议办公室。各省级政府对自查报告真实性、准确性负责。

（二）实地核查。3 月底前，由部际联席会议办公室组织部际联席会议各成员单位组成考核组，采取抽查等方式，对省级政府考核年度保障农民工工资支付工作进展情况和成效进行实地核查，对相关考核指标进行评估。实地核查采取听取汇报、抽样调查、核验资料、明察暗访等方式进行。

（三）综合评议。部际联席会议办公室组织部际联席会议各成员单位根据各地自查情况，结合实地核查和社会治安综合治理、公安、信访等部门掌握的情况，进行考核评议，形成考核报告，报部际联席会议审议。

第八条 考核采取分级评分法，基准分为 100 分，考核结果分为 A、B、C 三个等级。

（一）符合下列条件的，考核等级为 A 级：

1. 领导重视、工作机制健全，各项工资支付保障制度完备、落实得力，工作成效明显；

2. 考核得分排在全国前十名。

（二）有下列情形之一的，考核等级为 C 级：

1. 保障农民工工资支付工作不力、成效不明显、欠薪问题突出，考核得分排在全国后三名的；

2. 发生 5 起及以上因拖欠农民工工资引发 50 人以上群体性事件，或发生 2 起及以上因政府投资工程项目拖欠农民工工资引发 50 人以上群体性事件的；

3. 发生 1 起及以上因拖欠农民工工资引发极端事件并造成严重后果的。

（三）考核等级在 A、C 级以外的为 B 级。

第九条 考核结果报经国务院同意后，由部际联席会议向各省级政府通报，并抄送中央组织部，作为对各省级政府领导班子和有关领导干部进行综合考核评价的参考。考核过程中发现需要问责的问题线索，移交纪检监察机关。

第十条 对考核等级为 A 级的，由部际联席会议予以通报表扬；对考核等级为 C 级的，由部际联席会议对该省级政府有关负责人进行约谈，提出限期整改要求。被约谈省级政府应当制定整改措施，并在被约谈后 2 周内提交书面报告，由部际联席会议办公室负责督促落实。

第十一条 对在考核工作中弄虚作假、瞒报谎报造成考核结果失实的，予以通报批评；情节严重的，依纪依法追究相关人员责任。

第十二条 各省级政府可参照本办法，结合本地区实际制定相关办法，加强对本地区各级政府保障农民工工资支付工作的考核。

第十三条 本办法由部际联席会议办公室负责解释，自印发之日起施行。

国务院办公厅关于印发职业技能提升行动方案（2019—2021年）的通知

（国办发〔2019〕24号）

各省、自治区、直辖市人民政府，国务院各部委、各直属机构：

《职业技能提升行动方案（2019—2021年）》已经国务院同意，现印发给你们，请认真贯彻执行。

国务院办公厅

2019年5月18日

职业技能提升行动方案（2019—2021年）

为贯彻落实党中央、国务院决策部署，实施职业技能提升行动，制定以下方案。

一、总体要求和目标任务

（一）总体要求。以习近平新时代中国特色社会主义思想为指导，全面贯彻党的十九大和十九届二中、三中全会精神，把职业技能培训作为保持就业稳定、缓解结构性就业矛盾的关键举措，作为经济转型升级和高质量发展的重要支撑。坚持需求导向，服务经济社会发展，适应人民群众就业创业需要，大力推行终身职业技能培训制度，面向职工、就业重点群体、建档立卡贫困劳动力（以下简称贫困劳动力）等城乡各类劳动者，大规模开展职业技能培训，加快建设知识型、技能型、创新型劳动者大军。

（二）目标任务。2019年至2021年，持续开展职业技能提升行动，提高培训针对性实效性，全面提升劳动者职业技能水平和就业创业能力。三年共开展各类补贴性职业技能培训5000万人次以上，其中2019年培训1500万人次以上；经过努力，到2021年底技能劳动者占就业人员总量的比例达到25%

以上，高技能人才占技能劳动者的比例达到30%以上。

二、对职工等重点群体开展有针对性的职业技能培训

（三）大力开展企业职工技能提升和转岗转业培训。企业需制定职工培训计划，开展适应岗位需求和发展需要的技能培训，广泛组织岗前培训、在岗培训、脱产培训，开展岗位练兵、技能竞赛、在线学习等活动，大力开展高技能人才培训，组织实施高技能领军人才和产业紧缺人才境外培训。发挥行业、龙头企业和培训机构作用，引导帮助中小微企业开展职工培训。实施高危行业领域安全技能提升行动计划，化工、矿山等高危行业企业要组织从业人员和各类特种作业人员普遍开展安全技能培训，严格执行从业人员安全技能培训合格后上岗制度。支持帮助困难企业开展转岗转业培训。在全国各类企业全面推行企业新型学徒制、现代学徒制培训，三年培训100万新型学徒。推进产教融合、校企合作，实现学校培养与企业用人的有效衔接。鼓励企业与参训职工协商一致灵活调整工作时间，保障职工参训期间应有的工资福利待遇。

（四）对就业重点群体开展职业技能提升培训和创业培训。面向农村转移就业劳动者特别是新生代农民工、城乡未继续升学初高中毕业生（以下称“两后生”）等青年、下岗失业人员、退役军人、就业困难人员（含残疾人），持续实施农民工“春潮行动”、“求学圆梦行动”、新生代农民工职业技能提升计划和返乡创业培训计划以及劳动预备培训、就业技能培训、职业技能提升培训等专项培训，全面提升职业技能和就业创业能力。对有创业愿望的开展创业培训，加强创业培训项目开发、创业担保贷款、后续扶持等服务。围绕乡村振兴战略，实施新型职业农民培育工程和农村实用人才带头人素质提升计划，开展职业农民技能培训。

（五）加大贫困劳动力和贫困家庭子女技能扶贫工作力度。聚焦贫困地区特别是“三区三州”等深度贫困地区，鼓励通过项目制购买服务等方式为贫困劳动力提供免费职业技能培训，并在培训期间按规定通过就业补助资金给予生活费（含交通费，下同）补贴，不断提高参训贫困人员占贫困劳动力比重。持续推进东西部扶贫协作框架下职业教育、职业技能培训帮扶和贫困村创业致富带头人培训。深入推进技能脱贫千校行动和深度贫困地区技能扶贫行动，对接受技工教育的贫困家庭学生，按规定落实中等职业教育国家助学金和免学费等政策；对子女接受技工教育的贫困家庭，按政策给予补助。

三、激发培训主体积极性，有效增加培训供给

（六）支持企业兴办职业技能培训。支持各类企业特别是规模以上企业或者吸纳就业人数较多的企业设立职工培训中心，鼓励企业与职业院校（含技工院校，下同）共建实训中心、教学工厂等，积极建设培育一批产教融合型企业。企业举办或参与举办职业院校的，各级政府可按规定根据毕业生就业人数或培训实训人数给予支持。支持企业设立高技能人才培训基地和技能大师工作室，企业可通过职工教育经费提供相应的资金支持，政府按规定通过就业补助资金给予补助。支持高危企业集中的地区建设安全生产和技能实训基地。

（七）推动职业院校扩大培训规模。支持职业院校开展补贴性培训，扩大面向职工、就业重点群体和贫困劳动力的培训规模。在院校启动“学历证书+若干职业技能等级证书”制度试点工作，按《国务院关于印发国家职业教育改革实施方案的通知》（国发〔2019〕4号）规定执行。在核定职业院校绩效工资总量时，可向承担职业技能培训工作的单位倾斜。允许职业院校将一定比例的培训收入纳入学校公用经费，学校培训工作量可按一定比例折算成全日制学生培养工作量。职业院校在内部分配时，应向承担职业技能培训工作的一线教师倾斜，保障其合理待遇。

（八）鼓励支持社会培训和评价机构开展职业技能培训和评价工作。不断培育发展壮大社会培训和评价机构，支持培训和评价机构建立同业交流平台，促进行业发展，加强行业自律。民办职业培训和评价机构在政府购买服务、校企合作、实训基地建设等方面与公办同类机构享受同等待遇。

（九）创新培训内容。加强职业技能、通用职业素质和求职能力等综合性培训，将职业道德、职业规范、工匠精神、质量意识、法律意识和相关法律法规、安全环保和健康卫生、就业指导等内容贯穿职业技能培训全过程。坚持需求导向，围绕市场急需紧缺职业开展家政、养老服务、托幼、保安、电商、汽修、电工、妇女手工等就业技能培训；围绕促进创业开展经营管理、品牌建设、市场拓展、风险防控等创业指导培训；围绕经济社会发展开展先进制造业、战略性新兴产业、现代服务业以及循环农业、智慧农业、智能建筑、智慧城市建设等新产业培训；加大人工智能、云计算、大数据等新职业新技能培训力度。

（十）加强职业技能培训基础能力建设。有条件的地区可对企业、院校、培训机构的实训设施设备升级改造予以支持。支持建设产教融合实训基地和公共实训基地，加强职业训练院建设，积极推进职业技能培训资源共建共享。

大力推广“工学一体化”、“职业培训包”、“互联网+”等先进培训方式，鼓励建设互联网培训平台。加强师资建设，职业院校和培训机构实行专兼职教师制度，可按规定自主招聘企业技能人才任教。加快职业技能培训教材开发，规范管理，提高教材质量。完善培训统计工作，实施补贴性培训实名制信息管理，探索建立劳动者职业培训电子档案，实现培训评价信息与就业社保信息联通共享，提供培训就业一体化服务。

四、完善职业培训补贴政策，加强政府引导激励

（十一）落实职业培训补贴政策。对贫困家庭子女、贫困劳动力、“两后生”、农村转移就业劳动者、下岗失业人员和转岗职工、退役军人、残疾人开展免费职业技能培训行动，对高校毕业生和企业职工按规定给予职业培训补贴。对贫困劳动力、就业困难人员、零就业家庭成员、“两后生”中的农村学员和城市低保家庭学员，在培训期间按规定通过就业补助资金同时给予生活费补贴。符合条件的企业职工参加岗前培训、安全技能培训、转岗转业培训或初级工、中级工、高级工、技师、高级技师培训，按规定给予职业培训补贴或参保职工技能提升补贴。职工参加企业新型学徒制培训的，给予企业每人每年4000元以上的职业培训补贴，由企业自主用于学徒培训工作。企业、农民专业合作社和扶贫车间等各类生产经营主体吸纳贫困劳动力就业并开展以工代训，以及参保企业吸纳就业困难人员、零就业家庭成员就业并开展以工代训的，给予一定期限的职业培训补贴，最长不超过6个月。

（十二）支持地方调整完善职业培训补贴政策。符合条件的劳动者在户籍地、常住地、求职就业地参加培训后取得证书（职业资格证书、职业技能等级证书、专项职业能力证书、特种作业操作证书、培训合格证书等）的，按规定给予职业培训补贴，原则上每人每年可享受不超过3次，但同一职业同一等级不可重复享受。省级人力资源社会保障部门、财政部门可在规定的原则下结合实际调整享受职业培训补贴、生活费补贴人员范围和条件要求，可将确有培训需求、不具有按月领取养老金资格的人员纳入政策范围。市（地）以上人力资源社会保障部门、财政部门可在规定的原则下结合实际确定职业培训补贴标准。县级以上政府可对有关部门各类培训资金和项目进行整合，解决资金渠道和使用管理分散问题。对企业开展培训或者培训机构开展项目制培训的，可先行拨付一定比例的培训补贴资金，具体比例由各省（区、市）根据实际情况确定。各地可对贫困劳动力、去产能失业人员、退役军人等群体开展项目制培训。

（十三）加大资金支持力度。地方各级政府要加大资金支持和筹集整合力

度，将一定比例的就业补助资金、地方人才经费和行业产业发展经费中用于职业技能培训的资金，以及从失业保险基金结余中拿出的1000亿元，统筹用于职业技能提升行动。各地拟用于职业技能提升行动的失业保险基金结余在社会保障基金财政专户中单独建立“职业技能提升行动专账”，用于职工等人员职业技能培训，实行分账核算、专款专用，具体筹集办法由财政部、人力资源社会保障部另行制定。企业要按有关规定足额提取和使用职工教育经费，其中60%以上用于一线职工培训，可用于企业“师带徒”津贴补助。落实将企业职工教育经费税前扣除限额提高至工资薪金总额8%的税收政策。推动企业提取职工教育经费开展自主培训与享受政策开展补贴性培训的有机衔接，探索完善相关机制。有条件的地区可安排经费，对职业技能培训教材开发、师资培训、教学改革以及职业技能竞赛等基础工作给予支持，对培训组织动员工作进行奖补。

（十四）强化资金监督管理。要依法加强资金监管，定期向社会公开资金使用情况，加强监督检查和专项审计工作，加强廉政风险防控，保障资金安全和效益。对以虚假培训等套取、骗取资金的依法依纪严惩，对培训工作中出现的失误和问题要区分不同情况对待，保护工作落实层面干事担当的积极性。

五、加强组织领导，强化保障措施

（十五）强化地方政府工作职责。地方各级政府要把职业技能提升行动作为重要民生工程，切实承担主体责任。省级政府要建立职业技能提升行动工作协调机制，形成省级统筹、部门参与、市县实施的工作格局。各省（区、市）要抓紧制定实施方案，出台政策措施，明确任务目标，进行任务分解，建立工作情况季报、年报制度。市县级政府要制定具体贯彻落实措施。鼓励各地将财政补助资金与培训工作绩效挂钩，加大激励力度，促进扩大培训规模，提升培训质量和层次，确保职业技能提升行动有效开展。

（十六）健全工作机制。在国务院就业工作领导小组框架下，健全职业技能提升行动工作协调机制，充分发挥行业主管部门等各方作用，形成工作合力。人力资源社会保障部门承担政策制定、标准开发、资源整合、培训机构管理、质量监管等职责，制定年度工作计划，分解工作任务，抓好督促落实。发展改革部门要统筹推进职业技能培训基础能力建设。教育部门要组织职业院校承担职业技能培训任务。工业和信息化、住房城乡建设等部门要发挥行业主管部门作用，积极参与培训工作。财政部门要确保就业补助资金等及时足额拨付到位。农业农村部门负责职业农民培训。退役军人事务部门负责协调组织退役军人职业技能培训。应急管理、煤矿安监部门负责指导协调化工、矿山等高危行业领域安全技能培训和特种作业人员安全作业培训。国资监管部门要指导国企开展职业技能培训。其他有关部门和单位要共同做好职业技能培训工作。支持鼓励工会、共青团、妇联等群团组织以及行业协会参与职业技能培训工作。

（十七）提高培训管理服务水平。深化职业技能培训工作“放管服”改革。对补贴性职业技能培训实施目录清单管理，公布培训项目目录、培训和评价机构目录，方便劳动者按需选择。地方可采取公开招投标等方式购买培训服务和评价服务。探索实行信用支付等办法，优化培训补贴支付方式。建立培训补贴网上经办服务平台，有条件的地区可对项目制培训探索培训服务和补贴申领告知承诺制，简化流程，减少证明材料，提高服务效率。加强对培训机构和培训质量的监管，健全培训绩效评估体系，积极支持开展第三方评估。

（十八）推进职业技能培训与评价有机衔接。完善技能人才职业资格评价、职业技能等级认定、专项职业能力考核等多元化评价方式，动态调整职业资格目录，动态发布新职业信息，加快国家职业标准制定修订。建立职业技能等级认定制度，为劳动者提供便利的培训与评价服务。从事准入类职业的劳动者必须经培训合格后方可上岗。推动工程领域高技能人才与工程技术人才职业发展贯通。支持企业按规定自主开展职工职业技能等级评价工作，鼓励企业设立首席技师、特级技师等，提升技能人才职业发展空间。

（十九）加强政策解读和舆论宣传。各地区、各有关部门要加大政策宣传力度，提升政策公众知晓度，帮助企业、培训机构和劳动者熟悉了解、用足用好政策，共同促进职业技能培训工作开展。大力弘扬和培育工匠精神，落实提高技术工人待遇的政策措施，加强技能人才激励表彰工作，积极开展各类职业技能竞赛活动，营造技能成才良好环境。

二、行政法规

人力资源市场暂行条例

（2018 年 5 月 2 日国务院第 7 次常务会议通过　2018 年 6 月 29 日中华人民共和国令第 700 号公布）

第一章　总　则

第一条　为了规范人力资源市场活动，促进人力资源合理流动和优化配置，促进就业创业，根据《中华人民共和国就业促进法》和有关法律，制定本条例。

第二条　在中华人民共和国境内通过人力资源市场求职、招聘和开展人力资源服务，适用本条例。

法律、行政法规和国务院规定对求职、招聘和开展人力资源服务另有规定的，从其规定。

第三条　通过人力资源市场求职、招聘和开展人力资源服务，应当遵循合法、公平、诚实信用的原则。

第四条　国务院人力资源社会保障行政部门负责全国人力资源市场的统筹规划和综合管理工作。

县级以上地方人民政府人力资源社会保障行政部门负责本行政区域人力资源市场的管理工作。

县级以上人民政府发展改革、教育、公安、财政、商务、税务、市场监督管理等有关部门在各自职责范围内做好人力资源市场的管理工作。

第五条　国家加强人力资源服务标准化建设，发挥人力资源服务标准在行业引导、服务规范、市场监管等方面的作用。

第六条　人力资源服务行业协会应当依照法律、法规、规章及其章程的规定，制定行业自律规范，推进行业诚信建设，提高服务质量，对会员的人力资源服务活动进行指导、监督，依法维护会员合法权益，反映会员诉求，促进行业公平竞争。

第二章　人力资源市场培育

第七条　国家建立统一开放、竞争有序的人力资源市场体系，发挥市场在人力资源配置中的决定性作用，健全人力资源开发机制，激发人力资源创新创造创业活力，促进人力资源市场繁荣发展。

第八条　国家建立政府宏观调控、市场公平竞争、单位自主用人、个人自主择业、人力资源服务机构诚信服务的人力资源流动配置机制，促进人力资源自由有序流动。

第九条　县级以上人民政府应当将人力资源市场建设纳入国民经济和社会发展规划，运用区域、产业、土地等政策，推进人力资源市场建设，发展专业性、行业性人力资源市场，鼓励并规范高端人力资源服务等业态发展，提高人力资源服务业发展水平。

国家鼓励社会力量参与人力资源市场建设。

第十条　县级以上人民政府建立覆盖城乡和各行业的人力资源市场供求信息系统，完善市场信息发布制度，为求职、招聘提供服务。

第十一条　国家引导和促进人力资源在机关、企业、事业单位、社会组织之间以及不同地区之间合理流动。任何地方和单位不得违反国家规定在户籍、地域、身份等方面设置限制人力资源流动的条件。

第十二条　人力资源社会保障行政部门应当加强人力资源市场监管，维护市场秩序，保障公平竞争。

第十三条　国家鼓励开展平等、互利的人力资源国际合作与交流，充分开发利用国际国内人力资源。

第三章　人力资源服务机构

第十四条　本条例所称人力资源服务机构，包括公共人力资源服务机构和经营性人力资源服务机构。

公共人力资源服务机构，是指县级以上人民政府设立的公共就业和人才服务机构。

经营性人力资源服务机构，是指依法设立的从事人力资源服务经营活动的机构。

第十五条　公共人力资源服务机构提供下列服务，不得收费：

（一）人力资源供求、市场工资指导价位、职业培训等信息发布；

（二）职业介绍、职业指导和创业开业指导；

（三）就业创业和人才政策法规咨询；

（四）对就业困难人员实施就业援助；

（五）办理就业登记、失业登记等事务；

（六）办理高等学校、中等职业学校、技工学校毕业生接收手续；

（七）流动人员人事档案管理；

（八）县级以上人民政府确定的其他服务。

第十六条 公共人力资源服务机构应当加强信息化建设，不断提高服务质量和效率。

公共人力资源服务经费纳入政府预算。人力资源社会保障行政部门应当依法加强公共人力资源服务经费管理。

第十七条 国家通过政府购买服务等方式支持经营性人力资源服务机构提供公益性人力资源服务。

第十八条 经营性人力资源服务机构从事职业中介活动的，应当依法向人力资源社会保障行政部门申请行政许可，取得人力资源服务许可证。

经营性人力资源服务机构开展人力资源供求信息的收集和发布、就业和创业指导、人力资源管理咨询、人力资源测评、人力资源培训、承接人力资源服务外包等人力资源服务业务的，应当自开展业务之日起15日内向人力资源社会保障行政部门备案。

经营性人力资源服务机构从事劳务派遣业务的，执行国家有关劳务派遣的规定。

第十九条 人力资源社会保障行政部门应当自收到经营性人力资源服务机构从事职业中介活动的申请之日起20日内依法作出行政许可决定。符合条件的，颁发人力资源服务许可证；不符合条件的，作出不予批准的书面决定并说明理由。

第二十条 经营性人力资源服务机构设立分支机构的，应当自工商登记办理完毕之日起15日内，书面报告分支机构所在地人力资源社会保障行政部门。

第二十一条 经营性人力资源服务机构变更名称、住所、法定代表人或者终止经营活动的，应当自工商变更登记或者注销登记办理完毕之日起15日内，书面报告人力资源社会保障行政部门。

第二十二条 人力资源社会保障行政部门应当及时向社会公布取得行政许可或者经过备案的经营性人力资源服务机构名单及其变更、延续等情况。

第四章 人力资源市场活动规范

第二十三条 个人求职，应当如实提供本人基本信息以及与应聘岗位相关的知识、技能、工作经历等情况。

第二十四条 用人单位发布或者向人力资源服务机构提供的单位基本情况、招聘人数、招聘条件、工作内容、工作地点、基本劳动报酬等招聘信息，应当真实、合法，不得含有民族、种族、性别、宗教信仰等方面的歧视性内容。

用人单位自主招用人员，需要建立劳动关系的，应当依法与劳动者订立劳动合同，并按照国家有关规定办理社会保险等相关手续。

第二十五条 人力资源流动，应当遵守法律、法规对服务期、从业限制、保密等方面的规定。

第二十六条 人力资源服务机构接受用人单位委托招聘人员，应当要求用人单位提供招聘简章、营业执照或者有关部门批准设立的文件、经办人的身份证件、用人单位的委托证明，并对所提供材料的真实性、合法性进行审查。

第二十七条 人力资源服务机构接受用人单位委托招聘人员或者开展其他人力资源服务，不得采取欺诈、暴力、胁迫或者其他不正当手段，不得以招聘为名牟取不正当利益，不得介绍单位或者个人从事违法活动。

第二十八条 人力资源服务机构举办现场招聘会，应当制定组织实施办法、应急预案和安全保卫工作方案，核实参加招聘会的招聘单位及其招聘简章的真实性、合法性，提前将招聘会信息向社会公布，并对招聘中的各项活动进行管理。

举办大型现场招聘会，应当符合《大型群众性活动安全管理条例》等法律法规的规定。

第二十九条 人力资源服务机构发布人力资源供求信息，应当建立健全信息发布审查和投诉处理机制，确保发布的信息真实、合法、有效。

人力资源服务机构在业务活动中收集用人单位和个人信息的，不得泄露或者违法使用所知悉的商业秘密和个人信息。

第三十条 经营性人力资源服务机构接受用人单位委托提供人力资源服务外包的，不得改变用人单位与个人的劳动关系，不得与用人单位串通侵害个人的合法权益。

第三十一条 人力资源服务机构通过互联网提供人力资源服务的，应当遵守本条例和国家有关网络安全、互联网信息服务管理的规定。

第三十二条 经营性人力资源服务机构应当在服务场所明示下列事项，并接受人力资源社会保障行政部门和市场监督管理、价格等主管部门的监督检查：

（一）营业执照；

（二）服务项目；

（三）收费标准；

（四）监督机关和监督电话。

从事职业中介活动的，还应当在服务场所明示人力资源服务许可证。

第三十三条 人力资源服务机构应当加强内部制度建设，健全财务管理制度，建立服务台账，如实记录服务对象、服务过程、服务结果等信息。服务台账应当保存2年以上。

第五章 监督管理

第三十四条 人力资源社会保障行政部门对经营性人力资源服务机构实施监督检查，可以采取下列措施：

（一）进入被检查单位进行检查；

（二）询问有关人员，查阅服务台账等服务信息档案；

（三）要求被检查单位提供与检查事项相关的文件资料，并作出解释和说明；

（四）采取记录、录音、录像、照相或者复制等方式收集有关情况和资料；

（五）法律、法规规定的其他措施。

人力资源社会保障行政部门实施监督检查时，监督检查人员不得少于2人，应当出示执法证件，并对被检查单位的商业秘密予以保密。

对人力资源社会保障行政部门依法进行的监督检查，被检查单位应当配合，如实提供相关资料和信息，不得隐瞒、拒绝、阻碍。

第三十五条 人力资源社会保障行政部门采取随机抽取检查对象、随机选派执法人员的方式实施监督检查。

监督检查的情况应当及时向社会公布。其中，行政处罚、监督检查结果可以通过国家企业信用信息公示系统或者其他系统向社会公示。

第三十六条 经营性人力资源服务机构应当在规定期限内，向人力资源社会保障行政部门提交经营情况年度报告。人力资源社会保障行政部门可以依法公示或者引导经营性人力资源服务机构依法公示年度报告的有关内容。

人力资源社会保障行政部门应当加强与市场监督管理等部门的信息共享。通过信息共享可以获取的信息，不得要求经营性人力资源服务机构重复提供。

第三十七条 人力资源社会保障行政部门应当加强人力资源市场诚信建设，把用人单位、个人和经营性人力资源服务机构的信用数据和失信情况等纳入市场诚信建设体系，建立守信激励和失信惩戒机制，实施信用分类监管。

第三十八条 人力资源社会保障行政部门应当按照国家有关规定，对公共人力资源服务机构进行监督管理。

第三十九条 在人力资源服务机构中，根据中国共产党章程及有关规定，建立党的组织并开展活动，加强对流动党员的教育监督和管理服务。人力资源服务机构应当为中国共产党组织的活动提供必要条件。

第四十条 人力资源社会保障行政部门应当畅通对用人单位和人力资源服务机构的举报投诉渠道，依法及时处理有关举报投诉。

第四十一条 公安机关应当依法查处人力资源市场的违法犯罪行为，人力资源社会保障行政部门予以配合。

第六章　法律责任

第四十二条 违反本条例第十八条第一款规定，未经许可擅自从事职业中介活动的，由人力资源社会保障行政部门予以关闭或者责令停止从事职业中介活动；有违法所得的，没收违法所得，并处 1 万元以上 5 万元以下的罚款。

违反本条例第十八条第二款规定，开展人力资源服务业务未备案，违反本条例第二十条、第二十一条规定，设立分支机构、办理变更或者注销登记未书面报告的，由人力资源社会保障行政部门责令改正；拒不改正的，处 5000 元以上 1 万元以下的罚款。

第四十三条 违反本条例第二十四条、第二十七条、第二十八条、第二十九条、第三十条、第三十一条规定，发布的招聘信息不真实、不合法，未依法开展人力资源服务业务的，由人力资源社会保障行政部门责令改正；有违法所得的，没收违法所得；拒不改正的，处 1 万元以上 5 万元以下的罚款；情节严重的，吊销人力资源服务许可证；给个人造成损害的，依法承担民事责任。违反其他法律、行政法规的，由有关主管部门依法给予处罚。

第四十四条 未按照本条例第三十二条规定明示有关事项，未按照本条例第三十三条规定建立健全内部制度或者保存服务台账，未按照本条例第三十六条规定提交经营情况年度报告的，由人力资源社会保障行政部门责令改正；拒不改正的，处5000元以上1万元以下的罚款。违反其他法律、行政法规的，由有关主管部门依法给予处罚。

第四十五条 公共人力资源服务机构违反本条例规定的，由上级主管机关责令改正；拒不改正的，对直接负责的主管人员和其他直接责任人员依法给予处分。

第四十六条 人力资源社会保障行政部门和有关主管部门及其工作人员有下列情形之一的，对直接负责的领导人员和其他直接责任人员依法给予处分：

（一）不依法作出行政许可决定；

（二）在办理行政许可或者备案、实施监督检查中，索取或者收受他人财物，或者谋取其他利益；

（三）不依法履行监督职责或者监督不力，造成严重后果；

（四）其他滥用职权、玩忽职守、徇私舞弊的情形。

第四十七条 违反本条例规定，构成违反治安管理行为的，依法给予治安管理处罚；构成犯罪的，依法追究刑事责任。

第七章 附 则

第四十八条 本条例自2018年10月1日起施行。

生产安全事故应急条例

（2018 年 12 月 5 日国务院第 33 次常务会议通过　2019 年 2 月 17 日中华人民共和国令第 708 号公布）

第一章　总　则

第一条　为了规范生产安全事故应急工作，保障人民群众生命和财产安全，根据《中华人民共和国安全生产法》和《中华人民共和国突发事件应对法》，制定本条例。

第二条　本条例适用于生产安全事故应急工作；法律、行政法规另有规定的，适用其规定。

第三条　国务院统一领导全国的生产安全事故应急工作，县级以上地方人民政府统一领导本行政区域内的生产安全事故应急工作。生产安全事故应急工作涉及两个以上行政区域的，由有关行政区域共同的上一级人民政府负责，或者由各有关行政区域的上一级人民政府共同负责。

县级以上人民政府应急管理部门和其他对有关行业、领域的安全生产工作实施监督管理的部门（以下统称负有安全生产监督管理职责的部门）在各自职责范围内，做好有关行业、领域的生产安全事故应急工作。

县级以上人民政府应急管理部门指导、协调本级人民政府其他负有安全生产监督管理职责的部门和下级人民政府的生产安全事故应急工作。

乡、镇人民政府以及街道办事处等地方人民政府派出机关应当协助上级人民政府有关部门依法履行生产安全事故应急工作职责。

第四条　生产经营单位应当加强生产安全事故应急工作，建立、健全生产安全事故应急工作责任制，其主要负责人对本单位的生产安全事故应急工作全面负责。

第二章 应急准备

第五条 县级以上人民政府及其负有安全生产监督管理职责的部门和乡、镇人民政府以及街道办事处等地方人民政府派出机关，应当针对可能发生的生产安全事故的特点和危害，进行风险辨识和评估，制定相应的生产安全事故应急救援预案，并依法向社会公布。

生产经营单位应当针对本单位可能发生的生产安全事故的特点和危害，进行风险辨识和评估，制定相应的生产安全事故应急救援预案，并向本单位从业人员公布。

第六条 生产安全事故应急救援预案应当符合有关法律、法规、规章和标准的规定，具有科学性、针对性和可操作性，明确规定应急组织体系、职责分工以及应急救援程序和措施。

有下列情形之一的，生产安全事故应急救援预案制定单位应当及时修订相关预案：

（一）制定预案所依据的法律、法规、规章、标准发生重大变化；

（二）应急指挥机构及其职责发生调整；

（三）安全生产面临的风险发生重大变化；

（四）重要应急资源发生重大变化；

（五）在预案演练或者应急救援中发现需要修订预案的重大问题；

（六）其他应当修订的情形。

第七条 县级以上人民政府负有安全生产监督管理职责的部门应当将其制定的生产安全事故应急救援预案报送本级人民政府备案；易燃易爆物品、危险化学品等危险物品的生产、经营、储存、运输单位，矿山、金属冶炼、城市轨道交通运营、建筑施工单位，以及宾馆、商场、娱乐场所、旅游景区等人员密集场所经营单位，应当将其制定的生产安全事故应急救援预案按照国家有关规定报送县级以上人民政府负有安全生产监督管理职责的部门备案，并依法向社会公布。

第八条 县级以上地方人民政府以及县级以上人民政府负有安全生产监督管理职责的部门，乡、镇人民政府以及街道办事处等地方人民政府派出机关，应当至少每 2 年组织 1 次生产安全事故应急救援预案演练。

易燃易爆物品、危险化学品等危险物品的生产、经营、储存、运输单位，矿山、金属冶炼、城市轨道交通运营、建筑施工单位，以及宾馆、商场、娱乐场所、旅游景区等人员密集场所经营单位，应当至少每半年组织 1 次生产安全事故应急救援预案演练，并将演练情况报送所在地县级以上地方人民政府负有安全生产监督管理职责的部门。

县级以上地方人民政府负有安全生产监督管理职责的部门应当对本行政区域内前款规定的重点生产经营单位的生产安全事故应急救援预案演练进行抽查；发现演练不符合要求的，应当责令限期改正。

第九条 县级以上人民政府应当加强对生产安全事故应急救援队伍建设的统一规划、组织和指导。

县级以上人民政府负有安全生产监督管理职责的部门根据生产安全事故应急工作的实际需要，在重点行业、领域单独建立或者依托有条件的生产经营单位、社会组织共同建立应急救援队伍。

国家鼓励和支持生产经营单位和其他社会力量建立提供社会化应急救援服务的应急救援队伍。

第十条 易燃易爆物品、危险化学品等危险物品的生产、经营、储存、运输单位，矿山、金属冶炼、城市轨道交通运营、建筑施工单位，以及宾馆、商场、娱乐场所、旅游景区等人员密集场所经营单位，应当建立应急救援队伍；其中，小型企业或者微型企业等规模较小的生产经营单位，可以不建立应急救援队伍，但应当指定兼职的应急救援人员，并且可以与邻近的应急救援队伍签订应急救援协议。

工业园区、开发区等产业聚集区域内的生产经营单位，可以联合建立应急救援队伍。

第十一条 应急救援队伍的应急救援人员应当具备必要的专业知识、技能、身体素质和心理素质。

应急救援队伍建立单位或者兼职应急救援人员所在单位应当按照国家有关规定对应急救援人员进行培训；应急救援人员经培训合格后，方可参加应急救援工作。

应急救援队伍应当配备必要的应急救援装备和物资，并定期组织训练。

第十二条 生产经营单位应当及时将本单位应急救援队伍建立情况按照国家有关规定报送县级以上人民政府负有安全生产监督管理职责的部门，并依法向社会公布。

县级以上人民政府负有安全生产监督管理职责的部门应当定期将本行业、本领域的应急救援队伍建立情况报送本级人民政府，并依法向社会公布。

第十三条 县级以上地方人民政府应当根据本行政区域内可能发生的生产安全事故的特点和危害，储备必要的应急救援装备和物资，并及时更新和补充。

易燃易爆物品、危险化学品等危险物品的生产、经营、储存、运输单位，矿山、金属冶炼、城市轨道交通运营、建筑施工单位，以及宾馆、商场、娱乐场所、旅游景区等人员密集场所经营单位，应当根据本单位可能发生的生产安全事故的特点和危害，配备必要的灭火、排水、通风以及危险物品稀释、掩埋、收集等应急救援器材、设备和物资，并进行经常性维护、保养，保证正常运转。

第十四条 下列单位应当建立应急值班制度，配备应急值班人员：

（一）县级以上人民政府及其负有安全生产监督管理职责的部门；

（二）危险物品的生产、经营、储存、运输单位以及矿山、金属冶炼、城市轨道交通运营、建筑施工单位；

（三）应急救援队伍。

规模较大、危险性较高的易燃易爆物品、危险化学品等危险物品的生产、经营、储存、运输单位应当成立应急处置技术组，实行24小时应急值班。

第十五条 生产经营单位应当对从业人员进行应急教育和培训，保证从业人员具备必要的应急知识，掌握风险防范技能和事故应急措施。

第十六条 国务院负有安全生产监督管理职责的部门应当按照国家有关规定建立生产安全事故应急救援信息系统，并采取有效措施，实现数据互联互通、信息共享。

生产经营单位可以通过生产安全事故应急救援信息系统办理生产安全事故应急救援预案备案手续，报送应急救援预案演练情况和应急救援队伍建设情况；但依法需要保密的除外。

第三章 应急救援

第十七条 发生生产安全事故后，生产经营单位应当立即启动生产安全事故应急救援预案，采取下列一项或者多项应急救援措施，并按照国家有关规定报告事故情况：

（一）迅速控制危险源，组织抢救遇险人员；

（二）根据事故危害程度，组织现场人员撤离或者采取可能的应急措施后撤离；

（三）及时通知可能受到事故影响的单位和人员；

（四）采取必要措施，防止事故危害扩大和次生、衍生灾害发生；

（五）根据需要请求邻近的应急救援队伍参加救援，并向参加救援的应急救援队伍提供相关技术资料、信息和处置方法；

（六）维护事故现场秩序，保护事故现场和相关证据；

（七）法律、法规规定的其他应急救援措施。

第十八条 有关地方人民政府及其部门接到生产安全事故报告后，应当按照国家有关规定上报事故情况，启动相应的生产安全事故应急救援预案，并按照应急救援预案的规定采取下列一项或者多项应急救援措施：

（一）组织抢救遇险人员，救治受伤人员，研判事故发展趋势以及可能造成的危害；

（二）通知可能受到事故影响的单位和人员，隔离事故现场，划定警戒区域，疏散受到威胁的人员，实施交通管制；

（三）采取必要措施，防止事故危害扩大和次生、衍生灾害发生，避免或者减少事故对环境造成的危害；

（四）依法发布调用和征用应急资源的决定；

（五）依法向应急救援队伍下达救援命令；

（六）维护事故现场秩序，组织安抚遇险人员和遇险遇难人员亲属；

（七）依法发布有关事故情况和应急救援工作的信息；

（八）法律、法规规定的其他应急救援措施。

有关地方人民政府不能有效控制生产安全事故的，应当及时向上级人民政府报告。上级人民政府应当及时采取措施，统一指挥应急救援。

第十九条 应急救援队伍接到有关人民政府及其部门的救援命令或者签有应急救援协议的生产经营单位的救援请求后，应当立即参加生产安全事故应急救援。

应急救援队伍根据救援命令参加生产安全事故应急救援所耗费用，由事故责任单位承担；事故责任单位无力承担的，由有关人民政府协调解决。

第二十条 发生生产安全事故后，有关人民政府认为有必要的，可以设立由本级人民政府及其有关部门负责人、应急救援专家、应急救援队伍负责人、事故发生单位负责人等人员组成的应急救援现场指挥部，并指定现场指挥部总指挥。

第二十一条 现场指挥部实行总指挥负责制，按照本级人民政府的授权组织制定并实施生产安全事故现场应急救援方案，协调、指挥有关单位和个人参加现场应急救援。

参加生产安全事故现场应急救援的单位和个人应当服从现场指挥部的统一指挥。

第二十二条 在生产安全事故应急救援过程中，发现可能直接危及应急救援人员生命安全的紧急情况时，现场指挥部或者统一指挥应急救援的人民政府应当立即采取相应措施消除隐患，降低或者化解风险，必要时可以暂时撤离应急救援人员。

第二十三条 生产安全事故发生地人民政府应当为应急救援人员提供必需的后勤保障，并组织通信、交通运输、医疗卫生、气象、水文、地质、电力、供水等单位协助应急救援。

第二十四条 现场指挥部或者统一指挥生产安全事故应急救援的人民政府及其有关部门应当完整、准确地记录应急救援的重要事项，妥善保存相关原始资料和证据。

第二十五条 生产安全事故的威胁和危害得到控制或者消除后，有关人民政府应当决定停止执行依照本条例和有关法律、法规采取的全部或者部分应急救援措施。

第二十六条 有关人民政府及其部门根据生产安全事故应急救援需要依法调用和征用的财产，在使用完毕或者应急救援结束后，应当及时归还。财产被调用、征用或者调用、征用后毁损、灭失的，有关人民政府及其部门应当按照国家有关规定给予补偿。

第二十七条 按照国家有关规定成立的生产安全事故调查组应当对应急救援工作进行评估，并在事故调查报告中作出评估结论。

第二十八条 县级以上地方人民政府应当按照国家有关规定，对在生产安全事故应急救援中伤亡的人员及时给予救治和抚恤；符合烈士评定条件的，按照国家有关规定评定为烈士。

第四章　法律责任

第二十九条 地方各级人民政府和街道办事处等地方人民政府派出机关以及县级以上人民政府有关部门违反本条例规定的，由其上级行政机关责令改正；情节严重的，对直接负责的主管人员和其他直接责任人员依法给予处分。

第三十条 生产经营单位未制定生产安全事故应急救援预案、未定期组织应急救援预案演练、未对从业人员进行应急教育和培训，生产经营单位的主要负责人在本单位发生生产安全事故时不立即组织抢救的，由县级以上人民政府负有安全生产监督管理职责的部门依照《中华人民共和国安全生产法》有关规定追究法律责任。

第三十一条 生产经营单位未对应急救援器材、设备和物资进行经常性维护、保养，导致发生严重生产安全事故或者生产安全事故危害扩大，或者在本单位发生生产安全事故后未立即采取相应的应急救援措施，造成严重后果的，由县级以上人民政府负有安全生产监督管理职责的部门依照《中华人民共和国突发事件应对法》有关规定追究法律责任。

第三十二条 生产经营单位未将生产安全事故应急救援预案报送备案、未建立应急值班制度或者配备应急值班人员的，由县级以上人民政府负有安全生产监督管理职责的部门责令限期改正；逾期未改正的，处 3 万元以上 5 万元以下的罚款，对直接负责的主管人员和其他直接责任人员处 1 万元以上 2 万元以下的罚款。

第三十三条 违反本条例规定，构成违反治安管理行为的，由公安机关依法给予处罚；构成犯罪的，依法追究刑事责任。

第五章　附　则

第三十四条 储存、使用易燃易爆物品、危险化学品等危险物品的科研机构、学校、医院等单位的安全事故应急工作，参照本条例有关规定执行。

第三十五条 本条例自 2019 年 4 月 1 日起施行。

保障农民工工资支付条例

（2019 年 12 月 4 日国务院第 73 次常务会议通过　2019 年 12 月 30 日中华人民共和国令第 724 号公布）

第一章　总　则

第一条　为了规范农民工工资支付行为，保障农民工按时足额获得工资，根据《中华人民共和国劳动法》及有关法律规定，制定本条例。

第二条　保障农民工工资支付，适用本条例。

本条例所称农民工，是指为用人单位提供劳动的农村居民。

本条例所称工资，是指农民工为用人单位提供劳动后应当获得的劳动报酬。

第三条　农民工有按时足额获得工资的权利。任何单位和个人不得拖欠农民工工资。

农民工应当遵守劳动纪律和职业道德，执行劳动安全卫生规程，完成劳动任务。

第四条　县级以上地方人民政府对本行政区域内保障农民工工资支付工作负责，建立保障农民工工资支付工作协调机制，加强监管能力建设，健全保障农民工工资支付工作目标责任制，并纳入对本级人民政府有关部门和下级人民政府进行考核和监督的内容。

乡镇人民政府、街道办事处应当加强对拖欠农民工工资矛盾的排查和调处工作，防范和化解矛盾，及时调解纠纷。

第五条　保障农民工工资支付，应当坚持市场主体负责、政府依法监管、社会协同监督，按照源头治理、预防为主、防治结合、标本兼治的要求，依法根治拖欠农民工工资问题。

第六条　用人单位实行农民工劳动用工实名制管理，与招用的农民工书面约定或者通过依法制定的规章制度规定工资支付标准、支付时间、支付方式等内容。

第七条 人力资源社会保障行政部门负责保障农民工工资支付工作的组织协调、管理指导和农民工工资支付情况的监督检查，查处有关拖欠农民工工资案件。

住房城乡建设、交通运输、水利等相关行业工程建设主管部门按照职责履行行业监管责任，督办因违法发包、转包、违法分包、挂靠、拖欠工程款等导致的拖欠农民工工资案件。

发展改革等部门按照职责负责政府投资项目的审批管理，依法审查政府投资项目的资金来源和筹措方式，按规定及时安排政府投资，加强社会信用体系建设，组织对拖欠农民工工资失信联合惩戒对象依法依规予以限制和惩戒。

财政部门负责政府投资资金的预算管理，根据经批准的预算按规定及时足额拨付政府投资资金。

公安机关负责及时受理、侦办涉嫌拒不支付劳动报酬刑事案件，依法处置因农民工工资拖欠引发的社会治安案件。

司法行政、自然资源、人民银行、审计、国有资产管理、税务、市场监管、金融监管等部门，按照职责做好与保障农民工工资支付相关的工作。

第八条 工会、共产主义青年团、妇女联合会、残疾人联合会等组织按照职责依法维护农民工获得工资的权利。

第九条 新闻媒体应当开展保障农民工工资支付法律法规政策的公益宣传和先进典型的报道，依法加强对拖欠农民工工资违法行为的舆论监督，引导用人单位增强依法用工、按时足额支付工资的法律意识，引导农民工依法维权。

第十条 被拖欠工资的农民工有权依法投诉，或者申请劳动争议调解仲裁和提起诉讼。

任何单位和个人对拖欠农民工工资的行为，有权向人力资源社会保障行政部门或者其他有关部门举报。

人力资源社会保障行政部门和其他有关部门应当公开举报投诉电话、网站等渠道，依法接受对拖欠农民工工资行为的举报、投诉。对于举报、投诉的处理实行首问负责制，属于本部门受理的，应当依法及时处理；不属于本部门受理的，应当及时转送相关部门，相关部门应当依法及时处理，并将处理结果告知举报、投诉人。

第二章　工资支付形式与周期

第十一条 农民工工资应当以货币形式，通过银行转账或者现金支付给农民工本人，不得以实物或者有价证券等其他形式替代。

第十二条 用人单位应当按照与农民工书面约定或者依法制定的规章制度规定的工资支付周期和具体支付日期足额支付工资。

第十三条 实行月、周、日、小时工资制的，按照月、周、日、小时为周期支付工资；实行计件工资制的，工资支付周期由双方依法约定。

第十四条 用人单位与农民工书面约定或者依法制定的规章制度规定的具体支付日期，可以在农民工提供劳动的当期或者次期。具体支付日期遇法定节假日或者休息日的，应当在法定节假日或者休息日前支付。

用人单位因不可抗力未能在支付日期支付工资的，应当在不可抗力消除后及时支付。

第十五条 用人单位应当按照工资支付周期编制书面工资支付台账，并至少保存3年。

书面工资支付台账应当包括用人单位名称，支付周期，支付日期，支付对象姓名、身份证号码、联系方式，工作时间，应发工资项目及数额，代扣、代缴、扣除项目和数额，实发工资数额，银行代发工资凭证或者农民工签字等内容。

用人单位向农民工支付工资时，应当提供农民工本人的工资清单。

第三章　工资清偿

第十六条 用人单位拖欠农民工工资的，应当依法予以清偿。

第十七条 不具备合法经营资格的单位招用农民工，农民工已经付出劳动而未获得工资的，依照有关法律规定执行。

第十八条 用工单位使用个人、不具备合法经营资格的单位或者未依法取得劳务派遣许可证的单位派遣的农民工，拖欠农民工工资的，由用工单位清偿，并可以依法进行追偿。

第十九条 用人单位将工作任务发包给个人或者不具备合法经营资格的单位，导致拖欠所招用农民工工资的，依照有关法律规定执行。

用人单位允许个人、不具备合法经营资格或者未取得相应资质的单位以用人单位的名义对外经营，导致拖欠所招用农民工工资的，由用人单位清偿，并可以依法进行追偿。

第二十条 合伙企业、个人独资企业、个体经济组织等用人单位拖欠农民工工资的，应当依法予以清偿；不清偿的，由出资人依法清偿。

第二十一条 用人单位合并或者分立时，应当在实施合并或者分立前依法清偿拖欠的农民工工资；经与农民工书面协商一致的，可以由合并或者分立后承继其权利和义务的用人单位清偿。

第二十二条 用人单位被依法吊销营业执照或者登记证书、被责令关闭、被撤销或者依法解散的，应当在申请注销登记前依法清偿拖欠的农民工工资。

未依据前款规定清偿农民工工资的用人单位主要出资人，应当在注册新用人单位前清偿拖欠的农民工工资。

第四章 工程建设领域特别规定

第二十三条 建设单位应当有满足施工所需要的资金安排。没有满足施工所需要的资金安排的，工程建设项目不得开工建设；依法需要办理施工许可证的，相关行业工程建设主管部门不予颁发施工许可证。

政府投资项目所需资金，应当按照国家有关规定落实到位，不得由施工单位垫资建设。

第二十四条 建设单位应当向施工单位提供工程款支付担保。

建设单位与施工总承包单位依法订立书面工程施工合同，应当约定工程款计量周期、工程款进度结算办法以及人工费用拨付周期，并按照保障农民工工资按时足额支付的要求约定人工费用。人工费用拨付周期不得超过1个月。

建设单位与施工总承包单位应当将工程施工合同保存备查。

第二十五条 施工总承包单位与分包单位依法订立书面分包合同，应当约定工程款计量周期、工程款进度结算办法。

第二十六条 施工总承包单位应当按照有关规定开设农民工工资专用账户，专项用于支付该工程建设项目农民工工资。

开设、使用农民工工资专用账户有关资料应当由施工总承包单位妥善保存备查。

第二十七条 金融机构应当优化农民工工资专用账户开设服务流程，做好农民工工资专用账户的日常管理工作；发现资金未按约定拨付等情况的，及时通知施工总承包单位，由施工总承包单位报告人力资源社会保障行政部门和相关行业工程建设主管部门，并纳入欠薪预警系统。

工程完工且未拖欠农民工工资的，施工总承包单位公示30日后，可以申请注销农民工工资专用账户，账户内余额归施工总承包单位所有。

第二十八条 施工总承包单位或者分包单位应当依法与所招用的农民工订立劳动合同并进行用工实名登记，具备条件的行业应当通过相应的管理服务信息平台进行用工实名登记、管理。未与施工总承包单位或者分包单位订立劳动合同并进行用工实名登记的人员，不得进入项目现场施工。

施工总承包单位应当在工程项目部配备劳资专管员，对分包单位劳动用工实施监督管理，掌握施工现场用工、考勤、工资支付等情况，审核分包单位编制的农民工工资支付表，分包单位应当予以配合。

施工总承包单位、分包单位应当建立用工管理台账，并保存至工程完工且工资全部结清后至少3年。

第二十九条 建设单位应当按照合同约定及时拨付工程款，并将人工费用及时足额拨付至农民工工资专用账户，加强对施工总承包单位按时足额支付农民工工资的监督。

因建设单位未按照合同约定及时拨付工程款导致农民工工资拖欠的，建设单位应当以未结清的工程款为限先行垫付被拖欠的农民工工资。

建设单位应当以项目为单位建立保障农民工工资支付协调机制和工资拖欠预防机制，督促施工总承包单位加强劳动用工管理，妥善处理与农民工工资支付相关的矛盾纠纷。发生农民工集体讨薪事件的，建设单位应当会同施工总承包单位及时处理，并向项目所在地人力资源社会保障行政部门和相关行业工程建设主管部门报告有关情况。

第三十条 分包单位对所招用农民工的实名制管理和工资支付负直接责任。

施工总承包单位对分包单位劳动用工和工资发放等情况进行监督。

分包单位拖欠农民工工资的，由施工总承包单位先行清偿，再依法进行追偿。

工程建设项目转包，拖欠农民工工资的，由施工总承包单位先行清偿，再依法进行追偿。

第三十一条 工程建设领域推行分包单位农民工工资委托施工总承包单位代发制度。

分包单位应当按月考核农民工工作量并编制工资支付表，经农民工本人签字确认后，与当月工程进度等情况一并交施工总承包单位。

施工总承包单位根据分包单位编制的工资支付表，通过农民工工资专用账户直接将工资支付到农民工本人的银行账户，并向分包单位提供代发工资凭证。

用于支付农民工工资的银行账户所绑定的农民工本人社会保障卡或者银行卡，用人单位或者其他人员不得以任何理由扣押或者变相扣押。

第三十二条 施工总承包单位应当按照有关规定存储工资保证金，专项用于支付为所承包工程提供劳动的农民工被拖欠的工资。

工资保证金实行差异化存储办法，对一定时期内未发生工资拖欠的单位实行减免措施，对发生工资拖欠的单位适当提高存储比例。工资保证金可以用金融机构保函替代。

工资保证金的存储比例、存储形式、减免措施等具体办法，由国务院人力资源社会保障行政部门会同有关部门制定。

第三十三条 除法律另有规定外，农民工工资专用账户资金和工资保证金不得因支付为本项目提供劳动的农民工工资之外的原因被查封、冻结或者划拨。

第三十四条 施工总承包单位应当在施工现场醒目位置设立维权信息告示牌，明示下列事项：

（一）建设单位、施工总承包单位及所在项目部、分包单位、相关行业工程建设主管部门、劳资专管员等基本信息；

（二）当地最低工资标准、工资支付日期等基本信息；

（三）相关行业工程建设主管部门和劳动保障监察投诉举报电话、劳动争议调解仲裁申请渠道、法律援助申请渠道、公共法律服务热线等信息。

第三十五条 建设单位与施工总承包单位或者承包单位与分包单位因工程数量、质量、造价等产生争议的，建设单位不得因争议不按照本条例第二十四条的规定拨付工程款中的人工费用，施工总承包单位也不得因争议不按照规定代发工资。

第三十六条 建设单位或者施工总承包单位将建设工程发包或者分包给个人或者不具备合法经营资格的单位，导致拖欠农民工工资的，由建设单位或者施工总承包单位清偿。

施工单位允许其他单位和个人以施工单位的名义对外承揽建设工程，导致拖欠农民工工资的，由施工单位清偿。

第三十七条 工程建设项目违反国土空间规划、工程建设等法律法规，导致拖欠农民工工资的，由建设单位清偿。

第五章 监督检查

第三十八条 县级以上地方人民政府应当建立农民工工资支付监控预警平台，实现人力资源社会保障、发展改革、司法行政、财政、住房城乡建设、交通运输、水利等部门的工程项目审批、资金落实、施工许可、劳动用工、工资支付等信息及时共享。

人力资源社会保障行政部门根据水电燃气供应、物业管理、信贷、税收等反映企业生产经营相关指标的变化情况，及时监控和预警工资支付隐患并做好防范工作，市场监管、金融监管、税务等部门应当予以配合。

第三十九条 人力资源社会保障行政部门、相关行业工程建设主管部门和其他有关部门应当按照职责，加强对用人单位与农民工签订劳动合同、工资支付以及工程建设项目实行农民工实名制管理、农民工工资专用账户管理、施工总承包单位代发工资、工资保证金存储、维权信息公示等情况的监督检查，预防和减少拖欠农民工工资行为的发生。

第四十条 人力资源社会保障行政部门在查处拖欠农民工工资案件时，需要依法查询相关单位金融账户和相关当事人拥有房产、车辆等情况的，应当经设区的市级以上地方人民政府人力资源社会保障行政部门负责人批准，有关金融机构和登记部门应当予以配合。

第四十一条 人力资源社会保障行政部门在查处拖欠农民工工资案件时，发生用人单位拒不配合调查、清偿责任主体及相关当事人无法联系等情形的，可以请求公安机关和其他有关部门协助处理。

人力资源社会保障行政部门发现拖欠农民工工资的违法行为涉嫌构成拒不支付劳动报酬罪的，应当按照有关规定及时移送公安机关审查并作出决定。

第四十二条 人力资源社会保障行政部门作出责令支付被拖欠的农民工工资的决定，相关单位不支付的，可以依法申请人民法院强制执行。

第四十三条 相关行业工程建设主管部门应当依法规范本领域建设市场秩序，对违法发包、转包、违法分包、挂靠等行为进行查处，并对导致拖欠农民工工资的违法行为及时予以制止、纠正。

第四十四条 财政部门、审计机关和相关行业工程建设主管部门按照职责，依法对政府投资项目建设单位按照工程施工合同约定向农民工工资专用账户拨付资金情况进行监督。

第四十五条 司法行政部门和法律援助机构应当将农民工列为法律援助的重点对象，并依法为请求支付工资的农民工提供便捷的法律援助。

公共法律服务相关机构应当积极参与相关诉讼、咨询、调解等活动，帮助解决拖欠农民工工资问题。

第四十六条 人力资源社会保障行政部门、相关行业工程建设主管部门和其他有关部门应当按照“谁执法谁普法”普法责任制的要求，通过以案释法等多种形式，加大对保障农民工工资支付相关法律法规的普及宣传。

第四十七条 人力资源社会保障行政部门应当建立用人单位及相关责任人劳动保障守法诚信档案，对用人单位开展守法诚信等级评价。

用人单位有严重拖欠农民工工资违法行为的，由人力资源社会保障行政部门向社会公布，必要时可以通过召开新闻发布会等形式向媒体公开曝光。

第四十八条 用人单位拖欠农民工工资，情节严重或者造成严重不良社会影响的，有关部门应当将该用人单位及其法定代表人或者主要负责人、直接负责的主管人员和其他直接责任人员列入拖欠农民工工资失信联合惩戒对象名单，在政府资金支持、政府采购、招投标、融资贷款、市场准入、税收优惠、评优评先、交通出行等方面依法依规予以限制。

拖欠农民工工资需要列入失信联合惩戒名单的具体情形，由国务院人力资源社会保障行政部门规定。

第四十九条 建设单位未依法提供工程款支付担保或者政府投资项目拖欠工程款，导致拖欠农民工工资的，县级以上地方人民政府应当限制其新建项目，并记入信用记录，纳入国家信用信息系统进行公示。

第五十条 农民工与用人单位就拖欠工资存在争议，用人单位应当提供依法由其保存的劳动合同、职工名册、工资支付台账和清单等材料；不提供的，依法承担不利后果。

第五十一条 工会依法维护农民工工资权益，对用人单位工资支付情况进行监督；发现拖欠农民工工资的，可以要求用人单位改正，拒不改正的，可以请求人力资源社会保障行政部门和其他有关部门依法处理。

第五十二条 单位或者个人编造虚假事实或者采取非法手段讨要农民工工资，或者以拖欠农民工工资为名讨要工程款的，依法予以处理。

第六章 法律责任

第五十三条 违反本条例规定拖欠农民工工资的，依照有关法律规定执行。

第五十四条 有下列情形之一的，由人力资源社会保障行政部门责令限期改正；逾期不改正的，对单位处 2 万元以上 5 万元以下的罚款，对法定代表人或者主要负责人、直接负责的主管人员和其他直接责任人员处 1 万元以上 3 万元以下的罚款：

（一）以实物、有价证券等形式代替货币支付农民工工资；

（二）未编制工资支付台账并依法保存，或者未向农民工提供工资清单；

（三）扣押或者变相扣押用于支付农民工工资的银行账户所绑定的农民工本人社会保障卡或者银行卡。

第五十五条 有下列情形之一的，由人力资源社会保障行政部门、相关行业工程建设主管部门按照职责责令限期改正；逾期不改正的，责令项目停工，并处5万元以上10万元以下的罚款；情节严重的，给予施工单位限制承接新工程、降低资质等级、吊销资质证书等处罚：

（一）施工总承包单位未按规定开设或者使用农民工工资专用账户；

（二）施工总承包单位未按规定存储工资保证金或者未提供金融机构保函；

（三）施工总承包单位、分包单位未实行劳动用工实名制管理。

第五十六条 有下列情形之一的，由人力资源社会保障行政部门、相关行业工程建设主管部门按照职责责令限期改正；逾期不改正的，处5万元以上10万元以下的罚款：

（一）分包单位未按月考核农民工工作量、编制工资支付表并经农民工本人签字确认；

（二）施工总承包单位未对分包单位劳动用工实施监督管理；

（三）分包单位未配合施工总承包单位对其劳动用工进行监督管理；

（四）施工总承包单位未实行施工现场维权信息公示制度。

第五十七条 有下列情形之一的，由人力资源社会保障行政部门、相关行业工程建设主管部门按照职责责令限期改正；逾期不改正的，责令项目停工，并处5万元以上10万元以下的罚款：

（一）建设单位未依法提供工程款支付担保；

（二）建设单位未按约定及时足额向农民工工资专用账户拨付工程款中的人工费用；

（三）建设单位或者施工总承包单位拒不提供或者无法提供工程施工合同、农民工工资专用账户有关资料。

第五十八条 不依法配合人力资源社会保障行政部门查询相关单位金融账户的，由金融监管部门责令改正；拒不改正的，处2万元以上5万元以下的罚款。

第五十九条 政府投资项目政府投资资金不到位拖欠农民工工资的，由人力资源社会保障行政部门报本级人民政府批准，责令限期足额拨付所拖欠的资金；逾期不拨付的，由上一级人民政府人力资源社会保障行政部门约谈直接责任部门和相关监管部门负责人，必要时进行通报，约谈地方人民政府负责人。情节严重的，对地方人民政府及其有关部门负责人、直接负责的主管人员和其他直接责任人员依法依规给予处分。

第六十条 政府投资项目建设单位未经批准立项建设、擅自扩大建设规模、擅自增加投资概算、未及时拨付工程款等导致拖欠农民工工资的，除依法承担责任外，由人力资源社会保障行政部门、其他有关部门按照职责约谈建设单位负责人，并作为其业绩考核、薪酬分配、评优评先、职务晋升等的重要依据。

第六十一条 对于建设资金不到位、违法违规开工建设的社会投资工程建设项目拖欠农民工工资的，由人力资源社会保障行政部门、其他有关部门按照职责依法对建设单位进行处罚；对建设单位负责人依法依规给予处分。相关部门工作人员未依法履行职责的，由有关机关依法依规给予处分。

第六十二条 县级以上地方人民政府人力资源社会保障、发展改革、财政、公安等部门和相关行业工程建设主管部门工作人员，在履行农民工工资支付监督管理职责过程中滥用职权、玩忽职守、徇私舞弊的，依法依规给予处分；构成犯罪的，依法追究刑事责任。

第七章 附 则

第六十三条 用人单位一时难以支付拖欠的农民工工资或者拖欠农民工工资逃匿的，县级以上地方人民政府可以动用应急周转金，先行垫付用人单位拖欠的农民工部分工资或者基本生活费。对已经垫付的应急周转金，应当依法向拖欠农民工工资的用人单位进行追偿。

第六十四条 本条例自 2020 年 5 月 1 日起施行。

三、部委文件

产 业 工 人 队 伍 建 设 改 革 工 作 文 件 汇 编

国家发展改革委关于印发《公共实训基地建设中央预算内投资专项管理办法》的通知

（发改就业规〔2017〕1937号）

各省、自治区、直辖市及计划单列市、新疆生产建设兵团、黑龙江省农垦总局发展改革委：

为贯彻落实《中国制造2025》（国发〔2015〕28号）、《“十三五”促进就业规划》（国发〔2017〕10号），加快我国职业技能实训体系建设，进一步加强公共实训基地建设中央预算内投资专项管理，根据《中共中央　国务院关于深化投融资体制改革的意见》（中发〔2016〕18号）、《国务院办公厅关于创新投资管理方式建立协同监管机制的若干意见》（国办发〔2015〕12号）、《中央预算内投资补助和贴息项目管理办法》（中华人民共和国国家发展和改革委员会令第45号）、《中央预算内投资监督管理暂行办法》（发改投资〔2015〕525号）等有关规定，特制定《公共实训基地建设中央预算内投资专项管理办法》，现印发你们，请遵照执行。2016年发布的《公共实训基地建设专项管理办法（暂行）》（发改就业〔2016〕571号）同时废止。

附件：公共实训基地建设中央预算内投资专项管理办法

国家发展改革委
2017年11月8日

附件：

公共实训基地建设中央预算内投资专项管理办法

第一章　总　则

第一条　为贯彻落实《中国制造2025》（国发〔2015〕28号）、《“十三五”促进就业规划》（国发〔2017〕10号），加强我国职业技能实训体系建设，提高公共就业服务能力，根据《中共中央　国务院关于深化投融资体制改革的意见》（中发〔2016〕18号）、《国务院办公厅关于创新投资管理方式建立协同监管机制的若干意见》（国办发〔2015〕12号）、《中央预算内投资补助和贴息项目管理办法》（中华人民共和国国家发展和改革委员会令第45号）、《中央预算内投资监督管理暂行办法》（发改投资〔2015〕525号）等有关规定，制定本办法。

第二条　本办法所称公共实训基地，是指由政府主导建设、向城乡各类劳动者以及职业院校、职业培训机构、企业等提供技能训练、技能竞赛、技能鉴定、创业孵化、师资培训、课程研发等服务的公共性、公益性、示范性、综合性职业技能实训场所。

第三条　由国家发展改革委安排中央预算内投资支持开展建设的公共实训基地项目适用本办法。

第四条　专项实施目标是，在整合资源、统筹建设、错位发展、合理布局的基础上，建设一批开展中、高级技能培训、新技能开发和师资培训，示范性强、辐射面广的省级大型公共实训基地；建设一批促进区域经济发展和服务中高端产业发展需求的地市级综合型公共实训基地；建设一批服务当地主导产业的县级地方产业特色型公共实训基地。力争到2025年，形成覆盖全国、布局合理、定位明确、功能突出、信息互通、协调发展，能够基本满足产业发展需求的公共职业技能实训体系。

第二章　安排原则

第五条　统筹兼顾，协调发展。着眼全国、突出重点，坚持地区统筹、资源统筹、资金统筹。将公共实训基地建设与脱贫攻坚和精准扶贫结合起来，推动城乡一体发展、东部与中西部互动发展、贫困地区与发达地区协调发展。坚持新建、改扩建、购置相结合，中央通过专项安排补助投资支持地方开展项目建设，鼓励各地整合优化政府、院校、企业与社会组织等各类资源。鼓励各地统筹使用各渠道的培训资金，提高培训资金综合利用效率。鼓励各地利用PPP模式、共建共享等方式引导社会资本参与公共实训基地建设和运营管理。

第六条　突出特色，市场导向。综合考虑各地资源禀赋与产业发展特点，突出实训基地的区域性和地方特色，既立足当地人力资源实际又兼顾市场需求，既立足当前现实需要又兼顾长远持续发展，力求做到定位准确、特色突出、规模适度、务求实效。

第七条 公共开放，协作共享。充分发挥公共实训基地公共性与开放性，为各类社会群体提供广覆盖、多领域、可持续的职业技能培训。突出公共实训基地示范、辐射与带动作用，加强与其他类型培训机构的互动协作，实现资源共享。同时，紧紧围绕“互联网+”行动，通过信息化、网络化建设加强公共实训相关信息的监测分析，力争实现信息的互通共享，促进信息有效对接，不断提高劳动力流动能力和就业质量。

第八条 需求导向，示范引领。充分发挥公共实训基地建设对培养技能人才、带动就业创业、促进居民增收的作用，优先在技能劳动者供需缺口较大、返乡创业工作成效明显、城乡居民增收示范推进的地区支持开展项目建设，有效发挥中央投资的示范引领作用。

第三章　建设内容

第九条 公共实训基地建设应当以实用、安全、简朴和节约资源为原则。公共实训基地内部空间一般由实训场地、教研室、仓库、信息化设施以及必要的基本设施和辅助设施组成，实训场地一般采用框架式建筑结构，面积要满足培训要求。

第十条 公共实训基地项目应根据实际需要和有关技术标准合理确定建设规模。省级大型公共实训基地建筑面积一般不低于 15000 平方米，可承担 15 个以上职业（工种）技能训练；地市级综合型公共实训基地建筑面积一般不低于 8000 平方米，可承担 10 个以上职业（工种）技能训练；县级地方产业特色型公共实训基地建筑面积一般不低于 3000 平方米，可承担 8 个以上职业（工种）技能训练。

第四章　支持方式和标准

第十一条 中央投资以补助方式对符合条件的公共实训基地项目予以支持，主要用于公共实训基地中实训场所建设和实训设施投入。

第十二条 优先支持各地建设省级大型公共实训基地和地市级综合型公共实训基地。同时，对于国家级贫困县和东部地区常住人口超过 60 万、中部地区常住人口超过 40 万、西部地区（含享受西部政策的地区，下同）常住人口超过 20 万的县（区、市），支持建设县级地方产业特色型公共实训基地。新疆生产建设兵团、黑龙江省农垦总局项目安排，应统筹考虑实际培训需求、常住人口数量等情况，并参考以上原则。

第十三条 对东部地区补助比例不超过总投资（不含土地、红线外市政工程，下同）的40%，对中部地区的补助比例不超过总投资的60%，对西部地区的补助比例不超过总投资的80%，对国家级贫困县的补助比例不超过总投资的85%。同时，对每个项目中央补助资金设定上限。其中，省级大型公共实训基地项目的补助上限为9000万元，地市级综合型公共实训基地项目的补助上限为6000万元，县级地方产业特色型公共实训基地项目的补助上限为2000万元。国家另有规定的，执行相关规定。

第十四条 鼓励地方加大投资力度，中央预算内投资可根据项目建设周期和实际建设进度按年度分批下达，原则上不超过2年。

第五章 项目申报和资金安排

第十五条 申报项目必须已完成可行性研究报告批复、落实地方建设资金和项目用地、具备按时开工条件，项目业主单位应是项目法人。

第十六条 各地应依托国家重大建设项目库做好项目储备，编制公共实训基地建设项目三年滚动投资计划，不进入项目库、不纳入滚动计划的项目原则上不能申报中央预算内投资补助。

第十七条 申报中央预算内投资补助的公共实训基地建设项目，须通过投资项目在线审批监管平台获取项目统一代码并完成相关审批，由省级发展改革部门向国家发展改革委上报资金申请报告，并对项目进行先后排序。

资金申请报告中应包括项目单位基本情况、在线平台生成的项目代码、项目建设内容、总投资及资金来源、建设条件落实情况及工期安排等相关内容，并附项目可行性研究报告批复（原件）。同时，须按国家重大建设项目库要求，完整准确填报项目信息，形成电子数据一并上报。省级发展改革部门对申报材料的真实性、合法性、准确性严格把关。

第十八条 国家发展改革委对资金申请文件进行审核，综合考虑各省（区、市，含新疆生产建设兵团和黑龙江省农垦总局，下同）经济社会发展状况、地方资金配套能力、项目所在地人力资源供需情况及职业培训和技能人才队伍建设情况等因素，结合考虑人口因素、向中西部倾斜、集中力量办大事等原则，统筹下达中央预算内补助投资计划。

第六章 项目管理

第十九条 根据依法行政、简政放权、放管结合、优化服务的原则，公共实训基地项目由各地按照权限进行审批。各地发展改革部门会同人力资源社会保障等相关部门切实做好项目选点及各项前期工作，督促落实各级配套资金，并加强对项目建设的督促指导。

第二十条 项目建设应严格执行基本建设程序，切实落实项目法人责任制、工程建设监理制、项目招标投标制、工程合同管理制等要求。同时，按照政府信息公开有关规定，做好项目信息公开工作。

第二十一条 项目竣工后，相关单位应根据职责及时组织开展项目验收，并将验收结果按规定进行报备。

第二十二条 在项目运营管理中，要充分发挥项目的社会效益，鼓励项目单位建立培训台账，及时向当地发展改革、人力资源社会保障等相关部门报送项目使用情况，包括年培训人次、职业资格鉴定及培训后的就业和收入情况等。

第七章 项目监督检查

第二十三条 各地要落实日常监管直接责任单位及监管责任人的责任，按要求开展日常监管，按月通过重大建设项目库认真核实填报项目进度数据和信息。项目开工情况、投资完成情况、项目建设进度及每月调度执行情况，将作为安排下一步中央预算内投资的重要参考因素。对于项目数据填报更新不及时、项目数据严重失实、工程进度严重滞后、事中事后监管不力、项目建设存在问题的地区，将视情节轻重采取通报批评或扣减、收回、暂停安排中央预算内投资等措施。

第二十四条 各级发展改革部门和项目行业主管部门要切实加强项目建设事中事后监管。通过督促自查、实地调研抽查、专项稽察、网上监测、联合有关部门不定期检查等多种监管方式，实现项目监管的全覆盖。加快推进项目建设进度，确保中央预算内投资合规有效使用，更好更快地发挥中央预算内投资的带动效应。

第二十五条 项目单位应积极配合稽察或监督检查，如实提供与项目有关的文件资料和情况，不得销毁、隐匿、转移、篡改或无故拖延、拒绝提供有关文件资料。对提供虚假材料骗取补助资金，或转移、侵占、截留、挪用补助资金，或配套资金不落实、擅自改变建设内容和建设标准，或无正当理由未及时建设实施、竣工完成的，按照《中央预算内投资补助和贴息项目管理办法》（中华人民共和国国家发展和改革委员会令第45号）第五章的有关规定给予相应处罚，相关信息将纳入全国信用信息共享平台。存在违反国家法律法规行为的，依法追究责任。

第八章　附　则

第二十六条　各省（区、市）发展改革部门可参照本办法，制定当地公共实训基地建设专项管理办法实施细则。

第二十七条　本办法由国家发展改革委负责解释，自发布之日起施行。2016 年发布的《公共实训基地建设专项管理办法（暂行）》（发改就业〔2016〕571 号）同时废止。

国家发展改革委　教育部　科技部等十七部门关于大力发展实体经济积极稳定和促进就业的指导意见

（发改就业〔2018〕1008号）

各省、自治区、直辖市发展改革委、教育厅（委）、科技厅（委）、工业和信息化（中小企业）主管部门、公安厅（局）、民政厅（局）、财政厅（局）、人力资源社会保障厅（局）、自然资源主管部门、住房城乡建设厅（委）、交通运输厅（委）、农业（农牧、农村经济）厅（局、委）、商务主管部门、工商行政管理局（市场监督管理部门）、统计局、总工会，中国人民银行上海总部、各分行、营业管理部、省会（首府）城市中心支行，国家统计局各调查总队：

就业是最大的民生，也是经济发展最基本的支撑。近年来，各地区、各部门深入实施就业优先战略和积极就业政策，不断加强和改善以就业为底线的宏观调控，就业形势总体平稳、稳中向好。但同时也要看到，当前和今后一段时期，受产业结构转型升级以及国际国内各种不确定不稳定因素的影响，结构性就业矛盾依然存在。为此，要深入贯彻落实习近平新时代中国特色社会主义思想和党的十九大精神，按照中央经济工作会议和《政府工作报告》部署，加快建设实体经济与人力资源协同发展的产业体系，大力发展实体经济，着力稳定和促进就业，更好保障和改善民生。现就有关工作提出如下意见。

一、发展壮大新动能，创造更多高质量就业岗位

统筹推进发展新动能和劳动力供给侧改革工作。围绕提高供给体系质量、建设现代化经济体系等重大任务，调整优化高校学科专业结构，进一步深化产教融合、校企合作，在做大做强新动能中，创造更多适合高校毕业生和高技能人才的高质量就业岗位。实施数字技能提升专项培训，将数字经济相关职业纳入就业技能培训和高技能人才培训补贴范围，加大教育信息化基础设

施和数字人才教育资源建设投入力度，创建一批数字人才培养示范机构。加快制定服务标准和规范，全面加强家政服务、养老服务从业人员和相关企业社会信用体系建设。大力发展“互联网+”家政服务、养老服务，培育一批领军企业，创造更多高质量家政养老就业岗位。鼓励更多职业院校（含技工院校）开设家政服务、养老服务相关专业，培养更多家政服务、养老服务人才。规范家政养老从业人员劳动用工关系，推进依法参加社会保险，切实保护从业人员合法权益，开发更多生活性服务业就业岗位。强化政策指引和分类指导，创新监管方式，加强行业自律，大力发展平台经济、众包经济、共享经济等新业态新模式，保障从业人员劳动权益，充分释放新动能带动就业效应。

二、促进传统产业转型升级，引导劳动者转岗提质就业

同步推进传统产业升级和职工技能提升、岗位转换，围绕传统制造业向智能化、绿色化、高端化、服务化发展的人才需求，引导和支持企业完善职工技能培训制度。大力开展岗前培训、职工岗位技能培训和高技能人才培训，强化订单培训、定向培训、定岗培训，改进技术工人技能评价方式，支持企业通过项目工资、协议工资以及股权、期权、分红等方式强化薪酬激励，促进劳动者转岗提质就业。适应制造业智能化、服务化发展趋势，鼓励制造企业积极发展服务型制造，加快生产方式、组织形式、管理方式和商业模式创新变革，支持发展产品研发设计、系统总承包、整体解决方案设计等高端服务和远程维护、质量诊断等在线增值服务，不断延伸产业链条，开发更多研发、维保、控制等服务型就业机会，引导职工有序转换就业岗位。结合区域发展战略实施，引导东部地区劳动密集型产业向中西部和东北地区有序转移，优化就业空间结构。

三、深入推进创新创业，催生吸纳就业新市场主体

全面落实创新创业扶持政策，加快推进网上审批，深化商事制度改革，进一步降低市场准入门槛和制度性交易成本，不断激发市场活力，催生更多吸纳就业新市场主体。加快建立以企业为主体、市场为导向、产学研深度融合的技术创新体系，依托互联网、大数据等平台，加速创新创业资源开放与共享，支持各类企业创新发展。加大创业担保贷款实施力度，健全配套制度，加快各类小微企业创业创新基地建设，培育更多中小微企业，增强就业带动能力。深化创新创业教育，加强创业培训，做强做优创业孵化平台，不断激发各类群体创新创业活力。

四、加快农业供给侧结构性改革，培育新型农业经营主体和新型职业农民

全面启动实施新型农业经营主体和新型职业农民培育工程，深入推进新型农业经营主体带头人轮训和农村实用人才带头人培训计划。实施农产品加工业提升行动和农村一二三产业融合发展推动行动，建设一批加工园区和一批农村产业融合发展示范园、先导区，发展壮大吸纳农民就业的新市场主体。鼓励支持各类市场主体创新发展基于互联网的新型农业产业模式，加快培育专业大户、家庭农场、农民合作社、农业企业等新型农业经营主体，扩大职业农民就业规模。

五、支持返乡下乡创业，拓宽农村劳动力转移就业渠道

大力实施乡村振兴战略，加快实施乡村促进就业创业行动，鼓励各类人才返乡下乡就业创业。鼓励开发性、政策性金融机构在业务范围内，对农村“双创”园区（基地）和公共服务平台等项目提供信贷支持，以返乡下乡人才流带动资金、信息等更多要素回流，加快培育返乡创业特色产业集群，大力发展吸纳就业能力强的产业，结合新型城镇化合理引导产业梯度转移，发展壮大县域经济，推动乡村振兴，不断拓宽农村劳动力就业创业空间。统筹发挥各类创业引导资金作用，拓宽股权投资、债券市场融资等直接融资渠道，优先保障返乡下乡创业用地，加强农村道路、信息和物流等基础设施网络建设，不断优化创业环境，推动返乡下乡创业主体做大做强。整合市场资源，加快建设集渠道、平台、金融服务等于一体的返乡创业电子商务生态链和生态圈，积极发展农村电商等新业态新模式，加快输出地资源优势向经济优势转化步伐，培育更多就业创业机会。

六、推动新型城镇化高质量发展，扩大就地就近就业规模

加快农业转移人口市民化，推进城镇基本公共服务常住人口全覆盖，补齐基础设施、公共服务等短板，不断增强城镇聚集产业、吸纳就业能力。培育建设若干同城效应明显、一体化程度高的都市圈，推动要素自由顺畅流动、基础设施建设联通和公共服务共享，发挥城市要素禀赋比较优势，促进优势互补和特色化、差异化发展，释放区域发展潜力，增强吸纳就业能力。实施推动高质量发展、创造高品质生活的城市“双高”工程，改造提升老旧小区和工业区，推进城中村、城边村、村级工业园等土地整治入市，合理布局养老、家政、教育培训、托幼等便民服务设施，创造更多劳动密集型就业机会。推动重点镇等有潜力的乡镇加快发展，实施特色小镇高质量发展工程，做大

做强产业支撑，实现产镇融合、镇村融合，提升服务能力，促进农业转移人口就地就近城镇化。支持引导社会资本发展城乡融合典型项目，促进城乡要素资源跨界配置与产业发展有机融合，带动劳动者就地就近就业。

七、推进高水平对外开放，稳定和促进外向型就业

积极引导外资更多投向中西部和东北地区，支持承接产业转移示范区建设，发展壮大外向型产业集群，带动更多就业。扩大服务业对外开放，鼓励文化、旅游、教育、建筑、中医药、设计研发等服务出口，促进服务外包加快转型升级，合理布局一批吸纳就业能力强的客服中心和支持中心等服务企业，推动服务贸易创新发展，创造更多外向型就业岗位。稳定机电、高新技术和劳动密集型产品出口，提升出口产品附加值，引导加工贸易转型升级，确保外贸领域就业稳定。全面实施准入前国民待遇加负面清单管理制度，简化外商投资相关程序，保护外商投资合法权益，更好发挥外资企业拉动就业的积极作用。加强对境外投资合作引导，健全对外投资合作服务保障体系，鼓励支持企业开展对外投资合作，创造更多外向型就业机会，同时注意吸纳被投资国本地就业，促进互利合作共赢。

八、健全联动机制，提高职业技能培训基础能力

建立技能培训与产业需求变化联动预警机制、培训课程动态调整机制、资金投入与培训效果评估挂钩机制，创新培训模式，促进培训资源优化配置，实现技能培训与产业发展、市场需求协调联动，加快培养适应市场用工变化的技能型劳动者队伍。整合职业院校和企业实训资源，加大实操比重，加强公共实训基地建设，提高职业技能实训能力，培养更多符合产业发展需求的实用人才。深入实施高技能人才振兴计划，充分发挥大国工匠等高技能人才传帮带作用，加强复合型人才培养。

九、加强统筹施策，加大援企稳岗力度

加快推进养老保险全国统筹、划转部分国有资本充实社保基金，做好阶段性降低社会保险费率工作，延长阶段性降低住房公积金缴存比例实施期限，进一步降低企业用工成本。对符合产业升级方向、产品技术较为先进，但受国际国内不确定不稳定因素影响遇到暂时性困难的企业，采取有效措施不裁员或少裁员的，继续实施援企稳岗护航行动，鼓励企业尽力稳定现有就业岗位。引导企业按照“保岗位、保生活、保稳定”的原则，就调整劳动报酬、工作时间等涉及职工权益的事项与职工开展集体协商，并将协商内容经职工

代表大会或全体职工讨论通过，保障职工生活。

十、提高监测预警能力，强化失业风险应对

进一步完善就业失业统计调查制度，健全就业统计指标体系，更加全面地反映新经济就业情况。充分利用部门行政记录、大数据等拓宽数据来源，提高统计能力和效率。完善就业失业监测预警体系，制定风险应对预案，建立分级预警、分层响应、分类实施应对机制。紧盯关键指标和重点地区、企业、人群苗头隐患，深入细致做好矛盾纠纷预防化解工作。充分利用就业补助资金，按规定及时将因产业结构调整、国际贸易摩擦等受影响的人员纳入相关就业扶持政策和公共就业服务范围。规范公益性就业岗位开发和管理，托底安置就业困难人员和零就业家庭就业。建立健全重大政策调整就业评估机制，强化就业政策储备。

各地区、各有关部门要充分认识做好发展实体经济积极稳定和促进就业工作的重要性和紧迫性，切实加强组织领导，细化、实化本意见各项政策措施，确保各项工作任务落到实处。

附件：各部门任务分工方案（略）

国家发展改革委　教育部　科技部
工业和信息化部　公安部　民政部
财政部　人力资源社会保障部　自然资源部
住房城乡建设部　交通运输部　农业农村部
商务部　人民银行　市场监管总局
国家统计局　全国总工会
2018 年 7 月 10 日

国家发展改革委　教育部　科技部等十一部门关于提升公共职业技能培训基础能力的指导意见

（发改就业〔2018〕1433号）

各省、自治区、直辖市发展改革委、教育厅（委）、科技厅（委）、工业和信息化（中小企业）主管部门、财政厅（局）、人力资源社会保障厅（局）、农业（农牧、农村经济）厅（局、委）、审计厅（局）、工商局（市场监管部门）、银监局、总工会：

当前和今后一段时期，为推动高质量发展和建设现代化经济体系，迫切需要一支规模宏大的技能劳动者大军。近年来，职业技能培训尤其是公共实训机构提供的公共职业技能培训，在提升劳动者素质方面发挥了重要作用，但是从培训的数量和质量来看，还无法满足经济社会发展需要。为此，要深入贯彻落实习近平新时代中国特色社会主义思想和党的十九大精神，根据《国务院关于推行终身职业技能培训制度的意见》（国发〔2018〕11号）部署要求，加快提升我国公共职业技能培训基础能力，不断完善公共职业技能培训体系，大规模开展职业技能培训，为促进制造业高质量发展和经济转型升级提供技能人才支撑。现就有关工作提出如下意见。

一、主要目标

力争到2025年，形成覆盖全国、布局合理、定位明确、功能完善、信息联通、资源共享，能够基本满足实现高质量发展和建设现代化经济体系对技能人才需求的公共职业技能培训基础能力体系，实现培训渠道广泛、培训主体多元、培训信息联通、培训方式丰富、培训管理规范，有效对接职业技能培训供需，基本满足劳动者职业技能培训需要，努力培养造就规模宏大的高技能人才队伍和高素质劳动者。

二、加强公共职业技能培训基础平台建设

（一）推进公共职业技能培训基础平台建设。公共职业技能培训基础平台

以公共实训机构为主体，包括公共实训基地、职工职业技能实训基地、职业农民培育基地、创业孵化基地、高技能人才培训基地等。鼓励各地结合主体功能定位、区域产业分布和培训对象数量等实际情况，编制公共职业技能培训基础平台建设规划，构建层级合理、定位清楚、布局科学的建设体系。（国家发展改革委、人力资源社会保障部、农业农村部、全国总工会等按职责分工负责。列第一位者为牵头单位，下同）

三、提高培训就业信息共享能力

（二）积极构建培训和就业良性互动机制。加强职业技能培训与就业衔接，在公共职业技能培训基础平台上开展的培训内容，应与当地人力资源市场就业需求信息充分对接，按当地人力资源市场职业供求状况和产业发展需求设立培训项目。鼓励用人单位与公共职业技能培训基础平台开展定向培训、订单培训、岗前培训等多种形式合作，积极建立劳动用工和技能实训紧密结合、无缝对接的联动机制。加强劳动者职业指导和职业生涯规划，鼓励引导劳动者按市场需求状况和自身职业发展需求自主选择培训项目，提高劳动者进行技能实训后的就业质量，有效缓解人力资源市场供求结构性矛盾。（人力资源社会保障部、国家发展改革委、农业农村部、全国总工会等按职责分工负责）

（三）加强基层就业和社会保障服务平台信息共享。鼓励各地根据实际在基层就业和社会保障服务平台上综合经办就业、社会保险、劳动监察、调解仲裁等人力资源和社会保障公共服务业务。围绕“互联网+”行动计划，通过信息化建设推动基层就业和社会保障服务设施实现信息互通共享，为劳动者提供统一高效的人力资源社会保障公共服务。（人力资源社会保障部、国家发展改革委等按职责分工负责）

四、创新数字职业技能培训体系

（四）完善数字职业技能培训顶层设计。加强数字化基础设施建设，分步试点、分类推进。推动建立数字职业培训标准体系，使接受培训的劳动者能够获得社会普遍认可，提高就业质量。（人力资源社会保障部、国家发展改革委、工业和信息化部、市场监管总局等按职责分工负责）

（五）积极打造数字职业技能培训公共服务平台。结合国家“金保工程”二期和全国产业工人网络学习平台等公共服务平台，依托各地公共职业技能培训基础平台，积极引导整合大企业、高等学校、职业院校、社会培训机构的数字职业培训资源，推动职业技能培训服务向移动智能终端、自助终端等延伸，提高职业技能培训便利度和可及性。推动虚拟现实（VR）、增强现实（AR）和人工智能（AI）等新技术在职业技能培训领域的应用。（人力资源社会保障部、国家发展改革委、教育部、科技部、工业和信息化部、农业农村部、全国总工会等按职责分工负责）

五、提高职业技能培训水平

（六）加强公共职业技能培训教学资源建设。紧跟新技术、新职业发展变化，建立职业分类动态调整机制，加快职业标准开发工作。建立国家基本职业培训包制度，促进职业技能培训规范化发展。紧密结合战略性新兴产业、先进制造业、现代服务业、现代农业等发展需求，发挥院校、行业企业作用，加强职业技能培训教材开发，积极开发数字培训课程，提高教材质量，丰富教材内容，规范教材使用。（人力资源社会保障部、教育部、工业和信息化部、农业农村部等按职责分工负责）

（七）加强公共职业技能培训师资队伍建设。依托有条件的大中型企业和职业院校开展师资技能提升培训，加快培养既能讲授专业知识又能传授操作技能的师资队伍。实行专兼职教师制度，建立和完善培训教师在职培训和到企业实践制度。（人力资源社会保障部、教育部等按职责分工负责）

六、构建多元化投入机制

（八）加强公共职业技能培训投入。中央投资继续对符合条件的公共实训基地建设项目予以补助，鼓励各地建立试点，积极探索多渠道融资，吸引各类社会资本参与公共实训基地建设。积极探索从技能人才队伍建设经费、企业职工教育统筹经费、社会捐助赞助等多种渠道筹措资金。指导各地落实好职业培训补贴、技能提升补贴等政策，充分发挥就业补助资金和失业保险基金支持职业技能培训的作用。加大政府购买职业技能培训服务力度。（国家发展改革委、财政部、人力资源社会保障部、银保监会等按职责分工负责）

（九）探索公共职业技能培训基础平台与企业合作。明确公共实训基地等公共职业技能培训基础平台的公益性属性，各地在建设时可按国家有关规定减免相关收费。企业人员参加职业技能培训，日常管理、基本耗材所需费用由平台承担，主要耗材、学员费用、实训指导教师费用由企业承担，相关单位可按规定申请职业培训补贴。（人力资源社会保障部、国家发展改革委、财政部等按职责分工负责）

（十）鼓励公共职业技能培训基础平台间资源共享。充分利用好政府、学校和企业的现有资源，鼓励公共职业技能培训基础平台间设备设施、教学师资、课程教材等培训资源共享。鼓励地方政府整合各渠道培训资金，在公共职业技能培训基础平台统一购买职业技能培训服务。（人力资源社会保障部、国家发展改革委、教育部等按职责分工负责）

（十一）探索PPP模式。积极探索在职业技能培训领域运用PPP模式，吸引社会资本参与合作。科学制定风险分担机制，合理界定公共职业技能培训基础平台PPP项目中政府投资方与社会资本方的权利义务。（财政部、国家发展改革委等按职责分工负责）

七、组织实施

（十二）压实各级监管责任。各地方和相关部门要切实履行好项目建设管理责任，通过督促自查、实地调研抽查、专项稽察、网上监测、不定期检查等多种监管方式，实现“全覆盖、全过程、常态化”监管，加快推进项目建设进度，确保建设资金合规有效使用和发挥预期效果。地方开展项目建设要符合本地区财政承受能力和政府投资能力，不能造成地方政府隐性债务。（国家发展改革委、财政部、人力资源社会保障部、银保监会、审计署等按职责分工负责）

（十三）完善公共职业技能培训考核监督机制。进一步强化以就业为导向的公共职业技能培训成果验收标准和绩效考核标准，建立以培训合格率、就业创业成功率为重点的培训绩效评估体系，发挥工会监督作用，对培训机构、培训过程进行全方位监管。（人力资源社会保障部、国家发展改革委、全国总工会等按职责分工负责）

（十四）加强舆论宣传指导。加强开展公共职业技能培训基础能力建设的政策宣传，提升社会影响力和政策知晓度。积极开展展示交流，组织开展好区域间的合作交流。加强信息公开，及时发布各地建设动态，积极回应劳动者的培训需求，营造良好的社会氛围。（人力资源社会保障部、国家发展改革委、全国总工会等按职责分工负责）

国家发展改革委　教育部　科技部
工业和信息化部　财政部　人力资源社会保障部
农业农村部　审计署　市场监管总局
银保监会　全国总工会
2018年9月30日

国家发展改革委　教育部　人力资源社会保障部　国家开发银行关于印发加强实训基地建设组合投融资支持的实施方案的通知

（发改社会〔2018〕1464号）

各省、自治区、直辖市及计划单列市、新疆生产建设兵团发展改革委、教育厅（教委）、人力资源社会保障厅（局），国家开发银行各分行：

为贯彻落实党中央、国务院关于加快发展现代职业教育，推行终身职业技能培训制度的决策部署，抓实抓好实训基地建设这一技术技能人才培养的关键环节，加快建设实体经济、科技创新、现代金融、人力资源协同发展的产业体系，国家发展改革委、教育部、人力资源社会保障部、国家开发银行共同制定了《关于加强实训基地建设组合投融资支持的实施方案》，现印发给你们，请结合实际，认真贯彻执行。

附件：关于加强实训基地建设组合投融资支持的实施方案

附件：

关于加强实训基地建设组合投融资支持的实施方案

实训基地建设是加强技术技能人才培养的关键环节。为贯彻落实党中央、国务院关于加快发展现代职业教育，推行终身职业技能培训制度的决策部署，深化产教融合、校企合作，加快建设实体经济、科技创新、现代金融、人力资源协同发展的产业体系，国家发展改革委、教育部、人力资源社会保障部、国家开发银行围绕加强实训基地建设组合投融资支持，制定本实施方案。

一、总体要求

坚持以习近平新时代中国特色社会主义思想为指导，深入贯彻落实党的十九大报告关于“完善职业教育和培训体系，深化产教融合、校企合作”的重要决策部署，紧扣实训基地特别是生产性实训基地建设关键环节，聚焦产教融合实训基地和公共实训基地两个重点，利用“补贷债”组合模式，坚持政策统筹、资源共建、开放共享，综合运用中央预算内投资、地方财政投入、开发性金融、债券融资和吸引社会资本等手段，多措并举拓宽投融资渠道，引导地方政府、行业企业与职业学校、高等学校全面加强合作，大力加强实训平台载体建设，切实提升技术技能人才实训能力。

二、建设任务

（一）产教融合实训基地（院校主导建设）。支持职业学校（含技工院校）加强支撑基本教学型技能实训基地建设；支持职业学校以 PPP（政府与社会资本合作）或校企合作模式建设生产性实训基地或兼具生产、教学功能的专业化实训基地；支持依托职业学校建设区域性、行业性开放实训中心，突出模块化实训特色，推动职业教育东西协作，服务脱贫攻坚和就业创业；支持应用型本科高校加强专业技术实习实训基地建设，依托实训基地向全社会劳动者提供多种形式的继续教育；支持职业学校建设世界技能大赛实训基地。

（二）产教融合实训基地（企业主导建设）。支持国有企业、民营企业联合职业学校、高等学校，面向产业转型升级急需的重大技术技能需求，加强校企合作，以企业为主导建设服务自身员工培训和职业学校、高等学校学生生产性实习的高水平、专业化实训基地。

（三）公共实训基地（政府主导建设）。支持地方政府主导建设、面向城乡各类劳动者以及职业学校、职业培训机构、企业等提供技能训练、技能竞赛、技能鉴定、创业孵化、师资培训、课程研发等服务的公共性、公益性、综合性的职业技能实训场所。

三、支持政策

（一）投资补助政策。国家发展改革委调整和优化投资结构，通过组织实施教育现代化推进工程等专项，加大中央预算内投资对实训基地建设项目支持力度。其中，支持职业教育和应用型本科建设的中央预算内投资应重点用于产教融合实训基地建设项目，具体办法按“十三五”教育现代化推进工程实施方案和中央预算内投资项目管理办法等有关规定执行；公共实训基地建设项目，按公共实训基地中央预算内投资专项管理办法等有关规定执行。建立中央预算内投资分配奖励机制，对项目带动性强、开工率高、建设成效明显的省份予以倾斜支持。结合开展产教融合建设试点，鼓励试点城市统筹规划，编制实施产教融合实训基地项目建设方案。建立部省共建试验区的省份，要将实训基地建设作为推进职业教育改革发展的重要任务。省级政府分解落实年度中央预算内投资计划，加大对试点城市的倾斜支持。鼓励制造业企业为新增先进产能和新上技术改造项目，配套建设产教融合实训基地，纳入相应政府投资项目支持范围。

（二）信贷融资政策。充分发挥开发性金融在重点领域、薄弱环节的金融支持引导作用，将支持实训基地建设作为深化产教融合的重点领域。鼓励各地方与国家开发银行加强机制合作，在确保合规、风险可控的前提下，通过构建校企股份制或混合所有制主体，创新结构化融资模式，统筹资源“以丰补歉”等方式，支持培育一批产教融合实训基地示范建设项目。国家发展改革委统筹安排国际金融组织、外国政府贷款支持的地方教育项目，优先安排产教融合实训基地建设项目。

（三）债券融资政策。落实《国家发展改革委办公厅关于印发〈社会领域产业专项债券发行指引〉的通知》（发改办财金〔2017〕1341 号），支持符合条件的发行人申请发行教育培训产业专项债券，重点用于实训基地建设项目。结合实训基地长周期投资回报特点，支持合理灵活设置债券期限、选择权及还本付息方式，鼓励发行可续期债券。鼓励发行人以第三方担保方式，或法律法规允许的出让、租赁建设用地抵质押担保方式为债券提供增信。在“加快和简化审核类”债券审核程序基础上，提供专项服务支持，进一步提高审核效率。

（四）配套政策。鼓励地方政府在职业教育支出中，向符合条件的实训基地购买技能培训服务，根据实训成本支出适度给予补助。对实训基地组织开展的职业技能培训，符合条件的，落实职业培训补贴政策。在确保国有资产安全前提下，支持符合条件的企业与职业学校深化产教融合，以股份制、混合所有制等方式创新产权制度，探索设立产权共有的实训基地（机构）。

四、组织实施

（一）建立部门协同工作机制。国家发展改革委、教育部、人力资源社会保障部、国家开发银行等建立工作协同机制，各负其责，加强对实训基地建设的政策指导、工作协调和监督检查。

（二）加强建设项目全过程管理。充分利用国家重大建设项目，做好三年滚动投资计划动态入库管理。各地要根据产业发展需求和财政实际承受能力，合理规划布局项目，避免政府隐性债务。省级发展改革部门要会同有关部门全面梳理掌握实训基地建设项目情况，做到开工一批，储备一批，谋划一批，滚动实施。要打造精品，树立典型，重点支持一批产业带动性强的示范项目。对于重大集中性投资项目，要紧密跟进，及时报国家发展改革委。通过开展自查抽查、实地调研、网上调度、项目评价等多种方式，实现项目建设常态化监管，确保建设质量和效益。

（三）加强舆论宣传引导。加强政策宣传，引导各地和企业优化投资结构，把实训基地建设作为夯实企业内生发展能力和产业核心竞争力的优先项目。加强各地信息交流共享，发掘地方首创经验，发挥示范带动作用，营造各方大力支持、积极参与实训基地建设的良好社会氛围。

国家发展改革委　教育部
人力资源社会保障部
国家开发银行
2018 年 10 月 10 日

国家发展改革委　教育部关于印发《建设产教融合型企业实施办法（试行）》的通知

（发改社会〔2019〕590号）

各省、自治区、直辖市及计划单列市、新疆生产建设兵团发展改革委、教育厅（教委、教育局），各中央企业：

经国务院职业教育工作部际联席会议审议通过，现将《建设产教融合型企业实施办法（试行）》印发给你们，请认真遵照执行。

国家发展改革委　教育部

2019年3月28日

建设产教融合型企业实施办法（试行）

第一章　总　则

第一条　为深入贯彻党的十九大和全国教育大会精神，完善职业教育和培训体系，深化产教融合、校企合作，充分发挥企业在技术技能人才培养和人力资源开发中的重要主体作用，根据《加快推进教育现代化实施方案（2018—2022年）》《国家职业教育改革实施方案》要求，制定本办法。

第二条　本办法规定的产教融合型企业是指深度参与产教融合、校企合作，在职业院校、高等学校办学和深化改革中发挥重要主体作用，行为规范、成效显著，创造较大社会价值，对提升技术技能人才培养质量，增强吸引力和竞争力，具有较强带动引领示范效应的企业。

第三条　建设产教融合型企业，按照政府引导、企业自愿、平等择优、先建后认、动态实施的基本原则开展。

第四条　国家发展改革委、教育部会同相关部门共同负责建设产教融合型企业工作的政策统筹、组织管理和监督实施。

国家发展改革委、教育部将建设产教融合型企业纳入深化产教融合改革的整体制度安排，在国家产教融合建设试点中统筹推进，提出产教融合型企业的建设培育条件、认证标准、评价办法，指导各地建立产教融合型企业建设信息服务平台和信息储备库，做好建设产教融合型企业的日常管理工作。

人力资源社会保障部、工业和信息化部、财政部、国务院国资委等相关部门根据职能职责，配合做好产教融合型企业建设的政策支持和推进实施工作。

省级（含计划单列市，下同）发展改革部门、教育行政部门共同负责区域内建设产教融合型企业的组织申报、复核确认、建设培育、认证评价和日常管理工作。

第二章　建设培育条件

第五条　在中国境内注册成立的企业，通过独资、合资、合作等方式，利用资本、技术、知识、设施、管理等要素，依法举办或参与举办职业教育、高等教育，在实训基地、学科专业、教学课程建设和技术研发等方面稳定开展校企合作，并具备以下条件之一。

1. 独立举办或作为重要举办者参与举办职业院校或高等学校；或者通过企业大学等形式，面向社会开展技术技能培训服务；或者参与组建行业性或区域性产教融合（职业教育）集团。

2. 承担现代学徒制和企业新型学徒制试点任务；或者近 3 年内接收职业院校或高等学校学生（含军队院校专业技术学员）开展每年 3 个月以上实习实训累计达 60 人以上。

3. 承担实施 1+X 证书（学历证书+职业技能等级证书）制度试点任务。

4. 与有关职业院校或高等学校开展有实质内容、具体项目的校企合作，通过订单班等形式共建 3 个以上学科专业点。

5. 以校企合作等方式共建产教融合实训基地，或者捐赠职业院校教学设施设备等，近 3 年内累计投入 100 万元以上。

6. 近 3 年内取得与合作职业院校共享的知识产权证明（发明专利、实用新型专利、软件著作权等）。

第六条　重点建设培育主动推进制造业转型升级的优质企业，以及现代农业、智能制造、高端装备、新一代信息技术、生物医药、节能环保、新能源、新材料以及研发设计、数字创意、现代交通运输、高效物流、融资租赁、工程咨询、检验检测认证、电子商务、服务外包等急需产业领域企业，以及养老、家政、托幼、健康等社会领域龙头企业。优先考虑紧密服务国家重大战略，技术技能人才需求旺盛，主动加大人力资本投资，发展潜力大，履行社会责任贡献突出的企业。主营业务为教育培训服务的企业原则上不纳入建设培育范围。

第七条 企业无重大环保、安全、质量事故，具有良好信用记录，无涉税等违法违规经营行为。

第三章 建设实施程序

第八条 产教融合型企业的建设实施由国家发展改革委、教育部会同相关部门结合开展国家产教融合建设试点统筹部署。

第九条 省级行政区域内的企业按照自愿申报、复核确认、建设培育、认证评价等程序开展产教融合型企业建设实施。

1. 自愿申报。省级发展改革、教育行政部门会同有关部门和有关城市人民政府，结合开展国家产教融合建设试点有关要求，组织辖区内符合建设培育条件的企业按照自愿申报并提交证明材料。省级发展改革、教育行政部门应建立产教融合型企业建设信息服务平台，实行网上申报、网上受理、网上办理。

2. 复核确认。省级发展改革、教育行政部门组织行业主管部门和行业组织等有关方面，对辖区内申报企业进行复核，符合条件的纳入建设培育范围，列入产教融合型企业建设信息储备库，向全社会公示。

3. 建设培育。国家发展改革委、教育部结合组织开展国家产教融合建设试点，指导各地开展产教融合型企业建设培育，鼓励支持企业多种方式参与举办教育，深度参与“引企入教”改革，推动学生到企业实习实训制度化、规范化，发挥企业办学重要主体作用，建立以企业为主体的协同创新和成果转化机制，提高企业职工在岗教育培训覆盖水平和质量。各地要有针对性地制定具体可操作的培育举措。建设培育企业要制订并向全社会公开发布产教融合、校企合作三年规划，并需经过至少 1 年的建设培育期。

4. 认证评价。在各地推进试点工作基础上，教育部、国家发展改革委研究制定产教融合型企业认证标准和评价办法，指导省级政府出台具体实施办法，建立产教融合型企业认证目录，对纳入产教融合型企业建设信息储备库的企业进行逐年、分批认证，并定期向全社会公布推介。支持开展产教融合型企业第三方评价。

第十条 中央企业、全国性特大型民营企业整体申报建设国家产教融合型企业，由国家发展改革委、教育部会同相关部门部署实施。上述企业的下属企业或分支机构建设产教融合型企业的，按照属地管理原则实施。

第四章 支持管理措施

第十一条 纳入产教融合型企业建设信息储备库的建设培育企业，省级政府要落实国家支持企业参与举办职业教育的各项优惠政策，实行定期跟踪、跟进服务、确保落地；结合开展产教融合建设试点，在项目审批、购买服务、金融支持、用地政策等方面对建设培育企业给予便利的支持。

第十二条 进入产教融合型企业认证目录的企业，给予“金融+财政+土地+信用”的组合式激励，并按规定落实相关税收政策。激励政策与企业投资兴办职业教育、接收学生实习实训、接纳教师岗位实践、开展校企深度合作、建设产教融合实训基地等工作相挂钩，具体办法另行制定。

第十三条 进入产教融合型企业认证目录的企业，建立实施推进产教融合工作年报制度，报省级发展改革、教育行政部门备案，并按程序向全社会公示。

第十四条 进入产教融合型企业认证目录的企业，每 3 年由省级发展改革、教育行政部门对其进行资格复核，复核合格的继续确认其产教融合型企业资格，不合格的不再保留产教融合型企业资格。

第十五条 进入产教融合型企业认证目录的企业，有下列情况之一的，即取消其资格，且 5 年内不得再行申报。

1. 在申请认证、年度报告或考核过程中弄虚作假，故意提供虚假不实信息的。

2. 在资格期内发生重大环保、安全、质量事故，存在违法违规经营行为的。

3. 侵犯学生人身权利或其他合法权利的。

4. 列入失信联合惩戒对象名单的。

第五章　附　则

第十六条　本办法由国家发展改革委、教育部负责解释。

第十七条　本办法自发布之日起施行。

国家发展改革委　教育部　工业和信息化部　财政部　人力资源社会保障部　国务院国资委关于印发国家产教融合建设试点实施方案的通知

（发改社会〔2019〕1558号）

各省、自治区、直辖市及计划单列市人民政府，国务院有关部委，有关中央高校和中央企业：

《国家产教融合建设试点实施方案》（以下简称《实施方案》）已经中央全面深化改革委员会第九次会议审议通过。经国务院同意，现将《实施方案》印发你们，请结合实际认真贯彻执行。

深化产教融合，促进教育链、人才链与产业链、创新链有机衔接，是推动教育优先发展、人才引领发展、产业创新发展、经济高质量发展相互贯通、相互协同、相互促进的战略性举措。开展国家产教融合建设试点，必须坚持问题导向、改革先行，充分发挥城市承载、行业聚合、企业主体作用。省级政府和试点城市要紧密围绕产教融合制度和模式创新，重点聚焦完善发展规划和资源布局、推进人才培养改革、降低制度性交易成本、创新重大平台载体建设、探索体制机制创新等任务，统筹开展试点，落实支持政策，加强组织实施，确保如期实现试点目标。

请试点建设首批国家产教融合型城市的有关省、自治区、直辖市和计划单列市于2019年11月20日前，按要求将推荐试点城市名单（省级政府推荐一个试点城市，直辖市推荐一个市辖区或国家级新区作为试点核心区，计划单列市整体纳入试点）附试点城市建设方案和改革问题清单、政策清单，报国家发展改革委、教育部。

为统筹做好第一、二批国家产教融合型城市建设试点工作衔接，尽快将改革向全国推开，各地可按《实施方案》要求，自行同步开展省域内试点城市建设培育工作，并认真做好省域内开展产教融合型行业、企业试点工作的组织实施和协调推进。

附件：1. 国家产教融合建设试点实施方案

2. 试点建设首批国家产教融合型城市的省、自治区、直辖市和计划单列市范围

国家发展改革委　教育部　工业和信息化部

财政部　人力资源社会保障部　国资委

2019 年 9 月 25 日

附件 1：

国家产教融合建设试点实施方案

深化产教融合，促进教育链、人才链与产业链、创新链有机衔接，是推动教育优先发展、人才引领发展、产业创新发展、经济高质量发展相互贯通、相互协同、相互促进的战略性举措。为贯彻落实党中央、国务院关于深化产教融合改革部署，在全国统筹开展产教融合型城市、行业、企业建设试点，制定本实施方案。

一、总体要求

（一）指导思想。以习近平新时代中国特色社会主义思想为指导，全面贯彻党的十九大和十九届二中、三中全会精神，深入贯彻全国教育大会精神，坚持新发展理念，坚持发展是第一要务、人才是第一资源、创新是第一动力，把深化产教融合改革作为推进人力人才资源供给侧结构性改革的战略性任务，以制度创新为目标，平台建设为抓手，推动建立城市为节点、行业为支点、企业为重点的改革推进机制，促进教育和产业体系人才、智力、技术、资本、管理等资源要素集聚融合、优势互补，打造支撑高质量发展的新引擎。

（二）试点原则

统筹部署、协调推进。坚持政府主导，发挥市场作用，形成各方协同共进的工作格局。充分发挥城市综合承载改革功能，以城市试点为基础，突出城企校联动，统筹开展行业、企业试点。

优化布局、区域协作。根据国家区域发展战略和产业布局，综合考虑区域发展水平，重点支持有建设基础、改革意愿、带动效应的城市开展试点。承担试点任务的东部地区城市，要围绕打赢脱贫攻坚战，开展结对帮扶和对口支援，带动中西部地区发展。

问题导向、改革先行。集中力量破除体制障碍、领域界限、政策壁垒，

下力气打通改革落地的“最后一公里”。下好改革“先手棋”，健全制度供给和体制机制，重点降低制度性交易成本，推动实现全要素深度融合。

有序推进、力求实效。坚持实事求是、扶优扶强，根据条件成熟程度，分期开展建设试点，不搞平衡照顾，防止形成政策洼地。坚持因地因业制宜，促进建设试点与经济结构调整、产业转型升级紧密结合，推动经济发展质量变革、效率变革、动力变革。

二、试点目标

通过 5 年左右的努力，试点布局建设 50 个左右产教融合型城市，在试点城市及其所在省域内打造形成一批区域特色鲜明的产教融合型行业，在全国建设培育 1 万家以上的产教融合型企业，建立产教融合型企业制度和组合式激励政策体系。通过试点，在产教融合制度和模式创新上为全国提供可复制借鉴的经验，建立健全行业企业深度参与职业教育和高等教育校企合作育人、协同创新的体制机制，推动产业需求更好融入人才培养过程，构建服务支撑产业重大需求的技术技能人才和创新创业人才培养体系，形成教育和产业统筹融合、良性互动的发展格局，基本解决人才供需重大结构性矛盾，教育对经济发展和产业升级的服务贡献显著增强。

三、试点对象

国家产教融合建设试点对象包括：

（一）产教融合型城市。从 2019 年起，在部分省、自治区、直辖市以及计划单列市，试点建设首批 20 个左右产教融合型城市。适时启动第二批试点，将改革向全国推开。试点城市应具有较强的经济产业基础支撑和相对集聚的教育人才资源，具有推进改革的强烈意愿，推出扎实有效的改革举措，发挥先行示范引领作用，确保如期实现试点目标。除计划单列市外，试点城市由省级政府推荐，直辖市推荐市辖区或国家级新区作为试点核心区。面向区域协调发展战略，统筹试点城市布局，中西部地区确定试点城市要适当考虑欠发达地区实际需求。

（二）产教融合型行业。省级政府在推动试点城市全面深化产教融合改革基础上，依托区域优势主导产业或特色产业集群，推进重点行业、重点领域深化产教融合，强化行业主管部门和行业组织在产教融合改革中的协调推动和公共服务职能，打造一批引领产教融合改革的标杆行业。

（三）产教融合型企业。积极建设培育一批深度参与产教融合、校企合作，在职业院校（含技工院校）、高等学校办学和深化改革中发挥重要主体作用，在提升技术技能人才和创新创业人才培养质量上发挥示范引领作用的产教融合型企业。

四、试点任务

在深化产教融合改革中，充分发挥试点城市承载、试点行业聚合、试点企业主体作用，结合深化国家职业教育改革，重点聚焦以下方面先行先试。

（一）完善产教融合发展规划和资源布局。健全产教融合与经济社会发展同步联动规划机制。在城市规划建设、产业园区开发、重大项目布局中，充分考虑教育和人力资源开发需求，将产教融合发展作为基础性要求融入相关政策，同步提出可操作的支持方式、配套措施和项目安排。有条件的地方要以新发展理念规划建设产教融合园区。大力调整优化职业教育布局，推进资源向产业和人口集聚区集中。开展东部对口西部、城市支援农村的职业教育扶贫，推动农村贫困地区学生到城市优质职业院校就学。

（二）推进产教融合校企合作人才培养改革。将培育工匠精神作为中小学劳动教育的重要内容。以生产性实训为关键环节，探索职业教育人才培养新模式。发挥企业重要主体作用，深度开展校企协同育人改革，推进职业院校人才培养与企业联盟、与行业联合、同园区联结，在技术类专业全面推行现代学徒制和企业新型学徒制。重点推动企业通过校企合作等方式构建规范化的技术课程、实习实训和技能评价标准体系，提升承担专业技能教学和实习实训能力，提高企业职工教育培训覆盖水平和质量，推动技术技能人才企业实训制度化。推动大企业参与职业教育和专业学位研究生教育办学，明显提高规模以上工业企业参与校企合作比例。健全需求导向的人才培养结构动态调整机制，建立紧密对接产业链、服务创新链的学科专业体系。推动高等学校和企业面向产业技术重大需求开展人才培养和协同创新，提高应用型人才培养比重。

（三）降低校企双方合作的制度性交易成本。重点解决校企合作信息不对称、对接合作不顺畅、评价导向不一致等突出问题。探索建设区域性产教融合信息服务平台，促进校企各类需求精准对接。常态化、制度化组织各类产教对接活动，推动院校向企业购买技术课程和实训教学服务，建立产业导师特设岗位，推动院校专任教师到企业定期实践锻炼制度化，促进校企人才双向交流。推进行业龙头企业牵头，联合职业院校、高等学校组建实体化运作的产教融合集团（联盟），搭建行业科研创新、成果转化、信息对接、教育服务平台，聚合带动各类中小企业参与。探索校企共建产教融合科技园区、众创空间、中试基地，面向小微企业开放服务。建设校企合作示范项目库。

（四）创新产教融合重大平台载体建设。创新实训基地建设和运行模式，试点城市要按照统筹布局规划、校企共建共享原则建设一批具有辐射引领作用的高水平、专业化产教融合实训基地。产教融合实训基地要更多依托企业建设，优先满足现代农业、先进制造业、战略性新兴产业以及家政、养老、健康、旅游、托育等社会服务产业人才需求。面向高质量发展的若干重点领域，推动“双一流”建设等高校、地方政府、行业企业共建产教融合创新平台，协同开展关键核心技术人才培养、科技创新和学科专业建设，打通基础研究、应用开发、成果转移和产业化链条。

（五）探索产教融合深度发展体制机制创新。健全以企业为重要主导、高校为重要支撑、产业关键核心技术攻关为中心任务的高等教育产教融合创新机制。完善现代学校和企业治理制度，积极推动双方资源、人员、技术、管理、文化全方位融合。围绕生产性实训、技术研发、检验检测关键环节，推动校企依法合资、合作设立实体化机构，实现市场化、专业化运作。各地可在指导开展城市试点基础上，结合实际对省域内推开产教融合型行业、企业试点的具体任务做出规定，制定建设培育产教融合型企业的具体措施。省级政府要统筹资源配置，将承担试点任务、推进改革成效作为项目布局和投资安排的重要因素，积极加大投入，形成激励试点的政策导向和改革推力。开展国家产教融合型企业建设试点的中央企业、全国性特大型民营企业，组织实施工作由国家发展改革委、教育部会同有关部门负责。

五、试点支持政策

（一）落实组合投融资和财政等政策激励。中央预算内投资支持试点城市自主规划建设产教融合实训基地，优先布局建设产教融合创新平台，对建设成效明显的省份和试点城市予以动态奖励。完善政府投资、企业投资、债券融资、开发性金融等组合投融资和产业投资基金支持，对重大项目跟进协调服务，吸引企业等社会力量参与建设。以购买服务、委托管理、合作共建等方式，支持企业参与职业院校办学或举办职业院校。试点企业兴办职业教育符合条件的投资，按规定投资额30%的比例抵免当年应缴教育费附加和地方教育附加。试点企业深化产教融合取得显著成效的，按规定纳入产教融合型企业认证目录，并给予“金融+财政+土地+信用”的组合式激励。全面落实社会力量举办教育可适用的各项财税、投资、金融、用地、价格优惠政策，形成清单向全社会发布。

（二）强化产业和教育政策牵引。鼓励制造业企业为新增先进产能和新上技术改造项目配套建设实训设施，加快培养产业技术技能人才。允许符合条件的试点企业在岗职工以工学交替等方式接受高等职业教育，支持有条件的企业校企共招、联合培养专业学位研究生。以完善“双一流”建设评价为先导，探索建立体现产教融合发展导向的教育评价体系，支持各类院校积极服务、深度融入区域和产业发展，推进产教融合创新。对成效明显的地方和高校在招生计划安排、建设项目投资、学位（专业）点设置等方面予以倾斜支持。

六、试点组织实施

（一）加强组织领导。国家发展改革委、教育部、人力资源社会保障部、财政部、工业和信息化部、国务院国资委等负责国家产教融合建设试点的政策统筹、协调推进。省级政府及相关部门做好区域内建设试点组织实施工作。试点城市要坚持党委领导、政府主导，落实主体责任，将试点任务分解到位、落实到事、责任到人。

（二）健全协调机制。省级政府和试点城市要建立工作协调机制，定期研究工作、及时解决问题。省级人才工作领导小组将深化产教融合改革纳入推进人才发展体制机制改革考核评价重要内容。试点城市要编制改革问题清单、政策清单，逐一落实。

（三）强化总结推广。试点城市通过深化改革探索出的经验办法，特别是建设产教融合型企业有效措施，应及时向省级政府有关部门报送，在省域内复制推广。具有重大示范效应的改革举措，由国家发展改革委、教育部等按程序报批，在全国复制推广。

附件2：

试点建设首批国家产教融合型城市的省、自治区、直辖市和计划单列市范围

省、自治区、直辖市：天津市、河北省、辽宁省、上海市、江苏省、浙江省、安徽省、福建省、江西省、山东省、河南省、湖北省、湖南省、广东省、广西壮族自治区、四川省、陕西省、新疆维吾尔自治区。

计划单列市：宁波市、青岛市、深圳市。

国家发展改革委　市场监管总局关于新时代服务业高质量发展的指导意见

（发改产业〔2019〕1602号）

国务院有关部门，各省、自治区、直辖市及计划单列市、新疆生产建设兵团发展改革委、市场监管局：

为深入贯彻党的十九大精神，落实《中共中央、国务院关于推动高质量发展的意见》要求，促进我国服务业高质量发展，国家发展改革委、市场监管总局制定《关于新时代服务业高质量发展的指导意见》。指导意见突出宏观统筹，围绕制约服务业高质量发展的薄弱环节和共性问题部署任务，分行业高质量发展由行业主管部门部署实施。

一、总体思路

（一）指导思想。

以习近平新时代中国特色社会主义思想为指导，全面贯彻党的十九大和十九届二中、三中全会精神，统筹推进“五位一体”总体布局，协调推进“四个全面”战略布局，坚定践行新发展理念，深化服务业供给侧结构性改革，支持传统服务行业改造升级，大力培育服务业新产业、新业态、新模式，加快发展现代服务业，着力提高服务效率和服务品质，持续推进服务领域改革开放，努力构建优质高效、布局优化、竞争力强的服务产业新体系，不断满足产业转型升级需求和人民美好生活需要，为实现经济高质量发展提供重要支撑。

（二）主要原则。

以人为本，优化供给。坚持以人民为中心的发展思想，更多更好满足多层次多样化服务需求，不断增强人民的获得感、幸福感、安全感。优先补足基本公共服务短板，着力增强非基本公共服务市场化供给能力，实现服务付费可得、价格合理、优质安全，以高质量的服务供给催生创造新的服务需求。

市场导向，品牌引领。顺应产业转型升级新趋势，充分发挥市场配置资源的决定性作用，更好发挥政府作用，在公平竞争中提升服务业竞争力。坚持质量至上、标准规范，树立服务品牌意识，发挥品牌对服务业高质量发展的引领带动作用，着力塑造中国服务品牌新形象。

创新驱动，跨界融合。贯彻创新驱动发展战略，推动服务技术、理念、业态和模式创新，增强服务经济发展新动能。促进服务业与农业、制造业及服务业不同领域间的融合发展，形成有利于提升中国制造核心竞争力的服务能力和服务模式，发挥中国服务与中国制造组合效应。

深化改革，扩大开放。深化服务领域改革，破除制约服务业高质量发展的体制机制障碍，优化政策体系和发展环境，最大限度激发发展活力和潜力。推动服务业在更大范围、更宽领域、更深层次扩大开放，深度参与国际分工合作，鼓励服务业企业在全球范围内配置资源、开拓市场。

（三）总体目标。

到 2025 年，服务业增加值规模不断扩大，占 GDP 比重稳步提升，吸纳就业能力持续加强。服务业标准化、规模化、品牌化、网络化和智能化水平显著提升，生产性服务业效率和专业化水平显著提高，生活性服务业满足人民消费新需求能力显著增强，现代服务业和先进制造业深度融合，公共服务领域改革不断深入。服务业发展环境进一步改善，对外开放领域和范围进一步扩大，支撑经济发展、民生改善、社会进步的功能进一步增强，功能突出、错位发展、网络健全的服务业高质量发展新格局初步形成。

二、重点任务

（一）推动服务创新。

加强技术创新和应用，打造一批面向服务领域的关键共性技术平台，推动人工智能、云计算、大数据等新一代信息技术在服务领域深度应用，提升服务业数字化、智能化发展水平，引导传统服务业企业改造升级，增强个性化、多样化、柔性化服务能力。鼓励业态和模式创新，推动智慧物流、服务外包、医养结合、远程医疗、远程教育等新业态加快发展，引导平台经济、共享经济、体验经济等新模式有序发展，鼓励更多社会主体围绕服务业高质量发展开展创新创业创造。推动数据流动和利用的监管立法，健全知识产权侵权惩罚性赔偿制度，建设国家知识产权服务业集聚发展区。

（二）深化产业融合。

加快发展农村服务业，引导农业生产向生产、服务一体化转型，探索建立农业社会化服务综合平台，推动线上线下有机结合；支持利用农村自然生态、历史遗产、地域人文、乡村美食等资源，发展乡村旅游、健康养老、科普教育、文化创意、农村电商等业态，推动农业“接二连三”。打造工业互联网平台，推动制造业龙头企业技术研发、工业设计、采购分销、生产控制、营运管理、售后服务等环节向专业化、高端化跃升；大力发展服务型制造，鼓励有条件的制造业企业向一体化服务总集成总承包商转变；开展先进制造业与现代服务业融合发展试点。以大型服务平台为基础，以大数据和信息技术为支撑，推动生产、服务、消费深度融合；引导各地服务业集聚区升级发展，丰富服务功能，提升产业能级；推进港口、产业、城市融合发展；深入开展服务业综合改革试点。

（三）拓展服务消费。

补齐服务消费短板，激活幸福产业潜在服务消费需求，全面放开养老服务市场，在扩大试点基础上全面建立长期护理保险制度；简化社会办医审批流程，鼓励有实力的社会机构提供以先进医疗技术为特色的医疗服务；加快建立远程医疗服务体系，推动优质资源下沉扩容；支持社会力量兴办托育服务机构。打造中高端服务消费载体，吸引健康体检、整形美容等高端服务消费回流。推动信息服务消费升级、步行街改造提升，支持有条件的地方建设新兴消费体验中心，开展多样化消费体验活动。鼓励企业围绕汽车、家电等产品更新换代和消费升级，完善维修售后等配套服务体系。着力挖掘农村电子商务和旅游消费潜力，优化农村消费市场环境。完善消费者保护机制，打造一批放心企业、放心网站、放心商圈和放心景区。

（四）优化空间布局。

围绕京津冀协同发展、粤港澳大湾区建设、推进海南全面深化改革开放、长江三角洲区域一体化发展等国家战略，建设国际型、国家级的现代服务经济中心，形成服务业高质量发展新高地。推动城市群和都市圈公共服务均等化和要素市场一体化，构建城市群和都市圈服务网络，促进服务业联动发展和协同创新，形成区域服务业发展新枢纽。强化中小城市服务功能，打造一批服务业特色小镇，形成服务周边、带动农村的新支点。完善海洋服务基础设施，积极发展海洋物流、海洋旅游、海洋信息服务、海洋工程咨询、涉海金融、涉海商务等，构建具有国际竞争力的海洋服务体系。

（五）提升就业能力。

大力发展人力资源服务业，培育专业化、国际化人力资源服务机构，加快人力资源服务产业园建设，鼓励发展招聘、人力资源服务外包和管理咨询、高级人才寻访等业态。支持企业和社会力量兴办职业教育，鼓励发展股份制、混合所有制等多元化职业教育集团（联盟），完善职业教育和培训体系。鼓励普通高等学校、职业院校增设服务业相关专业，对接线上线下教育资源，推动开展产教融合型城市和企业建设试点。围绕家政服务、养老服务、托育服务、健康养生、医疗护理等民生领域服务需求，提升从业人员职业技能，增强服务供需对接能力。

（六）建设服务标准。

瞄准国际标准，推动国际国内服务标准接轨，鼓励社会团体和企业制定高于国家标准或行业标准的团体标准、企业标准。完善商贸旅游、社区服务、物业服务、健康服务、养老服务、休闲娱乐、教育培训、体育健身、家政服务、保安服务等传统服务领域标准，加快电子商务、供应链管理、节能环保、知识产权服务、商务服务、检测认证服务、婴幼儿托育服务、信息技术服务等新兴服务领域标准研制。开展服务标准、服务认证示范，推动企业服务标准自我声明公开和监督制度全面实施。

（七）塑造服务品牌。

支持行业协会、第三方机构和地方政府开展服务品牌培育和塑造工作，树立行业标杆和服务典范，选择产业基础良好、市场化程度较高的行业，率先组织培育一批具有国际竞争力的中国服务品牌和具有地方特色的区域服务品牌。研究建立服务品牌培育和评价标准体系，引导服务业企业树立品牌意识，运用品牌培育的标准，健全品牌营运管理体系。加强服务品牌保护力度，依法依规查处侵权假冒服务品牌行为。开展中国服务品牌宣传、推广活动，以“一带一路”建设为重点，推动中国服务走出去。

（八）改进公共服务。

紧密围绕城乡居民优质便利生活需求，统筹规划公园绿地、无障碍通道、公共交通、停车场地、社区卫生中心、村卫生室、村级综合文化服务中心等基础设施建设，合理布局社区养老、托育中心、便利店、洗衣房、售后维修、物流快递等便民服务设施，提升各类公共文化、体育场馆免费或低收费开放服务水平。制定完整社区建设标准，明确社区各类服务设施配置标准和建设要求。推进政务服务“一网通办”、现场办理“最多跑一次”，提高政府服务群众、服务企业水平和能力。加快政务信息系统整合，建立全国统一、多级互联的数据共享交换平台体系。在保障信息安全前提下，建立健全税务、市场监管、社保、海关、医疗机构等领域的信息查询系统，提高标准化、便利化、规范化水平。建立政务服务“好差评”制度，提高柔性化治理、精细化服务水平。

（九）健全质量监管。

推动服务业企业采用先进质量管理模式方法，公开服务质量信息，实施服务质量承诺，开展第三方认证。制定服务质量监测技术指南等规范，加快构建模型统一、方法一致、结果可比的服务质量监测体系。加强服务质量监测评价技术机构布局建设，服务质量监测评价能力和范围基本覆盖到主要服务行业和公共服务领域，定期通报监测结果，督促引导社会各方提高服务质量水平。加快服务质量监管立法，建立健全服务质量监管协同处置机制，及时依法调查处理重大服务质量安全事件，不断完善服务质量治理体系。

（十）扩大对外开放。

稳步扩大金融业开放，加快电信、教育、医疗、文化等领域开放进程，赋予自贸试验区更大改革自主权。积极引进全球优质服务资源，增强服务业领域国际交流与合作，以“一带一路”建设为重点，引导有条件的企业在全球范围配置资源、拓展市场，推动服务业和制造业协同走出去。大力发展服务贸易，巩固提升旅游、建筑、运输等传统服务贸易，拓展中医药等中国特色服务贸易，培育文化创意、数字服务、信息通讯、现代金融、广告服务等新兴服务贸易，扩大研发设计、节能环保、质量管理等高技术服务进出口。

三、政策保障

（一）优化营商环境。

深化服务业“放管服”改革，进一步压缩企业开办时间和服务商标注册周期。深化企业简易注销改革，试点进一步压缩公告时间和拓展适用范围。取消企业名称预先核准，开展扩大企业名称自主申报改革试点。推动“非禁即入”普遍落实，全面实施市场准入负面清单制度。制定加快放宽服务业市场准入的意见。坚决查处垄断协议、滥用市场支配地位和滥用行政权力排除限制竞争的行为。对服务业新产业、新业态、新模式，坚持包容审慎监管原则，在质量监控、消费维权、税收征管等方面实施线上线下一体化管理。推进服务市场信用体系建设，建立市场主体信用记录，健全对失信主体的惩戒机制。探索建立涉及民生安全的重点服务领域从业人员守信联合激励和失信联合惩戒制度，完善服务消费领域信用信息共享共用机制。加强服务环境综合治理，强化服务业价格监管，及时查处消费侵权等问题。

（二）加大融资支持。

进一步完善有关金融政策，引导金融机构在风险可控、商业可持续的前提下创新机制和产品，按照市场化、商业化原则拓展企业融资渠道。鼓励金融机构积极运用互联网技术，打通企业融资“最后一公里”，更好地满足中小企业融资需求。探索通过新技术、新模式，进一步优化中小企业银行账户服务。发展动产融资，依托现有交易市场，合规开展轻资产交易，缓解中小服务业企业融资难题。引导创业投资加大对中小服务业企业的融资支持，支持符合条件的技术先进型服务业企业上市融资，支持科技型企业利用资本市场做大做强。

（三）强化人才支撑。

鼓励服务业从业人员参加职业技能鉴定（或职业技能等级认定、专项职业能力考核），对通过初次职业技能鉴定并取得职业资格证书（或职业技能登记证书、专项职业能力证书）的，按规定给予一次性职业技能鉴定补贴。进一步畅通非公经济组织人员和自由职业者职称申报渠道。实施更加开放的人才引进政策，加大对海外高端服务业人才的引进力度，改革完善人才培养、使用、评价机制。运用股权激励递延纳税等政策，鼓励服务业企业采用股权激励等中长期激励方式引留人才。完善灵活就业人员社会保险政策。

（四）保障用地需求。

优化土地供应调控机制，保障服务业高质量发展用地需求。适应服务业新产业、新业态、新模式特点，创新用地供给方式。实施"退二进三""退低进高"，对提高自有工业用地容积率用于自营生产性服务业的工业企业，依法按新用途办理相关手续。加强历史建筑的活化利用，有效发挥历史建筑服务功能。

（五）落实财税和价格政策。

落实支持服务业发展的税收优惠政策，做好政策宣传和纳税辅导，确保企业充分享受政策红利。加大政府购买服务力度，扩大购买范围，优化政府购买服务指导性目录，加强购买服务绩效评价。降低一般工商业电价，全面落实工商用电同价政策，推动地方落实国家鼓励类服务业用水与工业同价；在实行峰谷电价的地区，有条件的地方可以开展商业用户选择执行行业平均电价或峰谷分时电价试点。落实社区养老服务机构税费减免、资金支持、水电气热价格优惠等扶持政策。

（六）建立健全统计制度。

健全服务业统计调查制度，建立健全生产性、生活性服务业统计分类，完善统计分类标准和指标体系，提高统计数据及时性和精准度。逐步建立生产性、生活性服务业统计信息定期发布制度，建立健全服务业重点领域统计信息在部门间的共享机制，逐步形成年度、季度信息发布机制。

各地区、各有关部门要强化主体责任，形成工作合力，认真落实指导意见各项任务要求。各地方要加强组织领导，结合实际抓好贯彻落实，切实推动本地区服务业高质量发展，及时向有关部门报告进展情况。各有关部门要按照职责分工，细化制定配套政策，加强对地方工作的督导，推动指导意见有效落实。要充分发挥服务业发展部际联席会议制度作用，细化实化工作任务和完成时限，适时开展服务业高质量发展评估工作，加强对指导意见实施的督促检查，扎实推动服务业高质量发展取得实效。

国家发展改革委　市场监管总局

2019 年 10 月 2 日

国家发展改革委办公厅　商务部办公厅 教育部办公厅　人力资源社会保障部办公厅 全国总工会办公厅　共青团中央办公厅 全国妇联办公厅关于开展 2019—2020 年 家政培训提升行动的通知

（发改办社会〔2019〕769 号）

各省、自治区、直辖市及计划单列市、新疆生产建设兵团发展改革委、商务主管部门、教育厅（局）、人力资源社会保障厅（局）、工会、团委、妇联：

为贯彻落实《国务院办公厅关于促进家政服务业提质扩容的意见》（国办发〔2019〕30 号，以下简称《意见》），加强家政服务人才队伍建设，推进家政服务高质量发展，国家发展改革委、商务部、教育部、人力资源社会保障部、全国总工会、共青团中央、全国妇联决定组织开展 2019—2020 年家政培训提升行动。现将有关事项通知如下。

一、主要目标

通过开展家政培训提升行动，促进各地完善课程设置，推动形成以政府培训为基础、企业培训和实训基地培训为主体、院校培训为支撑的家政人才培训体系，提高家政从业人员的素质，吸引更多劳动者从事家政服务行业，为家政服务高质量发展提供优质人才支撑。到 2020 年底实现 100 万以上人口的城市家政服务实训能力全覆盖，培训数量超过 500 万人（次）。

——全国总工会推进实施“工会技能培训促就业行动”，2020 年底前培训家政从业人员 20 万人（次）。

——全国妇联积极配合政府有关部门，依托巾帼家政协会（联盟）、企业、基地，组织开展家政服务员培训，2020 年底前培训家政从业人员 30 万人（次）。

——其他中央部门、各级地方政府通过职业技能培训、劳动力转移培训等多种方式，2020 年底前培训家政从业人员 150 万人（次）。

——全国各类家政企业、职业技能实训基地 2020 年底前培训家政从业人员 300 万人（次）。

二、培训内容

（一）家政企业职业经理人培训

面向各地家政企业的负责人，通过开展统一授课、考察调研、集中研讨等多种方式，提高家政企业职业经理人管理能力，推动家政企业完善内部管理结构，提高盈利能力，完善商业模式。

（二）家政服务人员培训

面向家政行业一线服务员工，建立岗前短期培训机制，面向有意愿提升技能等级的家政服务员，重点开展养老护理、母婴照料、病患照护、残疾人陪护等领域标准化岗位技能培训，适度拓展心理学、医学、营养学、沟通技巧等基础知识。

家政企业职业经理人和家政服务人员培训情况将纳入家政服务业信用体系。

三、培训形式

（一）政府培训。结合家政服务业提质扩容“领跑者”行动试点，统筹推进家政劳务输出基地建设、“春潮行动”“工会技能培训促就业行动”“巾帼家政服务专项培训工程”等。尤其是加大贫困地区转移劳动力培训力度，保障有意愿从事家政服务行业的劳动力能够享有最基本的培训课程。

（二）企业培训。发挥企业在家政培训提升行动中的主体作用，鼓励企业根据自身实际、客户需求开发特色培训课程体系，综合运用在岗培训、脱产培训、业务研修、技能竞赛等多种方式开展培训活动。

（三）院校培训。依托设置家政服务相关专业的职业院校、普通本科高校，引进消化国际先进课程设计和教学管理体系，与政府、企业合作开展家政企业管理和重点技能提高培训。

（四）实训基地培训。依托产教融合实训基地、公共实训基地、企业培训基地等职业技能实训基地，对新进入家政行业的劳动力进行基础技能培训，对“回炉再造”的家政服务员进行技能提升培训，推动学生到家政企业实习实训制度化、规范化，提高家政企业职工在岗教育培训覆盖水平和质量。

四、保障措施

对开展家政培训提升行动积极主动、成效明显的城市，中央相关部门将尽可能在以下方面给予政策激励、支持：一是支持各地优先将家政龙头企业纳入产教融合型企业建设培育范围。二是加强产教融合实训基地建设。三是推动本科院校或职业院校增设家政服务相关专业。四是所在地符合条件的家政企业通过发行企业债券进行融资。五是鼓励家政企业开展境外并购和股权投资、创业投资。六是支持试点地区运用投资、基金、担保等组合工具支持家政企业发展。七是家政从业人员培训支持政策。

五、工作安排

（一）明确培训计划。各省要根据实际情况，填写培训计划表（见附件），明确年度工作目标、培训形式及保障措施等内容。请各地于2019年7月31日前将计划表联合上报国家发展改革委、商务部、教育部、人力资源社会保障部、全国总工会、共青团中央、全国妇联，电子版同步报送联系人邮箱。

（二）开展培训活动。各地要创新方式，稳步推进，鼓励采取城企联动、跨地区联合、校企合作等多种方式开展培训。国家发展改革委将会同有关部门选取若干地方开展示范培训活动。

（三）总结评估。各地要根据培训方案，及时通报进展情况。国家发展改革委和商务部将会同有关部门建立工作评价机制，适时组织抽查评估，及时总结有益经验和典型做法，及时向全国推广，确保培训工作取得实效。

国家发展改革委办公厅　商务部办公厅　教育部办公厅
人力资源社会保障部办公厅　全国总工会办公厅　共青团中央办公厅
全国妇联办公厅
2019年7月5日

附件

______省（区、市）2019-2020年家政培训提升行动计划表

牵头单位	培训名称	培训时间	培训内容	培训对象	培训形式	资金来源	补贴标准	培训人次

国家发展改革委办公厅　教育部办公厅
关于印发试点建设培育国家产教融合型
企业工作方案的通知

（发改办社会〔2019〕964 号）

各省、自治区、直辖市及计划单列市发展改革委、教育厅（教委），国务院有关部委办公厅，有关中央企业：

按照《国家产教融合建设试点实施方案》和《建设产教融合型企业实施办法（试行）》要求，国家发展改革委、教育部会同工业和信息化部、财政部、人力资源社会保障部、国务院国资委共同研究制定了《试点建设培育国家产教融合型企业工作方案》，现印发你们，请结合实际，认真抓好落实。

国家发展改革委办公厅

教育部办公厅

2019 年 10 月 12 日

试点建设培育国家产教融合型企业工作方案

试点建设培育国家产教融合型企业工作方案为贯彻落实党中央、国务院关于深化产教融合改革，支持大企业举办高质量职业教育的决策部署，稳妥有序开展国家产教融合型企业试点建设培育工作，制定本工作方案。

一、试点目标任务

聚焦经济高质量发展的关键领域，发挥大企业深化产教融合改革示范引领作用，力争到 2022 年，以中央企业和全国性特大型民营企业为重点，建设培育若干国家产教融合型企业（首批拟建设培育 20 家左右），努力使其成为引领推动所在行业领域深化产教融合改革的领军企业，在全国带动建设培育数以万计的制造业转型升级优质企业、急需紧缺产业领域重点企业以及养老、家政、托幼、健康等社会领域龙头企业的产教融合型企业。

二、试点重点领域

重点围绕现代农业、高端装备、智能制造、新一代信息技术、汽车船舶、航空航天、钢铁冶金、能源交通、节能环保、建筑装配、高端软件、普惠金融、社会民生等领域，建设培育国家产教融合型企业。根据试点开展情况，扎实有序拓展试点重点领域范围。

三、试点工作机制

试点建设培育国家产教融合型企业，坚持政府引导、企业自愿、平等择优、先建后认、动态实施基本原则，按照自愿申报、复核确认、建设培育、认证评价等程序开展国家产教融合型企业建设实施。国家发展改革委、教育部会同有关部门建立工作协调机制，共同负责建设培育国家产教融合型企业的政策统筹、组织管理和监督实施工作，将建设国家产教融合型企业纳入国家产教融合建设试点统筹推进。

四、主要工作任务

（一）明确试点建设培育基本条件。国家发展改革委、教育部在深入调查研究和广泛征求意见基础上，商有关部门提出试点建设培育的企业重点行业领域，结合《建设产教融合型企业实施办法（试行）》的有关规定，明确试点建设培育国家产教融合型企业基本条件。国家发展改革委、教育部结合试点开展情况，可适时对基本条件作出调整。（国家发展改革委、教育部负责）

（二）建立公开多元信息征集通道。坚持社会公开征集、有关部门和地方推荐相结合。国家发展改革委、教育部共同向社会公开发布征集建设产教融合型企业的通知，指导有试点意愿、符合基本条件的企业按要求填报申报表并提供相关支撑材料。国务院国资委、全国工商联以及财政部、工业和信息化部、人力资源社会保障部、农业农村部、商务部、交通运输部、住房和城乡建设部、国家能源局等部门以及省级发展改革、教育行政部门可按规定向国家发展改革委、教育部推荐相应行业和地区试点企业，并根据职能职责，协同做好相关政策支持和推进实施工作。全国性特大型民营企业参与试点的由所在地省级发展改革、教育行政部门推荐并负责对其申报信息进行核实。有关部门和地方推荐的企业申报信息应由推荐单位负责核实。（国家发展改革委、教育部负责，有关部门参加）

（三）委托开展第三方咨询评议。教育部、国家发展改革委、财政部、人力资源社会保障部、工业和信息化部、国务院国资委等推荐专家组建国家产教融合型企业建设咨询专家组，对照相关条件和标准，按要求对申报企业信息进行复核评议，提出试点建设培育企业数量、范围以及认证标准和评价办法等决策咨询建议。教育部负责组织专家组开展日常工作。（教育部牵头，有关部门参加）

（四）按程序报批开展建设培育。试点建设培育企业建议名单由国家发展改革委、教育部报请国务院职业教育工作部际联席会议审议通过后，按程序向社会公示。公示无异议的，纳入国家产教融合型企业建设信息储备库，按规定开展建设培育工作。（国家发展改革委、教育部负责）

五、其他相关工作

为落实放管服改革要求，简化工作程序，国家发展改革委、教育部建立国家产教融合型企业建设信息服务平台。企业通过平台认真据实填报有关情况。经核查存在弄虚作假，故意提供虚假不实信息的企业，5 年内取消建设培育申报资格。建设培育成绩突出且符合相关要求的企业，可按规定整体纳入国家产教融合型企业认证目录，给予金融+财政+土地+信用组合式激励。

附件：1. 试点建设培育国家产教融合型企业基本条件

2. 企业经营财务指标参考标准

附件 1：

试点建设培育国家产教融合型企业基本条件（2019 年版）

中央企业和全国性特大型民营企业整体申报建设培育国家产教融合型企业的，需符合国家发展改革委、教育部印发的《建设产教融合型企业实施办法（试行）》中规定的产教融合型企业建设培育条件，还应符合以下 4 项基本条件。

1. 中央企业应纳入国务院国资委代表国务院履行出资人职责的国家出资企业名录，或中央直接管理的其他企业。民营企业（含外商投资企业）主要经营财务指标应处于行业或区域领先地位（附后）。企业应有引领相关领域深化产教融合，推动建设全国性产教融合型行业的愿景、基础和能力，力争成为国家产教融合领军企业。

2. 企业在岗职工总数 5 万人以上，近三年年均吸纳新增就业人数达 1000 人以上。以重点领域关键核心技术研发为主业的中央企业在岗职工总数 2 万人以上，近三年年均吸纳新增就业人数达 500 人以上。

3. 足额提取职工教育经费，上一年度职工教育经费 1 亿元以上，近 3 年内开展在岗职工培训累计 1 万人次以上。

4. 企业应建立一线技术人员或管理研发人员到职业院校或高等学校兼职制度，或者依托企业建设“双师型”教师培养培训基地。申请试点建设培育国家产教融合型企业，需至少具备以下可选基本条件的 2 项。

1. 直接作为举办者独立举办 1 家以上职业院校（含技工院校，下同）或高等学校，年招收全日制学生共 1500 人以上，全日制在校生共 4000 人以上。

2. 建设完善标准化、规范化的实习实训设施，开展现代学徒制、企业新型学徒制或 1+X 证书制度试点，近 3 年内接收职业院校或高等学校学生（含军队院校专业技术学员）开展每年 3 个月以上实习实训累计达 3000 人以上。

3. 通过校企共建企业大学、职工继续教育基地等，面向社会开展技术技能培训服务，年对外开展培训覆盖 5 万人次以上。

4. 校企合作共建产教融合实训基地、产教融合创新平台等国家规划布局的产教融合重大项目，近 3 年内累计建设投资和基本运行费用支出达 1 亿元以上。

5. 企业近 3 年与职业院校、高等学校开展有实际内容、具体项目的校企合作经费支出（不含捐赠设备以及实训基地建设运行费用）超过 3000 万元以上。

6. 企业属于集团企业的，其下属成员单位（含全资子公司、控股子公司）3 家以上纳入省级政府产教融合型企业重点建设培育范围。

7. 牵头设立实体化运作的行业性产教融合集团（联盟），设立负责推进产教融合相应工作机构并配备专门人员力量。

企业应深度参与职业教育国家教学标准开发，深度参与院校专业人才培养方案制定实施、课程教材开发，广泛接纳教师岗位实践。企业举办民办学校，学校办学主干专业等与企业实际主要业务关系不直接或不密切的，或企业以民办学校学费为其主要收入来源的，可按照主营业务为教育培训服务，原则上不纳入试点建设培育范围。

附件 2：

企业经营财务指标参考标准

序号	国民经济行业分类	资产总额（亿元）	营业收入（亿元）	资产负债率
第一类	农林渔牧业；批发和零售业；住宿和餐饮业；租赁和商业服务业；科学研究和技术服务业；居民服务、修理和其他服务业；教育；卫生和社会工作；文化、体育和娱乐业。	>1000	>1000	不超过所在行业资产负债率重点监管线；未明确重点监管线的，原则上资产负债率不得超过 85%。
第二类	交通运输、仓储和邮政业；水利、环境和公共设施管理业；电力、热力、燃气及水生产和供应业；综合。	>1000	>1000	
第三类	采矿业；制造业；信息传输、软件和信息技术服务业。	>1200	>800	
第四类	建筑业；房地产业。	>1500	>300	

注：1. 资产总额、营业收入可按照企业最近一年经审计财务数据或最近三年经审计财务数据的平均数计算。申报企业原则上应同时满足该两项指标，其中，第一类企业满足资产总额或营业收入指标其一即可。

2. 资产负债率按照企业最近一年经审计财务数据计算。资产负债率重点监管线按照《中共中央办公厅国务院办公厅关于加强国有企业资产负债约束的指导意见》要求，由相关部门确定。

3. 区域领先的优质企业，由各省、自治区、直辖市或计划单列市发展改革部门根据区域经济发展情况并参照以上标准从严择优推荐。

4. 国家结合经济社会发展，适时调整优质企业经营财务指标参考标准。

教育部　国家发展改革委　工业和信息化部　财政部　人力资源社会保障部　国家税务总局关于印发《职业学校校企合作促进办法》的通知

（教职成〔2018〕1号）

各省、自治区、直辖市教育厅（教委）、发展改革委、工业和信息化厅（经济信息化委）、财政厅（局）、人力资源社会保障厅（局）、国家税务局、地方税务局，新疆生产建设兵团教育局、发展改革委、工信委、财政局、人力资源社会保障局，有关单位：

产教融合、校企合作是职业教育的基本办学模式，是办好职业教育的关键所在。为深入贯彻落实党的十九大精神，落实《国务院关于加快发展现代职业教育的决定》要求，完善职业教育和培训体系，深化产教融合、校企合作，教育部会同国家发展改革委、工业和信息化部、财政部、人力资源社会保障部、国家税务总局制定了《职业学校校企合作促进办法》（以下简称《办法》）。现将《办法》印发给你们，请结合本地区、本部门实际情况贯彻落实。

教育部　国家发展改革委　工业和信息化部
财政部　人力资源社会保障部　国家税务总局
2018年2月5日

职业学校校企合作促进办法

第一章　总　则

第一条　为促进、规范、保障职业学校校企合作，发挥企业在实施职业教育中的重要办学主体作用，推动形成产教融合、校企合作、工学结合、知行合一的共同育人机制，建设知识型、技能型、创新型劳动者大军，完善现代职业教育制度，根据《教育法》《劳动法》《职业教育法》等有关法律法规，制定本办法。

第二条 本办法所称校企合作是指职业学校和企业通过共同育人、合作研究、共建机构、共享资源等方式实施的合作活动。

第三条 校企合作实行校企主导、政府推动、行业指导、学校企业双主体实施的合作机制。国务院相关部门和地方各级人民政府应当建立健全校企合作的促进支持政策、服务平台和保障机制。

第四条 开展校企合作应当坚持育人为本，贯彻国家教育方针，致力培养高素质劳动者和技术技能人才；坚持依法实施，遵守国家法律法规和合作协议，保障合作各方的合法权益；坚持平等自愿，调动校企双方积极性，实现共同发展。

第五条 国务院教育行政部门负责职业学校校企合作工作的综合协调和宏观管理，会同有关部门做好相关工作。

县级以上地方人民政府教育行政部门负责本行政区域内校企合作工作的统筹协调、规划指导、综合管理和服务保障；会同其他有关部门根据本办法以及地方人民政府确定的职责分工，做好本地校企合作有关工作。

行业主管部门和行业组织应当统筹、指导和推动本行业的校企合作。

第二章　合作形式

第六条 职业学校应当根据自身特点和人才培养需要，主动与具备条件的企业开展合作，积极为企业提供所需的课程、师资等资源。

企业应当依法履行实施职业教育的义务，利用资本、技术、知识、设施、设备和管理等要素参与校企合作，促进人力资源开发。

第七条 职业学校和企业可以结合实际在人才培养、技术创新、就业创业、社会服务、文化传承等方面，开展以下合作：

（一）根据就业市场需求，合作设置专业、研发专业标准，开发课程体系、教学标准以及教材、教学辅助产品，开展专业建设；

（二）合作制定人才培养或职工培训方案，实现人员互相兼职，相互为学生实习实训、教师实践、学生就业创业、员工培训、企业技术和产品研发、成果转移转化等提供支持；

（三）根据企业工作岗位需求，开展学徒制合作，联合招收学员，按照工学结合模式，实行校企双主体育人；

（四）以多种形式合作办学，合作创建并共同管理教学和科研机构，建设实习实训基地、技术工艺和产品开发中心及学生创新创业、员工培训、技能鉴定等机构；

（五）合作研发岗位规范、质量标准等；

（六）组织开展技能竞赛、产教融合型企业建设试点、优秀企业文化传承和社会服务等活动；

（七）法律法规未禁止的其他合作方式和内容。

第八条 职业学校应当制定校企合作规划，建立适应开展校企合作的教育教学组织方式和管理制度，明确相关机构和人员，改革教学内容和方式方法、健全质量评价制度，为合作企业的人力资源开发和技术升级提供支持与服务；增强服务企业特别是中小微企业的技术和产品研发的能力。

第九条 职业学校和企业开展合作，应当通过平等协商签订合作协议。合作协议应当明确规定合作的目标任务、内容形式、权利义务等必要事项，并根据合作的内容，合理确定协议履行期限，其中企业接收实习生的，合作期限应当不低于 3 年。

第十条 鼓励有条件的企业举办或者参与举办职业学校，设置学生实习、学徒培养、教师实践岗位；鼓励规模以上企业在职业学校设置职工培训和继续教育机构。企业职工培训和继续教育的学习成果，可以依照有关规定和办法与职业学校教育实现互认和衔接。

企业开展校企合作的情况应当纳入企业社会责任报告。

第十一条 职业学校主管部门应当会同有关部门、行业组织，鼓励和支持职业学校与相关企业以组建职业教育集团等方式，建立长期、稳定合作关系。

职业教育集团应当以章程或者多方协议等方式，约定集团成员之间合作的方式、内容以及权利义务关系等事项。

第十二条 职业学校和企业应建立校企合作的过程管理和绩效评价制度，定期对合作成效进行总结，共同解决合作中的问题，不断提高合作水平，拓展合作领域。

第三章 促进措施

第十三条 鼓励东部地区的职业学校、企业与中西部地区的职业学校、企业开展跨区校企合作，带动贫困地区、民族地区和革命老区职业教育的发展。

第十四条 地方人民政府有关部门在制定产业发展规划、产业激励政策、脱贫攻坚规划时，应当将促进企业参与校企合作、培养技术技能人才作为重要内容，加强指导、支持和服务。

第十五条 教育、人力资源社会保障部门应当会同有关部门，建立产教融合信息服务平台，指导、协助职业学校与相关企业建立合作关系。

行业主管部门和行业组织应当充分发挥作用，根据行业特点和发展需要，组织和指导企业提出校企合作意向或者规划，参与校企合作绩效评价，并提供相应支持和服务，推进校企合作。

鼓励有关部门、行业、企业共同建设互联互通的校企合作信息化平台，引导各类社会主体参与平台发展、实现信息共享。

第十六条 教育行政部门应当把校企合作作为衡量职业学校办学水平的基本指标，在院校设置、专业审批、招生计划、教学评价、教师配备、项目支持、学校评价、人员考核等方面提出相应要求；对校企合作设置的适应就业市场需求的新专业，应当予以支持；应当鼓励和支持职业学校与企业合作开设专业，制定专业标准、培养方案等。

第十七条 职业学校应当吸纳合作关系紧密、稳定的企业代表加入理事会（董事会），参与学校重大事项的审议。

职业学校设置专业，制定培养方案、课程标准等，应当充分听取合作企业的意见。

第十八条 鼓励职业学校与企业合作开展学徒制培养。开展学徒制培养的学校，在招生专业、名额等方面应当听取企业意见。有技术技能人才培养能力和需求的企业，可以与职业学校合作设立学徒岗位，联合招收学员，共同确定培养方案，以工学结合方式进行培养。

教育行政部门、人力资源社会保障部门应当在招生计划安排、学籍管理等方面予以倾斜和支持。

第十九条 国家发展改革委、教育部会同人力资源社会保障部、工业和信息化部、财政部等部门建立工作协调机制，鼓励省级人民政府开展产教融合型企业建设试点，对深度参与校企合作，行为规范、成效显著、具有较大影响力的企业，按照国家有关规定予以表彰和相应政策支持。各级工业和信息化行政部门应当把企业参与校企合作的情况，作为服务型制造示范企业及其他有关示范企业评选的重要指标。

第二十条 鼓励各地通过政府和社会资本合作、购买服务等形式支持校企合作。鼓励各地采取竞争性方式选择社会资本，建设或者支持企业、学校建设公共性实习实训、创新创业基地、研发实践课程、教学资源等公共服务项目。按规定落实财税用地等政策，积极支持职业教育发展和企业参与办学。

鼓励金融机构依法依规审慎授信管理，为校企合作提供相关信贷和融资支持。

第二十一条 企业因接收学生实习所实际发生的与取得收入有关的合理支出，以及企业发生的职工教育经费支出，依法在计算应纳税所得额时扣除。

第二十二条 县级以上地方人民政府对校企合作成效显著的企业，可以按规定给予相应的优惠政策；应当鼓励职业学校通过场地、设备租赁等方式与企业共建生产型实训基地，并按规定给予相应的政策优惠。

第二十三条 各级人民政府教育、人力资源社会保障等部门应当采取措施，促进职业学校与企业人才的合理流动、有效配置。

职业学校可在教职工总额中安排一定比例或者通过流动岗位等形式，用于面向社会和企业聘用经营管理人员、专业技术人员、高技能人才等担任兼职教师。

第二十四条 开展校企合作企业中的经营管理人员、专业技术人员、高技能人才，具备职业学校相应岗位任职条件，经过职业学校认定和聘任，可担任专兼职教师，并享受相关待遇。上述企业人员在校企合作中取得的教育教学成果，可视同相应的技术或科研成果，按规定予以奖励。

职业学校应当将参与校企合作作为教师业绩考核的内容，具有相关企业或生产经营管理一线工作经历的专业教师在评聘和晋升职务（职称）、评优表彰等方面，同等条件下优先对待。

第二十五条 经所在学校或企业同意，职业学校教师和管理人员、企业经营管理和技术人员根据合作协议，分别到企业、职业学校兼职的，可根据有关规定和双方约定确定薪酬。

职业学校及教师、学生拥有知识产权的技术开发、产品设计等成果，可依法依规在企业作价入股。职业学校和企业对合作开发的专利及产品，根据双方协议，享有使用、处置和收益管理的自主权。

第二十六条 职业学校与企业就学生参加跟岗实习、顶岗实习和学徒培养达成合作协议的，应当签订学校、企业、学生三方协议，并明确学校与企业在保障学生合法权益方面的责任。

企业应当依法依规保障顶岗实习学生或者学徒的基本劳动权益，并按照有关规定及时足额支付报酬。任何单位和个人不得克扣。

第二十七条 推动建立学生实习强制保险制度。职业学校和实习单位应根据有关规定，为实习学生投保实习责任保险。职业学校、企业应当在协议中约定为实习学生投保实习责任保险的义务与责任，健全学生权益保障和风险分担机制。

第四章　监督检查

第二十八条　各级人民政府教育督导委员会负责对职业学校、政府落实校企合作职责的情况进行专项督导，定期发布督导报告。

第二十九条　各级教育、人力资源社会保障部门应当将校企合作情况作为职业学校办学业绩和水平评价、工作目标考核的重要内容。

各级人民政府教育行政部门会同相关部门以及行业组织，加强对企业开展校企合作的监督、指导，推广效益明显的模式和做法，推进企业诚信体系建设，做好管理和服务。

第三十条　职业学校、企业在合作过程中不得损害学生、教师、企业员工等的合法权益；违反相关法律法规规定的，由相关主管部门责令整改，并依法追究相关单位和人员责任。

第三十一条　职业学校、企业骗取和套取政府资金的，有关主管部门应当责令限期退还，并依法依规追究单位及其主要负责人、直接负责人的责任；构成犯罪的，依法追究刑事责任。

第五章　附　则

第三十二条　本办法所称的职业学校，是指依法设立的中等职业学校（包括普通中等专业学校、成人中等专业学校、职业高中学校、技工学校）和高等职业学校。

本办法所称的企业，指在各级工商行政管理部门登记注册的各类企业。

第三十三条　其他层次类型的高等学校开展校企合作，职业学校与机关、事业单位、社会团体等机构开展合作，可参照本办法执行。

第三十四条　本办法自 2018 年 3 月 1 日起施行。

教育部关于印发《教育信息化2.0行动计划》的通知

（教技〔2018〕6号）

各省、自治区、直辖市教育厅（教委），各计划单列市教育局，新疆生产建设兵团教育局，部属各高等学校：

为深入贯彻落实党的十九大精神，办好网络教育，积极推进“互联网+教育”发展，加快教育现代化和教育强国建设，我部研究制定了《教育信息化2.0行动计划》，现印发给你们，请结合本地、本单位工作实际，认真贯彻执行。

教育部

2018年4月13日

教育信息化2.0行动计划

为深入贯彻落实党的十九大精神，加快教育现代化和教育强国建设，推进新时代教育信息化发展，培育创新驱动发展新引擎，结合国家“互联网+”、大数据、新一代人工智能等重大战略的任务安排和《国家中长期教育改革和发展规划纲要（2010—2020年）》《国家教育事业发展“十三五”规划》《教育信息化十年发展规划（2011—2020年）》《教育信息化“十三五”规划》等文件要求，制定本计划。

一、重要意义

党的十九大作出中国特色社会主义进入新时代的重大判断，开启了加快教育现代化、建设教育强国的新征程。站在新的历史起点，必须聚焦新时代对人才培养的新需求，强化以能力为先的人才培养理念，将教育信息化作为教育系统性变革的内生变量，支撑引领教育现代化发展，推动教育理念更新、模式变革、体系重构，使我国教育信息化发展水平走在世界前列，发挥全球引领作用，为国际教育信息化发展提供中国智慧和中国方案。新时代赋予了教育信息化新的使命，也必然带动教育信息化从1.0时代进入2.0时代。为引领推动教育信息化转段升级，提出教育信息化2.0行动计划。

教育信息化2.0行动计划是在历史成就基础上实现新跨越的内在需求。党的十八大以来，我国教育信息化事业实现了前所未有的快速发展，取得了全方位、历史性成就，实现了“三通两平台”建设与应用快速推进、教师信息技术应用能力明显提升、信息化技术水平显著提高、信息化对教育改革发展的推动作用大幅提升、国际影响力显著增强等“五大进展”，在构建教育信息化应用模式、建立全社会参与的推进机制、探索符合国情的教育信息化发展路子上实现了“三大突破”，为新时代教育信息化的进一步发展奠定了坚实的基础。

教育信息化2.0行动计划是顺应智能环境下教育发展的必然选择。教育信息化2.0行动计划是推进“互联网+教育”的具体实施计划。人工智能、大数据、区块链等技术迅猛发展，将深刻改变人才需求和教育形态。智能环境不仅改变了教与学的方式，而且已经开始深入影响到教育的理念、文化和生态。主要发达国家均已意识到新形势下教育变革势在必行，从国家层面发布教育创新战略，设计教育改革发展蓝图，积极探索新模式、开发新产品、推进新技术支持下的教育教学创新。我国已发布《新一代人工智能发展规划》，强调发展智能教育，主动应对新技术浪潮带来的新机遇和新挑战。

教育信息化2.0行动计划是充分激发信息技术革命性影响的关键举措。经过多年来的探索实践，信息技术对教育的革命性影响已初步显现，但与新时代的要求仍存在较大差距。数字教育资源开发与服务能力不强，信息化学习环境建设与应用水平不高，教师信息技术应用能力基本具备但信息化教学创新能力尚显不足，信息技术与学科教学深度融合不够，高端研究和实践人才依然短缺。充分激发信息技术对教育的革命性影响，推动教育观念更新、模式变革、体系重构，需要针对问题举起新旗帜、提出新目标、运用新手段、制定新举措。

教育信息化2.0行动计划是加快实现教育现代化的有效途径。没有信息化就没有现代化，教育信息化是教育现代化的基本内涵和显著特征，是“教育现代化2035”的重点内容和重要标志。教育信息化具有突破时空限制、快速复制传播、呈现手段丰富的独特优势，必将成为促进教育公平、提高教育质量的有效手段，必将成为构建泛在学习环境、实现全民终身学习的有力支撑，必将带来教育科学决策和综合治理能力的大幅提高。以教育信息化支撑引领教育现代化，是新时代我国教育改革发展的战略选择，对于构建教育强国和人力资源强国具有重要意义。

二、总体要求

（一）指导思想

以习近平新时代中国特色社会主义思想为指导，全面贯彻党的十九大精神，围绕加快教育现代化和建设教育强国新征程，落实立德树人根本任务，因应信息技术特别是智能技术的发展，积极推进“互联网+教育”，坚持信息技术与教育教学深度融合的核心理念，坚持应用驱动和机制创新的基本方针，建立健全教育信息化可持续发展机制，构建网络化、数字化、智能化、个性化、终身化的教育体系，建设人人皆学、处处能学、时时可学的学习型社会，实现更加开放、更加适合、更加人本、更加平等、更加可持续的教育，推动我国教育信息化整体水平走在世界前列，真正走出一条中国特色的教育信息化发展路子。

（二）基本原则

坚持育人为本。面向新时代和信息社会人才培养需要，以信息化引领构建以学习者为中心的全新教育生态，实现公平而有质量的教育，促进人的全面发展。

坚持融合创新。发挥技术优势，变革传统模式，推进新技术与教育教学的深度融合，真正实现从融合应用阶段迈入创新发展阶段，不仅实现常态化应用，更要达成全方位创新。

坚持系统推进。统筹各级各类教育的育人目标和信息化发展需求，兼顾点与面、信息化推进与教育改革发展，实现教学与管理、技能与素养、小资源与大资源等协调发展。

坚持引领发展。构建与国家经济社会和教育发展水平相适应的教育信息化体系，支撑引领教育现代化发展，形成新时代的教育新形态、新模式、新业态。

三、目标任务

（一）基本目标

通过实施教育信息化2.0行动计划，到2022年基本实现“三全两高一大”的发展目标，即教学应用覆盖全体教师、学习应用覆盖全体适龄学生、数字校园建设覆盖全体学校，信息化应用水平和师生信息素养普遍提高，建成“互联网+教育”大平台，推动从教育专用资源向教育大资源转变、从提升师生信息技术应用能力向全面提升其信息素养转变、从融合应用向创新发展转变，努力构建“互联网+”条件下的人才培养新模式、发展基于互联网的教育服务新模式、探索信息时代教育治理新模式。

（二）主要任务

继续深入推进“三通两平台”，实现三个方面普及应用。“宽带网络校校通”实现提速增智，所有学校全部接入互联网，带宽满足信息化教学需求，无线校园和智能设备应用逐步普及。“优质资源班班通”和“网络学习空间人人通”实现提质增效，在“课堂用、经常用、普遍用”的基础上，形成“校校用平台、班班用资源、人人用空间”。教育资源公共服务平台和教育管理公共服务平台实现融合发展。实现信息化教与学应用覆盖全体教师和全体适龄学生，数字校园建设覆盖各级各类学校。

持续推动信息技术与教育深度融合，促进两个方面水平提高。促进教育信息化从融合应用向创新发展的高阶演进，信息技术和智能技术深度融入教育全过程，推动改进教学、优化管理、提升绩效。全面提升师生信息素养，推动从技术应用向能力素质拓展，使之具备良好的信息思维，适应信息社会发展的要求，应用信息技术解决教学、学习、生活中问题的能力成为必备的基本素质。加强教育信息化从研究到应用的系统部署、纵深推进，形成研究一代、示范一代、应用一代、普及一代的创新引领、压茬推进的可持续发展态势。

构建一体化的“互联网+教育”大平台。引入“平台+教育”服务模式，整合各级各类教育资源公共服务平台和支持系统，逐步实现资源平台、管理平台的互通、衔接与开放，建成国家数字教育资源公共服务体系。充分发挥市场在资源配置中的作用，融合众筹众创，实现数字资源、优秀师资、教育数据、信息红利的有效共享，助力教育服务供给模式升级和教育治理水平提升。

四、实施行动

（一）数字资源服务普及行动

建成国家教育资源公共服务体系，国家枢纽和国家教育资源公共服务平台、32 个省级体系全部连通，数字教育资源实现开放共享，教育大资源开发利用机制全面形成。

完善数字教育资源公共服务体系。建成互联互通、开放灵活、多级分布、覆盖全国、共治共享、协同服务的国家数字教育资源公共服务体系，国家枢纽连通国家教育资源公共服务平台和所有省级体系。建立国家数字教育资源公共服务体系联盟，发布系列技术和功能标准规范，探索资源共享新机制，提升数字教育资源服务供给能力，有效支撑学校和师生开展信息化教学应用。

优化“平台+教育”服务模式与能力。依托国家数字教育资源公共服务体系，初步形成覆盖全国的数字教育资源版权保护和共享交易机制，利用平台模式实现资源众筹众创，改变数字教育资源自产自销的传统模式，解决资源供需瓶颈问题。完善优课服务，发挥“一师一优课、一课一名师”示范引领作用，形成覆盖基础教育阶段所有学段、学科的生成性资源体系。升级职业教育专业教学资源库建设，丰富职业教育学习资源系统。提升慕课服务，汇聚高校、企业等各方力量，提供精品大规模在线开放课程，达成优质的个性化学习体验，满足学习者、教学者和管理者的个性化需求。

实施教育大资源共享计划。拓展完善国家数字教育资源公共服务体系，推进开放资源汇聚共享，打破教育资源开发利用的传统壁垒，利用大数据技术采集、汇聚互联网上丰富的教学、科研、文化资源，为各级各类学校和全体学习者提供海量、适切的学习资源服务，实现从“专用资源服务”向“大资源服务”的转变。

（二）网络学习空间覆盖行动

规范网络学习空间建设与应用，保障全体教师和适龄学生“人人有空间”，开展校长领导力和教师应用力培训，普及推广网络学习空间应用，实现“人人用空间”。

引领推动网络学习空间建设与应用。制订网络学习空间建设与应用规范，明确网络学习空间的定义与内涵、目标与流程、功能与管理。印发加快推进“网络学习空间人人通”的指导意见，推动各地网络学习空间的普及应用。

持续推进“网络学习空间人人通”专项培训。继续开展职业院校和中小学校长、骨干教师的“网络学习空间人人通”专项培训，在中国移动、中国电信、中国联通的支持下，培训1万名中小学校长、2万名中小学教师、3000名职业院校校长、6000名职业院校教师，并带动地方开展更大范围的培训。

开展网络学习空间应用普及活动。依托国家数字教育资源公共服务体系，组织广大师生开通实名制网络学习空间，促进网络学习空间与物理学习空间的融合互动。开展空间应用优秀区域、优秀学校的展示推广活动，推进网络学习空间在网络教学、资源共享、教育管理、综合素质评价等方面的应用，实现网络学习空间应用从“三个率先”向全面普及发展，推动实现“一人一空间”，使网络学习空间真正成为广大师生利用信息技术开展教与学活动的主阵地。

建设国家学分银行和终身电子学习档案。加快推进国家学分银行建设，推动基础教育、职业教育、高等教育、继续教育机构逐步实行统一的学分制，加快实现各级各类教育纵向衔接、横向互通，为每一位学习者提供能够记录、存储学习经历和成果的个人学习账号，建立个人终身电子学习档案，对学习者的各类学习成果进行统一的认证与核算，使其在各个阶段通过各种途径获得的学分可以得到积累或转换。被认定的学分，按照一定的标准和程序可累计作为获取学历证书、职业资格证书或培训证书的凭证。

（三）网络扶智工程攻坚行动

大力支持以“三区三州”为重点的深度贫困地区教育信息化发展，促进教育公平和均衡发展，有效提升教育质量，推进网络条件下的精准扶智，服务国家脱贫攻坚战略部署。

支持“三区三州”教育信息化发展。通过中国移动、中国电信、中国联通等企业和社会机构的支持，在“三区三州”等地开展“送培到家”活动，加强教育信息化领导力培训和教师信息化教学能力培训，推动国家开放大学云教室建设，开展信息化教学设备捐赠、优质数字教育资源共享、教育信息化应用服务等系列活动，落实教育扶贫和网络扶贫的重点任务，助力提升深度贫困地区教育质量和人才培养能力，服务地方、区域经济社会发展。

推进网络条件下的精准扶智。坚持“扶贫必扶智”，引导教育发达地区与薄弱地区通过信息化实现结对帮扶，以专递课堂、名师课堂、名校网络课堂等方式，开展联校网教、数字学校建设与应用，实现“互联网+”条件下的区域教育资源均衡配置机制，缩小区域、城乡、校际差距，缓解教育数字鸿沟问题，实现公平而有质量的教育。

（四）教育治理能力优化行动

完善教育管理信息化顶层设计，全面提高利用大数据支撑保障教育管理、决策和公共服务的能力，实现教育政务信息系统全面整合和政务信息资源开放共享。

提高教育管理信息化水平。制订进一步加强教育管理信息化的指导意见，优化教育业务管理信息系统，深化教育大数据应用，全面提升教育管理信息化支撑教育业务管理、政务服务、教学管理等工作的能力。充分利用云计算、大数据、人工智能等新技术，构建全方位、全过程、全天候的支撑体系，助力教育教学、管理和服务的改革发展。

推进教育政务信息系统整合共享。以“互联互通、信息共享、业务协同”为目标，完成教育政务信息系统整合工作。建立“覆盖全国、统一标准、上下联动、资源共享”的教育政务信息资源大数据，打破数据壁垒，实现一数一源和伴随式数据采集。完善教育数据标准规范，促进政务数据分级分层有效共享，避免数据重复采集，优化业务管理，提升公共服务，促进决策支持。

推进教育“互联网+政务服务”。连接教育政务信息数据和社会宏观治理数据，建立教育部“互联网+政务服务”网上办事大厅，实现政务服务统一申请、集中办理、统一反馈和全流程监督，分步实施教育政务数据的共享开放，做到事项清单标准化、办事指南规范化、审查工作细则化和业务办理协同化，实现“一张表管理”和“一站式服务”，切实让百姓少跑腿、数据多跑路，增强人民群众获得感。

（五）百区千校万课引领行动

结合教育信息化各类试点和“信息技术与教育深度融合示范培育推广计划”的实施，认定百个典型区域、千所标杆学校、万堂示范课例，汇聚优秀案例，推广典型经验。

建立百个典型区域。通过推荐遴选东中西部不同地区的典型区域，培育一系列教育信息化整体推进的样本区，探索在发达地区、欠发达地区利用信息化优化教育供给的典型路径，为同类区域的发展提供参照，引领教育信息化提质升级发展。

培育千所标杆学校。分批组织遴选100所高等学校、300所职业学校、1000所基础教育学校和一定数量的举办继续教育的学校开展示范，探索在信息化条件下实现差异化教学、个性化学习、精细化管理、智能化服务的典型途径。

遴选万堂示范课例。汇聚电教系统、教研系统等各方力量，以“一师一优课、一课一名师”活动、全国职业院校技能大赛教学能力比赛、推出国家精品在线开放课程等为依托，设定专门制作标准和评价指标，遴选万堂优秀课堂教学案例，包括1万堂基础教育示范课（含普通中小学校示范课、少数民族语言教材示范课、特殊教育示范课、学前教育示范课）、1000堂职业教育示范课、200堂继续教育示范课，推出3000门国家精品在线开放课程，建设7000门国家级和1万门省级线上线下高等教育精品课，充分发挥示范课例的辐射效能。

汇聚推广优秀案例。总结典型经验，汇聚优秀案例，分批出版教育信息化创新应用系列案例集，并通过在国家教育资源公共服务平台、中国教育电视台等渠道开设专门栏目、召开现场会、举办应用展览活动等方式进行推广。

（六）数字校园规范建设行动

通过试点探索利用宽带卫星实现边远地区学校互联网接入、利用信息化手段扩大优质教育资源覆盖面的有效途径。全面推进各级各类学校数字校园建设与应用。

推进宽带卫星联校试点行动。与中国卫通联合在甘肃省甘南藏族自治州、云南省昭通市、四川凉山彝族自治州各选择1个县开展试点，每县选择1所主体学校和4所未联网学校（教学点），免费安装“中星16号”卫星设备并连通网络，开展信息化教学和教研，为攻克边远山区、海岛等自然条件特殊地区学校联网问题、实现全部学校100%接入互联网探索路径。

促进数字校园建设全面普及。落实《职业院校数字校园建设规范》，发布中小学、高等学校数字校园建设规范，推动实现各级各类学校数字校园全覆盖。将网络教学环境纳入学校办学条件建设标准，数字教育资源列入中小学教材配备要求范围。加强职业院校、高等学校虚拟仿真实训教学环境建设，服务信息化教学需要。推动各地以区域为单位统筹建立数字校园专门保障队伍，彻底解决学校运维保障力量薄弱问题。

（七）智慧教育创新发展行动

以人工智能、大数据、物联网等新兴技术为基础，依托各类智能设备及网络，积极开展智慧教育创新研究和示范，推动新技术支持下教育的模式变革和生态重构。

开展智慧教育创新示范。协调有关部门，支持在雄安新区等一批地方积极、条件具备的地区，设立10个以上“智慧教育示范区”，开展智慧教育探索与实践，推动教育理念与模式、教学内容与方法的改革创新，提升区域教育水平，探索积累可推广的先进经验与优秀案例，形成引领教育改革发展的新途径、新模式。

构建智慧学习支持环境。加强智慧学习的理论研究与顶层设计，推进技术开发与实践应用，提高人才培养质量。大力推进智能教育，开展以学习者为中心的智能化教学支持环境建设，推动人工智能在教学、管理等方面的全流程应用，利用智能技术加快推动人才培养模式、教学方法改革，探索泛在、灵活、智能的教育教学新环境建设与应用模式。

加快面向下一代网络的高校智能学习体系建设。适应5G网络技术发展，服务全时域、全空域、全受众的智能学习新要求，以增强知识传授、能力培养和素质提升的效率和效果为重点，以国家精品在线开放课程、示范性虚拟仿真实验教学项目等建设为载体，加强大容量智能教学资源建设，加快建设在线智能教室、智能实验室、虚拟工厂（医院）等智能学习空间，积极探索基于区块链、大数据等新技术的智能学习效果记录、转移、交换、认证等有效方式，形成泛在化、智能化学习体系，推进信息技术和智能技术深度融入教育教学全过程，打造教育发展国际竞争新增长极。

加强教育信息化学术共同体和学科建设。与有关部门建立联合工作机制，设立长期研究项目和研究基地，形成持续支持教育信息化基础研究、应用研究和技术开发的长效机制。在协同创新中心、教育部重点实验室等建设布局中考虑建设相关研究平台，汇聚各高校、研究机构的研究基地，建立学术共同体，加强智能教学助手、教育机器人、智能学伴、语言文字信息化等关键技术研究与应用。加强教育信息化交叉学科建设，促进人才、学科、科研良性互动，实现大平台、大项目、大基地、大学科整体布局、协同发展。

（八）信息素养全面提升行动

充分认识提升信息素养对于落实立德树人目标、培养创新人才的重要作用，制定学生信息素养评价指标体系，开展规模化测评，实施有针对性的培养和培训。

制定学生信息素养评价指标体系。组织开展学生信息素养评价研究，建立一套科学合理、适合我国国情、可操作性强的学生信息素养评价指标体系和评估模型。开展覆盖东中西部地区的中小学生信息素养测评，涵盖 5 万名以上学生。通过科学、系统的持续性测评，掌握我国不同学段的学生信息素养发展情况，为促进信息素养提升奠定基础。

大力提升教师信息素养。贯彻落实《中共中央 国务院关于全面深化新时代教师队伍建设改革的意见》，推动教师主动适应信息化、人工智能等新技术变革，积极有效开展教育教学。启动“人工智能+教师队伍建设行动”，推动人工智能支持教师治理、教师教育、教育教学、精准扶贫的新路径，推动教师更新观念、重塑角色、提升素养、增强能力。创新师范生培养方案，完善师范教育课程体系，加强师范生信息素养培育和信息化教学能力培养。实施新周期中小学教师信息技术应用能力提升工程，以学校信息化教育教学改革发展引领教师信息技术应用能力提升培训，通过示范性培训项目带动各地因地制宜开展教师信息化全员培训，加强精准测评，提高培训实效性。继续开展职业院校、高等学校教师信息化教学能力提升培训。深入开展校长信息化领导力培训，全面提升各级各类学校管理者信息素养。

加强学生信息素养培育。加强学生课内外一体化的信息技术知识、技能、应用能力以及信息意识、信息伦理等方面的培育，将学生信息素养纳入学生综合素质评价。完善课程方案和课程标准，充实适应信息时代、智能时代发展需要的人工智能和编程课程内容。推动落实各级各类学校的信息技术课程，并将信息技术纳入初、高中学业水平考试。继续办好各类应用交流与推广活动，创新活动的内容和形式，全面提升学生信息素养。

五、保障措施

（一）加强领导，统筹推进

教育部重点组织制定宏观政策，针对各级各类教育改革发展的需要和不同地区发展情况，加强工作指导，制定标准规范。地方各级教育行政部门要进一步健全教育信息化工作领导体制，整合教育系统专业机构的力量，充分利用相关企业专业化服务的优势，探索和建立便捷高效的教育信息化技术服务支撑机制。各级各类学校应普遍施行由校领导担任首席信息官（CIO）的制度，并明确责任部门，全面统筹本校信息化的规划与发展。各地将教育信息化作为重要指标，纳入本地区教育现代化指标体系。全面开展面向区域教育信息化的督导评估和第三方评测，提升各地区和各级各类学校发展教育信息化的效率、效果和效益。

（二）创新机制，多元投入

各地要切实落实国家关于财政教育经费可用于购买信息化资源和服务的政策，加大教育信息化投入力度，将教育信息化2.0行动计划与“互联网+”、大数据、云计算、智慧城市、信息惠民、宽带中国、数字经济、新一代人工智能等工作统筹推进。要充分发挥政府和市场两个方面的作用，为推进教育信息化提供良好的政策环境和发展空间，积极鼓励企业投入资金，提供优质的信息化产品和服务，实现多元投入、协同推进。

（三）试点引领，强化培训

各地要始终坚持试点先行、典型引路的推进机制，有针对性地开展教育信息化区域综合试点和各类专项试点，总结提炼先进经验与典型模式。通过组织召开现场观摩会、举办信息化应用展览、出版优秀典型案例集等多种方式，广泛宣传推广试点取得的经验成效，形成以点带面的发展路径，发挥辐射引导效应。要将全面提升“人”的能力作为推进教育信息化2.0行动计划的核心基础，大力开展各级各类学校教师、校长和管理者培训，扩大培训规模、创新培训模式、增强培训实效。各地要坚持传统媒体与新媒体相结合，建立全方位、多层次的长效宣传机制，营造良好的舆论氛围。

（四）开放合作，广泛宣介

继续合作开展并积极参与联合国教科文组织、联合国儿童基金会等国际组织和机构的各项教育信息化活动，不断加强“一带一路”沿线国家等教育信息化国际交流与合作，积极对外宣传推广教育信息化的中国经验，注意讲好中国故事、传播中国理念，增加国际话语权。加强研究领域合作，建设外专引智基地和国际联合研究中心等平台和基地，支持我国教育信息化专家走出国门，参与相关国际组织工作和各类学术交流活动。加强实践领域国际合作，促进中外学校、校长、教师和专业机构间的交流合作，分享教学创新成果和典型经验，取长补短、协作推进。积极支持和推动我国教育信息化领域的企业走出去，提升我国教育的国际影响力。

（五）担当责任，保障安全

加强教育系统党组织对网络安全和信息化工作的领导，明确主要负责人为网络安全工作的第一负责人，建立网络安全和信息化统筹协调的领导体制，做到网络安全和信息化统一谋划、统筹推进。完善网络安全监督考核机制，将网络安全工作纳入对领导班子、干部的考核当中。以《网络安全法》等法律法规为纲，全面提高教育系统网络安全防护能力。全面落实网络安全等级保护制度，深入开展网络安全监测预警，提高网络安全态势感知水平。做好关键信息基础设施保障，重点保障数据和信息安全，强化隐私保护，建立严密保护、逐层开放、有序共享的良性机制，切实维护好广大师生的切身利益。

教育部　财政部关于实施中国特色高水平高职学校和专业建设计划的意见

（教职成〔2019〕5号）

各省、自治区、直辖市教育厅（教委）、财政厅（局），新疆生产建设兵团教育局、财政局：

为深入贯彻落实全国教育大会精神，落实《国家职业教育改革实施方案》，集中力量建设一批引领改革、支撑发展、中国特色、世界水平的高职学校和专业群，带动职业教育持续深化改革，强化内涵建设，实现高质量发展，现就实施中国特色高水平高职学校和专业建设计划（以下简称“双高计划”）提出如下意见。

一、总体要求

（一）指导思想

以习近平新时代中国特色社会主义思想为指导，牢固树立新发展理念，服务建设现代化经济体系和更高质量更充分就业需要，扎根中国、放眼世界、面向未来，强力推进产教融合、校企合作，聚焦高端产业和产业高端，重点支持一批优质高职学校和专业群率先发展，引领职业教育服务国家战略、融入区域发展、促进产业升级，为建设教育强国、人才强国作出重要贡献。

（二）基本原则

——坚持中国特色。扎根中国大地，全面贯彻党的教育方针，坚定社会主义办学方向，完善职业教育和培训体系，健全德技并修、工学结合的育人机制，服务新时代经济高质量发展，为中国产业走向全球产业中高端提供高素质技术技能人才支撑。

——坚持产教融合。创新高等职业教育与产业融合发展的运行模式，精准对接区域人才需求，提升高职学校服务产业转型升级的能力，推动高职学校和行业企业形成命运共同体，为加快建设现代产业体系，增强产业核心竞争力提供有力支撑。

——坚持扶优扶强。质量为先、以点带面，兼顾区域和产业布局，支持基础条件优良、改革成效突出、办学特色鲜明的高职学校和专业群率先发展，积累可复制、可借鉴的改革经验和模式，发挥示范引领作用。

——坚持持续推进。按周期、分阶段推进建设，实行动态管理、过程监测、有进有出、优胜劣汰，完善持续支持高水平高职学校和专业群建设的机制，实现高质量发展。

——坚持省级统筹。发挥地方支持职业教育改革发展的积极性和主动性，加大资金和政策保障力度。中央财政以奖补的形式通过相关转移支付给予引导支持。多渠道扩大资源供给，构建政府行业企业学校协同推进职业教育发展新机制。

（三）总体目标

围绕办好新时代职业教育的新要求，集中力量建设 50 所左右高水平高职学校和 150 个左右高水平专业群，打造技术技能人才培养高地和技术技能创新服务平台，支撑国家重点产业、区域支柱产业发展，引领新时代职业教育实现高质量发展。

到 2022 年，列入计划的高职学校和专业群办学水平、服务能力、国际影响显著提升，为职业教育改革发展和培养千万计的高素质技术技能人才发挥示范引领作用，使职业教育成为支撑国家战略和地方经济社会发展的重要力量。形成一批有效支撑职业教育高质量发展的政策、制度、标准。

到 2035 年，一批高职学校和专业群达到国际先进水平，引领职业教育实现现代化，为促进经济社会发展和提高国家竞争力提供优质人才资源支撑。职业教育高质量发展的政策、制度、标准体系更加成熟完善，形成中国特色职业教育发展模式。

二、改革发展任务

（四）加强党的建设

深入推进习近平新时代中国特色社会主义思想进教材进课堂进头脑，大力开展理想信念教育和社会主义核心价值观教育，构建全员全过程全方位育人的思想政治工作格局，实现职业技能和职业精神培养高度融合。落实党委领导下的校长负责制，充分发挥党组织在学校的领导核心和政治核心作用，牢牢把握意识形态主动权，引导广大师生树牢“四个意识”、坚定“四个自信”、坚决做到“两个维护”。加强基层党组织建设，将党的建设与学校事业发展同部署、同落实、同考评，有效发挥基层党组织战斗堡垒作用和共产党员先锋模范作用，带动学校工会、共青团等群团组织和学生会组织建设，为学校改革发展提供坚强组织保证。

（五）打造技术技能人才培养高地

落实立德树人根本任务，将社会主义核心价值观教育贯穿技术技能人才培养全过程。坚持工学结合、知行合一，加强学生认知能力、合作能力、创新能力和职业能力培养。加强劳动教育，以劳树德、以劳增智、以劳强体、以劳育美。培育和传承工匠精神，引导学生养成严谨专注、敬业专业、精益求精和追求卓越的品质。深化复合型技术技能人才培养培训模式改革，率先开展“学历证书+若干职业技能等级证书”制度试点。在全面提高质量的基础上，着力培养一批产业急需、技艺高超的高素质技术技能人才。

（六）打造技术技能创新服务平台

对接科技发展趋势，以技术技能积累为纽带，建设集人才培养、团队建设、技术服务于一体，资源共享、机制灵活、产出高效的人才培养与技术创新平台，促进创新成果与核心技术产业化，重点服务企业特别是中小微企业的技术研发和产品升级。加强与地方政府、产业园区、行业深度合作，建设兼具科技攻关、智库咨询、英才培养、创新创业功能，体现学校特色的产教融合平台，服务区域发展和产业转型升级。进一步提高专业群集聚度和配套供给服务能力，与行业领先企业深度合作，建设兼具产品研发、工艺开发、技术推广、大师培育功能的技术技能平台，服务重点行业和支柱产业发展。

（七）打造高水平专业群

面向区域或行业重点产业，依托优势特色专业，健全对接产业、动态调整、自我完善的专业群建设发展机制，促进专业资源整合和结构优化，发挥专业群的集聚效应和服务功能，实现人才培养供给侧和产业需求侧结构要素全方位融合。校企共同研制科学规范、国际可借鉴的人才培养方案和课程标准，将新技术、新工艺、新规范等产业先进元素纳入教学标准和教学内容，建设开放共享的专业群课程教学资源和实践教学基地。组建高水平、结构化教师教学创新团队，探索教师分工协作的模块化教学模式，深化教材与教法改革，推动课堂革命。建立健全多方协同的专业群可持续发展保障机制。

（八）打造高水平双师队伍

以“四有”标准打造数量充足、专兼结合、结构合理的高水平双师队伍。培育引进一批行业有权威、国际有影响的专业群建设带头人，着力培养一批能够改进企业产品工艺、解决生产技术难题的骨干教师，合力培育一批具有绝技绝艺的技术技能大师。聘请行业企业领军人才、大师名匠兼职任教。建立健全教师职前培养、入职培训和在职研修体系。建设教师发展中心，提升教师教学和科研能力，促进教师职业发展。创新教师评价机制，建立以业绩贡献和能力水平为导向、以目标管理和目标考核为重点的绩效工资动态调整机制，实现多劳多得、优绩优酬。

（九）提升校企合作水平

与行业领先企业在人才培养、技术创新、社会服务、就业创业、文化传承等方面深度合作，形成校企命运共同体。把握全球产业发展、国内产业升级的新机遇，主动参与供需对接和流程再造，推动专业建设与产业发展相适应，实质推进协同育人。施行校企联合培养、双主体育人的中国特色现代学徒制。推行面向企业真实生产环境的任务式培养模式。牵头组建职业教育集团，推进实体化运作，实现资源共建共享。吸引企业联合建设产业学院和企业工作室、实验室、创新基地、实践基地。

（十）提升服务发展水平

培养适应高端产业和产业高端需要的高素质技术技能人才，服务中国产业走向全球产业中高端。以应用技术解决生产生活中的实际问题，切实提高生产效率、产品质量和服务品质。加强新产品开发和技术成果的推广转化，推动中小企业的技术研发和产品升级，促进民族传统工艺、民间技艺传承创新。面向脱贫攻坚主战场，积极吸引贫困地区学生到“双高计划”学校就学。服务乡村振兴战略，广泛开展面向农业农村的职业教育和培训。面向区域经济社会发展急需紧缺领域，大力开展高技能人才培训。积极主动开展职工继续教育，拓展社区教育和终身学习服务。

（十一）提升学校治理水平

健全内部治理体系，完善以章程为核心的现代职业学校制度体系，形成学校自主管理、自我约束的体制机制，推进治理能力现代化。健全学校、行业、企业、社区等共同参与的学校理事会或董事会，发挥咨询、协商、议事和监督作用。设立校级学术委员会，统筹行使学术事务的决策、审议、评定和咨询等职权。设立校级专业建设委员会和教材选用委员会，指导和促进专业建设和教学改革。发挥教职工代表大会作用，审议学校重大问题。优化内部治理结构，扩大二级院系管理自主权，发展跨专业教学组织。

（十二）提升信息化水平

加快智慧校园建设，促进信息技术和智能技术深度融入教育教学和管理服务全过程，改进教学、优化管理、提升绩效。消除信息孤岛，保证信息安全，综合运用大数据、人工智能等手段推进学校管理方式变革，提升管理效能和水平。以“信息技术+”升级传统专业，及时发展数字经济催生的新兴专业。适应“互联网+职业教育”需求，推进数字资源、优秀师资、教育数据共建共享，助力教育服务供给模式升级。提升师生信息素养，建

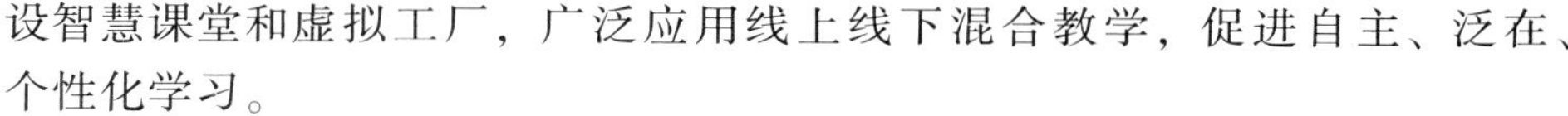

设智慧课堂和虚拟工厂，广泛应用线上线下混合教学，促进自主、泛在、个性化学习。

（十三）提升国际化水平

加强与职业教育发达国家的交流合作，引进优质职业教育资源，参与制订职业教育国际标准。开发国际通用的专业标准和课程体系，推出一批具有国际影响的高质量专业标准、课程标准、教学资源，打造中国职业教育国际品牌。积极参与“一带一路”建设和国际产能合作，培养国际化技术技能人才，促进中外人文交流。探索援助发展中国家职业教育的渠道和模式。开展国际职业教育服务，承接“走出去”中资企业海外员工教育培训，建设一批鲁班工坊，推动技术技能人才本土化。

三、组织实施

（十四）建立协同推进机制

国家有关部门负责宏观布局、统筹协调、经费管理等顶层设计，围绕经济社会发展和国家战略需要，适时调整建设重点，成立项目建设咨询专家委员会，为重大政策、总体方案、审核立项、监督评价等提供咨询和支撑。各地要加强政策支持和经费保障，动员各方力量支持项目建设，对接区域经济社会发展需求，构建以“双高计划”学校为引领，区域内高职学校协调发展的格局。“双高计划”学校要深化改革创新，聚焦建设任务，科学编制建设方案和任务书，健全责任机制，扎实推进建设，确保工作成效。

（十五）加强项目实施管理

“双高计划”每五年一个支持周期，2019 年启动第一轮建设。制定项目遴选管理办法，明确遴选条件和程序，公开申请、公平竞争、公正认定。项目遴选坚持质量为先、改革导向，以学校、专业的客观发展水平为基础，对职业教育发展环境好、重点工作推进有力、改革成效明显的省（区、市）予以倾斜支持。制定项目绩效评价办法，建立信息采集与绩效管理系统，实行年度评价项目建设绩效，中期调整项目经费支持额度；依据周期绩效评价结果，调整项目建设单位。发挥第三方评价作用，定期跟踪评价。建立信息公开公示网络平台，接受社会监督。

（十六）健全多元投入机制

各地新增教育经费向职业教育倾斜，在完善高职生均拨款制度、逐步提高生均拨款水平的基础上，对“双高计划”学校给予重点支持，中央财政通过现代职业教育质量提升计划专项资金对“双高计划”给予奖补支持，发挥引导作用。有关部门和行业企业以共建、共培等方式积极参与项目建设。项目学校以服务求发展，积极筹集社会资源，增强自我造血功能。

（十七）优化改革发展环境

各地要结合区域功能、产业特点探索差别化的职业教育发展路径，建立健全产教对接机制，促进人才培养与产业需求有机衔接。加大“双高计划”学校的支持力度，在领导班子、核定教师编制、高级教师岗位比例、绩效工资总量等方面按规定给予政策倾斜。深入推进“放管服”改革，在专业设置、内设机构及岗位设置、进人用人、经费使用管理上进一步扩大学校办学自主权。建立健全改革创新容错纠错机制，鼓励“双高计划”学校大胆试、大胆闯，激发和保护干部队伍敢于担当、干事创业的积极性、主动性、创造性。

教育部　财政部

2019 年 3 月 29 日

教育部　财政部关于印发《中国特色高水平高职学校和专业建设计划项目遴选管理办法（试行）》的通知

（教职成〔2019〕8 号）

各省、自治区、直辖市教育厅（教委）、财政厅（局），新疆生产建设兵团教育局、财政局：

根据《教育部　财政部关于实施中国特色高水平高职学校和专业建设计划的意见》（教职成〔2019〕5 号），教育部、财政部研究制定了《中国特色高水平高职学校和专业建设计划项目遴选管理办法（试行）》，现印发你们，请遵照执行。

教育部　财政部

2019 年 4 月 16 日

中国特色高水平高职学校和专业建设计划项目遴选管理办法（试行）

第一章　总　则

第一条　为加强中国特色高水平高职学校和专业建设计划（简称“双高计划”）项目管理，保证“双高计划”顺利实施，根据《教育部　财政部关于实施中国特色高水平高职学校和专业建设计划的意见》（教职成〔2019〕5 号），制定本办法。

第二条　教育部、财政部（简称两部）联合组织管理，地方（包括项目学校举办方，下同）统筹推进项目建设，学校具体实施。

第三条　项目资金包括中央财政资金、地方财政资金和学校自筹资金。

第四条 “双高计划”每五年一个支持周期，2019年启动第一轮建设。实行总量控制、动态管理，年度评价、期满考核，有进有出、优胜劣汰。重点支持建设50所左右高水平高职学校和150个左右高水平专业群。

第二章 职责分工

第五条 两部负责总体规划、协调推进等重大事项的决策，主要职责包括：

（一）项目设计、审核立项、过程监管、绩效管理；

（二）规划阶段重点任务，统筹安排中央财政资金；

（三）组建项目建设咨询专家委员会（简称“专委会”）；

（四）审定项目遴选和考核标准；

（五）指导省级教育和财政部门管理区域绩效；

（六）委托第三方评价项目绩效。

教育部职业教育与成人教育司承担“双高计划”日常工作。

第六条 专委会由有关行业主管部门、学校、科研机构、行业企业专家组成，受两部委托主要承担以下工作：

（一）研制“双高计划”建设单位遴选标准和考核标准；

（二）评审建设方案和任务书；

（三）为项目建设提供咨询服务。

第七条 省级教育和财政部门主要履行以下职责：

（一）根据遴选条件，开展项目预审和推荐工作；

（二）指导监督本区域项目建设，协调解决有关问题；

（三）落实项目学校的相关支持政策和建设资金，并对项目实施监管。

第八条 项目学校举办方主要履行以下职责：

（一）发挥办学主体作用，在政策、资金、资源等方面提供支持，营造良好的项目建设环境；

（二）指导项目建设工作，协调解决有关问题。

第九条 项目学校主要履行以下职责：

（一）编制报送项目建设方案和任务书；

（二）按照批复的建设方案和任务书开展项目建设；

（三）确保项目资金使用规范、安全、高效；

（四）完成项目绩效目标，按要求报送项目建设报告，并接受监控、审计和评价。

第三章　项目遴选

第十条　“双高计划”遴选坚持质量为先、改革导向、扶优扶强，面向独立设置的专科高职学校（包括社会力量举办的专科高职学校），分高水平学校和高水平专业群两类布局。在高职学校年生均财政拨款水平达到国家统一要求且逐年增长的前提下，对职业教育发展环境好、重点工作推进有力、改革成效明显、“双高计划”政策资金保障力度大的省份予以倾斜支持。

第十一条　学校须具备以下基本条件：

（一）学校办学条件高于专科高职学校设置标准，数字校园基础设施高于《职业院校数字校园建设规范》标准。

（二）学校人才培养和治理水平高，在产教融合、校企合作方面成效显著，对区域发展贡献度高，已取得以下工作成效：被确定为《高等职业教育创新发展行动计划（2015—2018年）》省级及以上优质高职学校建设单位；已制定学校章程并经省级备案，设有理事会或董事会机构，成立校级学术委员会，内部质量保证体系健全；财务管理规范，内部控制制度健全；牵头组建实体化运行的职业教育集团，合作企业对学校支持投入力度大；成立应用技术协同创新中心、技能大师工作室；非学历培训人日数不低于全日制在校生数；近三年招生计划完成率不低于90%，毕业生半年后就业率不低于95%；配合“走出去”企业开展员工教育培训、有教育部备案的中外合作办学项目或招收学历教育留学生。

（三）学校坚持职业教育办学定位和方向，干事创业的积极性、主动性、创造性高，教育教学改革、校企合作和专业建设基础好，人才培养质量和师资队伍水平高，学生就业水平高，社会支持度高。

（四）学校在以下9项标志性成果中有不少于5项：

1. 近两届获得过国家级教学成果奖励（第一完成单位）；

2. 主持国家级职业教育专业教学资源库立项项目且应用效果好；

3. 承担国家级教育教学改革试点且成效明显（仅包括现代学徒制试点、“三全育人”综合改革试点、教学工作诊断与改进工作试点、定向培养士官试点）；

4. 有国家级重点专业（仅包括国家示范、骨干高职学校支持的重点专业）；

5. 近五年学校就业工作被评为全国就业创业典型（仅包括全国毕业生就业典型经验高校、创新创业典型经验高校、创新创业教育改革示范高校）；

6. 近五年学生在国家级及以上竞赛中获得过奖励（仅包括世界技能大赛、全国职业院校技能大赛、中国“互联网+”大学生创新创业大赛、“挑战杯”全国大学生课外学术科技作品竞赛和中国大学生创业计划竞赛）；

7. 教师获得过国家级奖励（仅包括“万人计划”教学名师、全国高校黄大年式团队、全国职业院校教学能力比赛获奖）；

8. 建立校级竞赛制度，近五年承办过全国职业院校技能大赛；

9. 建立校级质量年报制度，近五年连续发布《高等职业院校质量年度报告》且未有负面行为被通报。

在满足以上条件的基础上，学校近五年在招生、财务、实习、学生管理等方面未出现过重大违纪违规行为。学校未列入本省升本规划。

第十二条 专业群须具备以下基本条件：

（一）专业群定位准确，对接国家和区域主导产业、支柱产业和战略性新兴产业重点领域。专业群组建逻辑清晰，群内专业教学资源共享度、就业相关度较高，形成优势互补、协同发展的建设机制。专业特色鲜明，行业优势明显，有较强社会影响力。

（二）专业群有高水平专业带头人和教学创新团队，校外兼职教师素质优良。实践教学基地设施先进、管理规范，基地建设与实践教学项目设计相适应、相配套。校企共同设计科学规范的专业群课程体系，反映行业领域的新技术、新工艺、新规范，信息技术深度融入教育教学，线上线下课程资源丰富。

（三）专业群生源质量好，保持一定办学规模。建立毕业生就业跟踪调查机制，学生就业对口率、用人单位满意度、学生就业满意度高。与行业企业深入合作开展科技研发应用，科研项目、专利数量多。

第十三条 项目遴选包括学校申报、省级推荐、遴选确定等3个环节。

（一）学校申报。满足第十条、十一条、十二条的学校自愿申报，按要求向省级教育部门提交申报材料（包括申报书、学校总体建设方案、不超过2个专业群的建设方案、真实性声明、承诺书等）。

（二）省级推荐。省级教育部门会同财政部门依据基本条件择优遴选，学校申报材料及遴选结果公示无异议后，出具推荐函（包括推荐院校顺序名单、真实性声明等），与推荐学校申报材料一并报两部。

（三）遴选确定。两部委托专委会依次开展高水平学校、高水平专业群项目遴选。专委会根据高水平学校和专业群遴选标准，分别对学校和专业群评价赋分。依据学校和2个专业群赋分综合排序，确定高水平学校推荐单位，推荐结果分为三档，A档10所、B档20所、C档20所左右；依据学校和1

个专业群赋分综合排序，考虑产业布局和专业群布点，确定高水平专业群推荐单位，推荐结果分为三档，A 档 30 所、B 档 60 所、C 档 60 所左右。两部对推荐结果进行审核、公示并公布结果。根据年度资金安排，中央财政通过相关转移支付引导支持建设一批，地方和学校自筹资金建设一批。

第四章　项目实施

第十四条　项目学校根据建设任务和预算安排，确定绩效目标，编制项目任务书。省级教育、财政部门核准后报两部审定。

第十五条　项目学校根据审定意见修订完善建设方案和任务书，报两部备案并启动建设。

第十六条　项目学校按照备案的建设方案和任务书实施建设，原则上不作调整。建设过程中确需调整，须经省级教育、财政部门核准并报两部备案。

第十七条　每个支持周期结束，项目学校按要求提交验收报告，经省级验收后报两部复核。复核结果予以公布，并作为下一周期遴选的重要依据。

第五章　项目管理

第十八条　制定绩效评价办法，全面实施预算绩效管理、落实管理责任、改进管理方式，提高经费使用绩效。

第十九条　绩效评价结果作为调整项目资金支持额度的重要依据。对资金筹措有力、建设成效显著的项目，加大支持力度；对资金筹措不力、实施进展缓慢、建设实效有限的项目，提出警告并酌减资金支持额度。出现重大问题，经整改仍无改善的项目，中止项目建设。中止建设的项目学校不得再次申请“双高计划”项目。

第二十条　有下列行为视其情节轻重给予警告、限期整改、中止项目等处理：

（一）编报虚假预算，套取国家财政资金；

（二）项目执行不力，未开展实质性建设；

（三）擅自调整批复的建设方案和任务书内容；

（四）项目经费使用不符合国家财务制度规定；

（五）其他违反国家法律法规和本办法规定的行为。

第六章　附　则

第二十一条　本办法自发布之日起施行。各地应根据本办法制订实施细则。

第二十二条　本办法由两部负责解释和修订。

教育部　国家发展改革委　财政部　市场监管总局印发《关于在院校实施“学历证书+若干职业技能等级证书”制度试点方案》的通知

（教职成〔2019〕6号）

各省、自治区、直辖市教育厅（教委）、发展改革委、财政厅（局）、市场监管局，新疆生产建设兵团教育局、发展改革委、财政局、市场监管局，有关单位：

为深入贯彻党的十九大精神，按照全国教育大会部署和落实《国家职业教育改革实施方案》（简称“职教20条”）要求，教育部会同国家发展改革委、财政部、市场监管总局制定了《关于在院校实施“学历证书+若干职业技能等级证书”制度试点方案》（以下简称《方案》），启动“学历证书+若干职业技能等级证书”（简称1+X证书）制度试点工作。现将《方案》印发给你们，请结合本地区、本部门实际情况组织实施。

教育部　国家发展改革委
财政部　市场监管总局
2019年4月4日

关于在院校实施“学历证书+若干职业技能等级证书”制度试点方案

按照国务院印发的《国家职业教育改革实施方案》（简称“职教20条”）要求，经国务院职业教育工作部际联席会议研究通过，现就在院校实施“学历证书+若干职业技能等级证书”制度试点，制定以下工作方案。

一、总体要求

（一）指导思想和基本原则

以习近平新时代中国特色社会主义思想为指导，深入贯彻落实全国教育大会部署，完善职业教育和培训体系，按照高质量发展要求，坚持以学生为中心，深化复合型技术技能人才培养培训模式和评价模式改革，提高人才培养质量，畅通技术技能人才成长通道，拓展就业创业本领。

坚持政府引导、社会参与，育训结合、保障质量，管好两端、规范中间，试点先行、稳步推进的原则。加强政府统筹规划、政策支持、监督指导，引导社会力量积极参与职业教育与培训。落实职业院校学历教育和培训并举并重的法定职责，坚持学历教育与职业培训相结合，促进书证融通。严把证书标准和人才质量两个关口，规范培养培训过程。从试点做起，用改革的办法稳步推进，总结经验、完善机制、防控风险。

（二）目标任务

自 2019 年开始，重点围绕服务国家需要、市场需求、学生就业能力提升，从 10 个左右领域做起，启动 1+X 证书制度试点工作。落实“放管服”改革要求，以社会化机制招募职业教育培训评价组织（以下简称培训评价组织），开发若干职业技能等级标准和证书。有关院校将 1+X 证书制度试点与专业建设、课程建设、教师队伍建设等紧密结合，推进“1”和“X”的有机衔接，提升职业教育质量和学生就业能力。通过试点，深化教师、教材、教法“三教”改革；促进校企合作；建好用好实训基地；探索建设职业教育国家“学分银行”，构建国家资历框架。

二、试点内容

（一）培育培训评价组织

培训评价组织作为职业技能等级证书及标准的建设主体，对证书质量、声誉负总责，主要职责包括标准开发、教材和学习资源开发、考核站点建设、考核颁证等，并协助试点院校实施证书培训。按照在已成熟的品牌中遴选一批、在成长中的品牌中培育一批、在有关评价证书缺失的领域中规划准备一批的原则，面向实施职业技能水平评价相关工作的社会评价组织，以社会化机制公开招募并择优遴选参与试点。试点本着严格控制数量，扶优、扶大、扶强的原则逐步推开。地方有关部门、行业组织要热心支持培训评价组织建设和发展，不得违规收取或变相收取任何费用。

（二）开发职业技能等级证书

职业技能等级证书以社会需求、企业岗位（群）需求和职业技能等级标准为依据，对学习者职业技能进行综合评价，如实反映学习者职业技术能力，证书分为初级、中级、高级。培训评价组织按照相关规范，联合行业、企业和院校等，依据国家职业标准，借鉴国际国内先进标准，体现新技术、新工艺、新规范、新要求等，开发有关职业技能等级标准。国务院教育行政部门根据国家标准化工作要求设立有关技术组织，做好职业教育与培训标准化工作的顶层设计，创新标准建设机制，编制标准化工作指南，指导职业技能等级标准开发。试点实践中充分发挥培训评价组织的作用，鼓励其不断开发更科学、更符合社会实际需要的职业技能等级标准和证书。

（三）融入专业人才培养

院校是1+X证书制度试点的实施主体。中等职业学校、高等职业学校可结合初级、中级、高级职业技能等级开展培训评价工作，本科层次职业教育试点学校、应用型本科高校及国家开放大学可根据专业实际情况选择。试点院校要根据职业技能等级标准和专业教学标准要求，将证书培训内容有机融入专业人才培养方案，优化课程设置和教学内容，统筹教学组织与实施，深化教学方式方法改革，提高人才培养的灵活性、适应性、针对性。试点院校可以通过培训、评价使学生获得职业技能等级证书，也可探索将相关专业课程考试与职业技能等级考核统筹安排，同步考试（评价），获得学历证书相应学分和职业技能等级证书。深化校企合作，坚持工学结合，充分利用院校和企业场所、资源，与评价组织协同实施教学、培训。加强对有关领域校企合作项目与试点工作的统筹。

（四）实施高质量职业培训

试点院校要结合职业技能等级证书培训要求和相关专业建设，改善实训条件，盘活教学资源，提高培训能力，积极开展高质量培训。根据社会、市场和学生技能考证需要，对专业课程未涵盖的内容或需要特别强化的实训，组织开展专门培训。试点院校在面向本校学生开展培训的同时，积极为社会成员提供培训服务。社会成员自主选择证书类别、等级，在试点院校内、外进行培训。新入校园证书必须通过遴选渠道，已取消的职业资格证书不得再引入。教育行政部门、院校要建立健全进入院校内的各类证书的质量保障机制，杜绝乱培训、滥发证，保障学生权益，有关工作另行安排。

（五）严格职业技能等级考核与证书发放

培训评价组织负责职业技能等级考核与证书发放。考核内容要反映典型岗位（群）所需的职业素养、专业知识和职业技能，体现社会、市场、企业和学生个人发展需求。考核方式要灵活多样，强化对完成典型工作任务能力的考核。考核站点一般应设在符合条件的试点院校。要严格考核纪律，加强过程管理，推进考核工作科学化、标准化、规范化。要建立健全考核安全、保密制度，强化保障条件，加强考点（考场）和保密标准化建设。通过考核的学生和社会人员取得相应等级的职业技能等级证书。

（六）探索建立职业教育国家“学分银行”

国务院教育行政部门探索建立职业教育“学分银行”制度，研制相关规范，建设信息系统，对学历证书和职业技能等级证书所体现的学习成果进行登记和存储，计入个人学习账号，尝试学习成果的认定、积累与转换。学生和社会成员在按规定程序进入试点院校接受相关专业学历教育时，可按规定兑换学分，免修相应课程或模块，促进学历证书与职业技能等级证书互通。研究探索构建符合国情的国家资历框架。

（七）建立健全监督、管理与服务机制

建立职业技能等级证书和培训评价组织监督、管理与服务机制。建设培训评价组织遴选专家库和招募遴选管理办法。本着公正公平公开的原则进行公示公告。建立监督管理制度，教育行政部门和职业教育指导咨询委员会要加强对职业技能等级证书有关工作的指导，定期开展“双随机、一公开”的抽查和监督。对培训评价组织行为和院校培训质量进行监测和评估。培训评价组织的行为同时接受学校、社会、学生、家长等的监督评价。院校和学生自主选择X证书，同时加强引导，避免出现片面的“考证热”。

三、试点范围及进度安排

（一）试点范围

面向现代农业、先进制造业、现代服务业、战略性新兴产业等20个技能人才紧缺领域，率先从10个左右职业技能领域做起。省级教育行政部门根据有关要求对符合条件的申报院校进行备案。试点院校以高等职业学校、中等职业学校（不含技工学校）为主，本科层次职业教育试点学校、应用型本科高校及国家开放大学等积极参与，省级及以上示范（骨干、优质）高等职业学校和“中国特色高水平高职学校和专业建设计划”入选学校要发挥带头作用。

（二）进度安排

2019年首批启动五个领域试点，已确定的五个培训评价组织对接试点院校，并启动有关信息化平台建设；陆续启动其他领域试点工作。2020年下半年，做好试点工作阶段性总结，研究部署下一步工作。

四、组织实施

（一）明确组织分工

国务院教育行政部门负责做好1+X证书制度试点工作的整体规划、部署和宏观指导，对院校职业技能等级证书的实施工作负监督管理职责。国务院市场监督管理部门（国家标准化管理委员会）负责协调指导职业教育与培训标准化建设。各省级教育行政部门主要负责指导本区域1+X证书制度试点工作，会同省级有关部门研究制定支持激励教师参与试点工作的有关政策，将参与职业技能等级证书培训与考核相关工作列入教师和教学管理人员工作量范畴，帮助协调解决试点中出现的新情况、新问题。省级有关职能部门负责研究确定证书培训考核收费管理相关政策。试点院校党委要加强对试点工作的领导，按有关规定加大资源统筹调配力度。

（二）强化基础条件保障

各省（区、市）在政策、资金和项目等方面向参与实施试点的院校倾斜，支持学校教学实训资源与培训考核资源共建共享，推动学校建好用好学校自办、学校间联办、与企业合办、政府开办等各种类型的实训基地。要吸引社会投资进入职业教育培训领域。通过政府和社会资本合作（PPP模式）等方式，积极支持社会资本参与实训基地建设和运营。产教融合实训基地和产教融合型企业要积极参与实施培训。

（三）加强师资队伍建设

各省（区、市）和试点院校要加强专兼结合的师资队伍建设，打造能够满足教学与培训需求的教学创新团队，促进教育培训质量全面提升。要将职业技能等级证书有关师资培训纳入职业院校教师素质提高计划项目。培训评价组织要组建来自行业企业、院校和研究机构的高素质专家队伍，面向试点院校定期开展师资培训和交流，提高教师实施教学、培训和考核评价能力。

（四）建立健全投入机制

中央财政建立奖补机制，通过相关转移支付对各省1+X证书制度试点工作予以奖补。各省（区、市）要加大资金投入，重点支持深化职业教育教学改革、加强技术技能人才培养培训等方面，并通过政府购买服务等方式支持开展职业技能等级证书培训和考核工作。参加职业技能等级证书考核的建档立卡等家庭经济困难学生免除有关考核费用。凡未纳入1+X证书制度试点范围的培训、评价、认证等，不享受试点有关经费支持。

（五）加强信息化管理与服务

建设1+X证书信息管理服务平台，开发集政策发布、过程监管、证书查询、监督评价等功能的权威性信息系统。参与1+X证书制度试点的学生，获取的职业技能等级证书都将进入服务平台，与职业教育国家学分银行个人学习账户系统对接，记录学分，并提供网络公开查询等社会化服务，便于用人单位识别和学生就业。运用大数据、云计算、移动互联网、人工智能等信息技术，提升证书考核、培训及管理水平，充分利用新技术平台，开展在线服务，提升学习者体验。

教育部关于深入学习贯彻《国家职业教育改革实施方案》的通知

（教职成〔2019〕11号）

各省、自治区、直辖市教育厅（教委），各计划单列市教育局，新疆生产建设兵团教育局，有关单位：

国务院印发《国家职业教育改革实施方案》（以下简称“职教20条”），把奋力办好新时代职业教育细化为具体行动。为做好“职教20条”的学习宣传和贯彻落实，推动职业教育大改革大发展，现就有关事项通知如下。

一、深刻领会“职教20条”主要内涵和精神实质

党的十八大以来，以习近平同志为核心的党中央把职业教育摆在了前所未有的突出位置。李克强总理就深化职业教育改革作出重要批示，提出明确要求。“职教20条”明确职业教育和普通教育是两种不同的教育类型，具有同等重要地位。教育战线要切实把思想和行动统一到党中央、国务院决策部署上来，推动职业教育改革不断深化。

（一）以习近平总书记关于教育的重要论述为根本遵循

要以习近平总书记关于教育的重要论述武装头脑、指导实践、推动工作，落实好高度重视、加快发展的工作方针，把职业教育摆在经济社会发展和教育改革中更加突出的位置；落实好服务发展、促进就业的办学方向，对接科技发展趋势和市场需求，推动校企形成命运共同体；落实好建设中国特色职业教育体系的工作目标，健全德技并修、工学结合的育人机制，努力培养数以亿计的高素质劳动者和技术技能人才，努力完善职业教育和培训体系，努力让每个人都有人生出彩的机会。

（二）为全面建成社会主义现代化强国提供有力支撑

我国正处于决胜全面建成小康社会和建成社会主义现代化强国的历史交汇期。2035中长期目标和2050远景目标对职业教育提出了新的更高要求。加快发展现代职业教育，既有利于缓解当前就业压力，也是解决高技能人才短缺的战

略之举。职业教育要主动适应供给侧结构性改革需要，加强技术技能积累，努力站在服务国家战略最前沿，为建设现代产业体系提供支撑。要强化人才的有效供给和适度超前储备，为社会成员就业创业、在岗提升提供保障。要以现代职业教育的大改革大发展，加快培养国家发展急需的各类技术技能人才，让更多青年凭借一技之长实现人生价值，让三百六十行人才荟萃、繁星璀璨。

（三）把职业教育摆在更加突出的重要位置

我国教育总体已进入世界中上行列，正是加快推进教育现代化的关键阶段。没有职业教育现代化也就没有教育现代化。深化职业教育改革，可以为其他教育改革探索经验，有效分解高考压力，为学生提供多样化成长成才路径。要下大力气抓好改革，力争经过5—10年的努力，促进教育链、人才链、产业链有机衔接，大幅提升新时代职业教育现代化水平。

二、逐项推进“职教20条”重点任务的改革攻坚

“职教20条”坚持目标导向和问题导向，针对长期以来“单纯的学历教育”或“简单的技能教学”两个倾向，提出了一系列解决长期制约职业教育发展的体制机制难题的政策措施。职业教育战线要以深化改革和狠抓落实为重点，逐项落实“职教20条”提出的各项任务。

（一）完善现代职业教育体系

要提高中等职业教育发展水平，保持高中阶段教育职普比大体相当，设立中等职业教育国家奖学金，完善中职生均拨款、免学费和国家助学金政策，为打赢脱贫攻坚战作贡献。要推进高等职业教育高质量发展，改革高职院校办学体制，提高办学质量，建设一批引领改革、支撑发展、中国特色、世界水平的高等职业学校和骨干专业（群）。要扩大高素质技术技能人才培养培训规模，扩大高职院校奖助学金覆盖面、提高补助标准，鼓励更多中等职业学校和普通高中毕业生、退役军人、下岗职工、农民工等接受高等职业教育，2019年大规模扩招100万人。要完善高层次应用型人才培养体系，推动具备条件的普通本科高校向应用型转变，开展本科层次职业教育试点，探索长学制培养高端技术技能人才。要面向在校学生和社会成员广泛开展职业培训，积极承接职业技能提升行动，引导行业企业深度参与。要鼓励职业院校联合中小学开展劳动和职业启蒙教育。

（二）提升技术技能人才培养质量

要将标准化建设作为统领职业教育发展的突破口，狠抓教师、教材、教法，建立健全学校设置、师资队伍、教学教材、信息化建设、安全设施等办学标准，促进校企“双元”育人，提升受教育者的职业适应能力和可持续发

展能力。要落实立德树人根本任务，深化专业、课程、教材改革，提升实习实训水平，努力实现职业技能和职业精神培养高度融合。要多措并举打造“双师型”教师队伍，加强职业技术师范院校和专业建设，探索组建高水平、结构化教师教学创新团队，组织选派骨干教师海外研修，推动校企人员双向流动。要建立职业教育质量评价体系，严把教学标准和毕业学生质量标准两个关口，狠抓制度、标准、规范落实。

（三）实施好 1+X 证书制度试点工作

要主动适应新科技革命和产业变革对高素质复合型技术技能人才的需求，从 2019 年开始，在职业院校、应用型本科高校等启动“学历证书+若干职业技能等级证书”制度试点（简称 1+X 证书制度试点）。要加强规范引导，尽快制订工作方案和具体管理办法，培育一批优质的培训评价组织，做好职业院校内职业技能等级证书的实施、管理、监督和考核。要突出重点领域，在先进制造业、现代服务业等技术技能人才紧缺领域抓紧启动试点，源源不断为各行各业培养亿万高素质的产业生力军。要结合 1+X 证书制度试点，探索建设“学分银行”，探索构建符合国情的国家资历框架，有序开展学历证书和职业技能等级证书所体现的学习成果的认定、积累和转换，加快学历证书和职业技能等级证书互通衔接，为技术技能人才持续成长拓宽通道。

（四）完善有利于职业教育发展的相关配套政策

要支持企业和社会力量兴办职业教育，会同有关部门制定落实产教融合型企业认证和组合式激励政策，鼓励有条件的企业特别是大型企业举办高质量职业教育。要建设一批示范性职业教育集团（联盟），建设一批高水平职业教育实训基地。要建立民办职业教育负面清单制度，鼓励发展股份制、混合所有制等职业院校和各类培训机构。要完善“文化素质+职业技能”的考试招生办法，为学生接受高等职业教育提供多种入学方式和学习方式。要在中央财政大幅增加对职业教育投入的同时，督促地方落实职业教育经费投入机制，加强地方财政支持力度，新增教育经费要向职业教育倾斜。

（五）厚植各方支持职业教育的良好环境

要加强党对职业教育工作的全面领导，充分发挥党组织在职业院校的领导核心和政治核心作用，将党建工作与学校事业发展同部署、同落实、同考评。要牵头落实好国务院职业教育工作部际联席会议制度各项职责，做好职业教育工作的统筹规划、综合协调、宏观管理，形成政策合力。要组建国家职业教育指导咨询委员会，为职业教育改革提供重大政策咨询。要持续办好职业教育活动周等活动，多渠道总结提炼和宣传推介优秀案例，讲好职教故事，培育和传承好工匠精神。

三、扎实做好全面深化职业教育改革组织实施工作

教育战线要把学习贯彻落实“职教20条”精神，作为当前和今后一个时期教育工作的重要任务，按照全国深化职业教育改革电视电话会议要求，周密部署、统一安排、逐项落实、压实责任，确保新时代职业教育改革发展各项任务落到实处。

（一）加强学习宣传

各地教育行政部门要制订学习宣传和贯彻落实方案，按照“职教20条”逐项分解，确定任务分工，并及时向本地党委和政府汇报，列入党委和政府专题研究和重点部署的工作内容，推动地方全面加强对职业教育工作的领导，研究提出本地区职业教育改革发展思路、战略和重点工作，提出深化改革、开展试点等的具体方案。各地要迅速掀起宣传研究“职教20条”精神的热潮，教育行政部门要在地方主流媒体和各种新兴媒体主动发声，主要负责人、分管负责人要撰写专题文章、主动解读宣讲，职业院校、行业企业、研究机构等开展学习交流、课题研究和宣传解读。要组织职业院校广大干部和师生员工通过多种方式深入学习领会，形成思想共识。要联系地方主流媒体广泛宣传职业教育方针政策、经验做法、成果贡献等，营造有利于改革发展的良好氛围。

（二）抓好重点任务

各省级教育行政部门要抓紧推动分省签订部省落实职业教育改革发展备忘录。要组织实施好重点项目，体现改革导向，抓好中国特色高水平高职学校和专业建设计划、高水平实训基地建设、产教融合建设试点、薄弱学校改善基本办学条件、应用型本科高校转型、本科层次职业教育试点、1+X证书制度试点、职业培训、课程和教材建设、“双师型”教师队伍建设、“数字校园”建设、示范性职业教育集团（联盟）建设、“鲁班工坊”项目等。要注意提炼总结，形成一批可复制、可推广的典型经验，不断完善国家顶层设计与地方实践协同推进的工作机制。

（三）强化实施考核

各级教育行政部门要切实负起统筹规划、综合协调和宏观管理职业教育的责任，推动区域职业教育发展。要完善地方职业教育工作联席会议制度，加强与发展改革、工业和信息化、财政、人力资源社会保障、农业农村、国资、扶贫、税务等有关单位联系，形成工作合力。要建立健全地方职业教育指导咨询机构，最大限度凝聚各方共识。要加强督促检查，压紧压实责任，并每半年向我部汇报进展情况。我部将会同有关单位，通过国务院大督查、教育督导等方

式，对各地职业教育改革发展情况进行督查，督查结果将作为对地方政府工作考核的重要依据上报国务院，对真抓实干的地方进行重点激励。

各地学习贯彻情况、落实方案，请于2019年6月底前报我部，我部汇总后向国务院报告。

教育部

2019年5月6日

教育部　国家发展改革委　财政部
人力资源社会保障部　农业农村部　退役军人部
关于印发《高职扩招专项工作实施方案》的通知

（教职成〔2019〕12号）

各省、自治区、直辖市教育厅（教委）、发展改革委、财政厅（局）、人力资源社会保障厅（局）、农业农村（农牧）厅（局、委）、退役军人事务厅（局），新疆生产建设兵团教育局、发展改革委、财政局、人力资源社会保障局、农业农村局、退役军人事务局：

《高职扩招专项工作实施方案》已经国务院同意，现印发给你们，请结合实际认真贯彻执行。

教育部　国家发展改革委　财政部
人力资源社会保障部　农业农村部　退役军人部
2019年5月6日

高职扩招专项工作实施方案

为贯彻落实2019年《政府工作报告》关于高职大规模扩招100万人的有关要求，全面深化职业教育改革，统筹做好计划安排、考试组织、招生录取、教育教学、就业服务及政策保障工作，确保稳定有序、高质量完成扩招工作任务，特制定本方案。

一、指导思想

坚持以习近平新时代中国特色社会主义思想为指导，全面加强党的领导，深入贯彻党的教育方针，认真落实党中央、国务院决策部署和《国家职业教育改革实施方案》，适应产业升级和经济结构调整对技术技能人才越来越紧迫的需求，把发展高等职业教育作为缓解当前就业压力、解决高技能人才短缺的战略之举，坚持中央统筹、地方主责、系统化推进、质量型扩招，以现代职业教育的大改革大发展，加快培养国家发展急需的各类技术技能人才，让更多青年凭借一技之长实现人生价值，让三百六十行人才荟萃、繁星璀璨。

二、工作原则

（一）统一认识。深刻认识高职扩招专项工作是党中央、国务院的重大决策部署，是职业教育的重大发展机遇，对教育改革和经济社会发展具有重大影响，要切实把思想和行动统一到党中央、国务院的决策部署上来。

（二）明确方向。坚持面向市场、服务发展、促进就业的办学方向，统筹招生、培养、就业各个环节，服务建设现代化经济体系和实现更高质量更充分就业需要。

（三）质量为先。引导各地科学研判职业教育发展水平，合理承担扩招任务，加大总量性、结构性政策供给，强化资源配置，提升培养能力，确保质量型扩招。

（四）系统推进。中央和地方两级联动，突出地方为主，加强指导督导，强化协调配合，营造良好氛围，综合施策、提升效率，确保高质量完成目标任务。

三、主要任务

（一）扩大招生计划。加强中央统筹，综合考虑各地生源情况、办学条件、经济支撑等因素，合理确定 2019 年各省份高职扩招计划安排。各地要科学分配扩招计划，重点布局在优质高职院校，区域经济建设急需、社会民生领域紧缺和就业率高的专业，以及贫困地区特别是连片特困地区。引导各地加强区域协作，加大东部地区院校向中西部地区的招生计划投放力度。针对退役军人、下岗失业人员、农民工、新型职业农民等群体单列计划，一部分面向退役军人，一部分面向下岗失业人员、农民工和新型职业农民。高职院校要加强与现有独立设置的特殊教育机构合作，加大残疾学生培养力度，让更多残疾人接受适合的高等职业教育。在学前教育、护理、家政、养老、健康服务、现代服务业等领域，扩大中高职贯通培养招生规模。统筹普通教育、职业教育和继续教育，为各类群体提供灵活多样的升学和培养模式。

（二）做好高职扩招的补报名工作。在 2019 年高考前组织一次参加高职扩招专项考试的补报名工作，主要面向普通高中毕业生、中职（含中专、技工学校、职业高中）毕业生、退役军人、下岗失业人员、农民工和新型职业农民等报考高职院校的群体。于 10 月份面向 2019 年退役的军人再增加一次补报名。各省份原有高考报名条件保持不变，已经参加高考报名的考生，不再参加此次报名。联合开展补报名宣传动员和考生资格审核，教育部门负责高中、中职应届毕业生的宣传动员，会同公安部门审核考生户籍、学籍信息；退役军人事务部门负责退役军人宣传动员，审核退役军人身份；人力资源社会保障部门、农业农村部门分别负责下岗失业人员和农民工、新型职业农民宣传动员及身份界定工作。取消高职招收中职毕业生比例限制，允许符合高考报名条件的往届中职毕业生参加高职院校单独考试招生。

（三）做好高职扩招专项考试工作。各地根据工作实际合理安排考试时间，可在高考前，也可在高考后。针对不同群体特点和受教育状况，改革完善考试形式和内容，以高职院校单独考试为主。对于中职毕业生，可采取现行的“文化素质+职业技能”考试方式，文化素质使用各省份或各校组织的文化考试成绩，职业技能使用各省份或各校组织的职业适应性测试成绩或职业技能测试成绩。对于退役军人、下岗失业人员、农民工和新型职业农民，可免予文化素质考试，由各校组织与报考专业相关的职业适应性测试或职业技能测试。对于符合免试条件的技能拔尖人才，由高职院校予以免试录取。鼓励有条件的省份，对取得相关职业技能等级证书的考生，报考相关专业可免予职业技能测试。鼓励高职院校通过联合考试或成绩互认等方式，减轻考生考试负担。前期已在其他考试中被高职院校录取的考生，不再参加本次高职扩招专项考试。

（四）做好招生录取工作。加强考试招生监督管理，严格执行高校考试招生政策规定。针对不同群体考生特点，严格人才选拔标准，严肃考试招生工作纪律，严厉打击虚假宣传、有偿招生、买卖生源等违规行为。各地综合考虑计划安排、专业培养要求和考生成绩，分类确定录取标准，确保有升学意愿且达到基本培养要求的考生能被录取；根据考试招生时间安排确定新生入学时间，10 月份以前录取的新生，可在 2019 年秋季入学，10 月份以后录取的新生，可在 2020 年春季入学。

（五）做好分类教育管理工作。按照“标准不降、模式多元、学制灵活”原则，提高人才培养的针对性、适应性和实效性。贯彻实施职业教育国家教学标准体系，针对应届与非应届、就业与未就业、不同年龄段等生源多样化特点，分类编制专业人才培养方案，采取弹性学制和灵活多元教学模式，对退役军人、下岗失业人员、农民工和新型职业农民等群体可单独编班。鼓励有机组合师资、教学实训、食宿等资源，提高优质职业教育资源使用效率，用优质校拉动一般校，整体提升办学水平。加强教学常规管理，适应不同生源、不同学习时间、不同学习方式，创新教学组织和考核评价。针对不同生源的从业经历、技术技能基础和学习需求，创新实习管理方式，开展灵活多样的实践教学。加快学历证书和职业技能等级证书互通衔接，有序开展学习成果的认定、积累和转换，积极引导新增生源参与1+X证书制度试点，鼓励高校学生积极取得多类职业技能等级证书，拓展就业创业本领。对退役军人、下岗失业人员、农民工和新型职业农民等已积累的学习成果（含技术技能），探索通过水平测试等方式进行学历教育学分认定。

（六）推动教师教材教法改革。落实立德树人根本任务，坚持全员全过程全方位育人，注重坚守专业精神、职业精神和工匠精神，培养德智体美劳全面发展的社会主义建设者和接班人。加强高职院校教师队伍建设，通过资源整合挖潜一批、专项培训培育一批、校企合作解决一批、“银龄讲学”补充一批、社会力量兼职一批，加快补充急需的专业教师。开发适用于不同生源类型的新型活页式、工作手册式等教材，适应“互联网+职业教育”发展需求，建好用好职业教育专业教学资源库，促进优质资源共建共享。创新技术技能人才培养培训模式，针对不同生源分类施教、因材施教，普及推广项目教学、案例教学、情景教学、工作过程导向教学，广泛应用线上线下混合教学，促进自主泛在个性化学习。

（七）做好就业服务。推动职业院校毕业生在落户、就业、参加机关事业单位招聘、职称评审、职级晋升等方面与普通高校毕业生享受同等待遇。各地要结合就业形势和生源类型特点，加强就业指导和就业服务，强化职业生涯发展教育，帮助学生合理调整就业期望，找准职业定位。人力资源社会保障、农业农村、退役军人事务等部门要按照职责分别对退役军人、下岗失业人员、农民工和新型职业农民提供有针对性的就业服务。

（八）加大财政投入。中央财政加大对高职院校扩招的支持力度，引导地方政府落实生均拨款制度、奖助学金提标扩面政策等，加强办学条件薄弱公办高职院校改造，加大政府购买高职教育服务力度。完善和落实相关奖助学金、学费减免等资助政策，退役军人学费资助按高职院校实际收取学费金额执行，每生每年最高不超过8000元，超出部分自行负担；按规定给予退役军人学生助学金资助，其他奖助政策按现行规定执行。下岗失业人员、农民工、新型职业农民考入高职院校，按照现行规定享受资助政策。

四、组织实施

（一）在国务院领导下，各有关部门切实履行职责，积极主动作为，加强协同联动，抓紧研究制定配套文件，形成工作合力。国务院教育督导委员会办公室组织督查组，实地到31个省（区、市）和新疆生产建设兵团对各地扩招组织实施情况进行事中督查，并将各地落实情况作为年度省级人民政府履行教育职责督导评价的重要内容。

（二）各地要高度重视，切实履行主体责任，严明工作纪律，狠抓工作落实，坚决防止和克服形式主义、官僚主义，确保扩招任务落地见效。要结合实际制定本地高职扩招工作实施方案，将高职扩招专项工作任务作为落实《国家职业教育改革实施方案》的重要内容，加大政策供给和经费保障，优化资源配置，有质量地扩大高素质技术技能人才培养规模。要加强资金监管，建立常态督查机制，对资金使用中出现的虚报套取骗取、挤占挪用、贪污侵吞资助资金等违法违规违纪行为，依法依规坚决严肃查处。

（三）各有关部门和各地要加大高职扩招相关政策的宣传力度，及时回应社会关切，解疑释惑、凝聚共识，营造良好社会氛围。各地要加强对高职扩招专项工作的领导，充分发挥高职院校党委的领导核心作用，为扩招工作提供坚强组织保证。各高职院校要深化办学体制、培养模式、资源配置等方面改革，充分释放扩招政策效应，保证人才培养质量。

教育部关于职业院校专业人才培养方案制订与实施工作的指导意见

（教职成〔2019〕13号）

各省、自治区、直辖市教育厅（教委），各计划单列市教育局，新疆生产建设兵团教育局：

专业人才培养方案是职业院校落实党和国家关于技术技能人才培养总体要求，组织开展教学活动、安排教学任务的规范性文件，是实施专业人才培养和开展质量评价的基本依据。党的十八大以来，职业教育教学改革不断深化，具有中国特色的国家教学标准体系框架不断完善，职业院校积极对接国家教学标准，优化专业人才培养方案，创新人才培养模式，办学水平和培养质量不断提高。但在实际工作中还一定程度存在着专业人才培养方案概念不够清晰、制订程序不够规范、内容更新不够及时、监督机制不够健全等问题。为落实《国家职业教育改革实施方案》，推进国家教学标准落地实施，提升职业教育质量，现就职业院校专业人才培养方案制订与实施工作提出如下意见。

一、总体要求

（一）指导思想

以习近平新时代中国特色社会主义思想为指导，深入贯彻党的十九大精神，按照全国教育大会部署，落实立德树人根本任务，坚持面向市场、服务发展、促进就业的办学方向，健全德技并修、工学结合育人机制，构建德智体美劳全面发展的人才培养体系，突出职业教育的类型特点，深化产教融合、校企合作，推进教师、教材、教法改革，规范人才培养全过程，加快培养复合型技术技能人才。

（二）基本原则

——坚持育人为本，促进全面发展。全面推动习近平新时代中国特色社会主义思想进教材进课堂进头脑，积极培育和践行社会主义核心价值观。传授基础知识与培养专业能力并重，强化学生职业素养养成和专业技术积累，将专业精神、职业精神和工匠精神融入人才培养全过程。

—— 坚持标准引领，确保科学规范。以职业教育国家教学标准为基本遵循，贯彻落实党和国家在课程设置、教学内容等方面的基本要求，强化专业人才培养方案的科学性、适应性和可操作性。

——坚持遵循规律，体现培养特色。遵循职业教育、技术技能人才成长和学生身心发展规律，处理好公共基础课程与专业课程、理论教学与实践教学、学历证书与各类职业培训证书之间的关系，整体设计教学活动。

—— 坚持完善机制，推动持续改进。紧跟产业发展趋势和行业人才需求，建立健全行业企业、第三方评价机构等多方参与的专业人才培养方案动态调整机制，强化教师参与教学和课程改革的效果评价与激励，做好人才培养质量评价与反馈。

二、主要内容及要求

专业人才培养方案应当体现专业教学标准规定的各要素和人才培养的主要环节要求，包括专业名称及代码、入学要求、修业年限、职业面向、培养目标与培养规格、课程设置、学时安排、教学进程总体安排、实施保障、毕业要求等内容，并附教学进程安排表等。学校可根据区域经济社会发展需求、办学特色和专业实际制订专业人才培养方案，但须满足以下基本要求。

（一）明确培养目标。依据国家有关规定、公共基础课程标准和专业教学标准，结合学校办学层次和办学定位，科学合理确定专业培养目标，明确学生的知识、能力和素质要求，保证培养规格。要注重学用相长、知行合一，着力培养学生的创新精神和实践能力，增强学生的职业适应能力和可持续发展能力。

坚持把立德树人作为根本任务，不断加强学校思想政治工作，持续深化“三全育人”综合改革，把立德树人融入思想道德教育、文化知识教育、技术技能培养、社会实践教育各环节，推动思想政治工作体系贯穿教学体系、教材体系、管理体系，切实提升思想政治工作质量。

（二）规范课程设置。课程设置分为公共基础课程和专业（技能）课程两类。

1. 严格按照国家有关规定开齐开足公共基础课程。中等职业学校应当将思想政治、语文、历史、数学、外语（英语等）、信息技术、体育与健康、艺术等列为公共基础必修课程，并将物理、化学、中华优秀传统文化、职业素养等课程列为必修课或限定选修课。高等职业学校应当将思想政治理论课、体育、军事课、心理健康教育等课程列为公共基础必修课程，并将马克思主义理论类课程、党史国史、中华优秀传统文化、职业发展与就业指导、创新创业教育、信息技术、语文、数学、外语、健康教育、美育课程、职业素养等列为必修课或限定选修课。

全面推动习近平新时代中国特色社会主义思想进课程，中等职业学校统一实施中等职业学校思想政治课程标准，高等职业学校按规定统一使用马克思主义理论研究和建设工程思政课、专业课教材。结合实习实训强化劳动教育，明确劳动教育时间，弘扬劳动精神、劳模精神，教育引导学生崇尚劳动、尊重劳动。推动中华优秀传统文化融入教育教学，加强革命文化和社会主义先进文化教育。深化体育、美育教学改革，促进学生身心健康，提高学生审美和人文素养。

根据有关文件规定开设关于国家安全教育、节能减排、绿色环保、金融知识、社会责任、人口资源、海洋科学、管理等人文素养、科学素养方面的选修课程、拓展课程或专题讲座（活动），并将有关知识融入到专业教学和社会实践中。学校还应当组织开展劳动实践、创新创业实践、志愿服务及其他社会公益活动。

2. 科学设置专业（技能）课程。专业（技能）课程设置要与培养目标相适应，课程内容要紧密联系生产劳动实际和社会实践，突出应用性和实践性，注重学生职业能力和职业精神的培养。一般按照相应职业岗位（群）的能力要求，确定6—8门专业核心课程和若干门专业课程。

（三）合理安排学时。三年制中职、高职每学年安排40周教学活动。三年制中职总学时数不低于3000，公共基础课程学时一般占总学时的1/3；三年制高职总学时数不低于2500，鼓励学生自主学习，公共基础课程学时应当不少于总学时的1/4。中、高职选修课教学时数占总学时的比例均应当不少于10%。一般以16—18学时计为1个学分。鼓励将学生取得的行业企业认可度高的有关职业技能等级证书或已掌握的有关技术技能，按一定规则折算为学历教育相应学分。

（四）强化实践环节。加强实践性教学，实践性教学学时原则上占总学时数50%以上。要积极推行认知实习、跟岗实习、顶岗实习等多种实习方式，强化以育人为目标的实习实训考核评价。学生顶岗实习时间一般为6个月，可根据专业实际，集中或分阶段安排。推动职业院校建好用好各类实训基地，强化学生实习实训。统筹推进文化育人、实践育人、活动育人，广泛开展各类社会实践活动。

（五）严格毕业要求。根据国家有关规定、专业培养目标和培养规格，结合学校办学实际，进一步细化、明确学生毕业要求。严把毕业出口关，确保学生毕业时完成规定的学时学分和教学环节，结合专业实际组织毕业考试（考核），保证毕业要求的达成度，坚决杜绝“清考”行为。

（六）促进书证融通。鼓励学校积极参与实施1+X证书制度试点，将职业技能等级标准有关内容及要求有机融入专业课程教学，优化专业人才培养方案。同步参与职业教育国家“学分银行”试点，探索建立有关工作机制，对学历证书和职业技能等级证书所体现的学习成果进行登记和存储，计入个人学习账号，尝试学习成果的认定、积累与转换。

（七）加强分类指导。鼓励学校结合实际，制订体现不同学校和不同专业类别特点的专业人才培养方案。对退役军人、下岗职工、农民工和新型职业农民等群体单独编班，在标准不降的前提下，单独编制专业人才培养方案，实行弹性学习时间和多元教学模式。实行中高职贯通培养的专业，结合实际情况灵活制订相应的人才培养方案。

三、制订程序

（一）规划与设计。学校应当根据本意见要求，统筹规划，制定专业人才培养方案制（修）订的具体工作方案。成立由行业企业专家、教科研人员、一线教师和学生（毕业生）代表组成的专业建设委员会，共同做好专业人才培养方案制（修）订工作。

（二）调研与分析。各专业建设委员会要做好行业企业调研、毕业生跟踪调研和在校生学情调研，分析产业发展趋势和行业企业人才需求，明确本专业面向的职业岗位（群）所需要的知识、能力、素质，形成专业人才培养调研报告。

（三）起草与审定。结合实际落实专业教学标准，准确定位专业人才培养目标与培养规格，合理构建课程体系、安排教学进程，明确教学内容、教学方法、教学资源、教学条件保障等要求。学校组织由行业企业、教研机构、校内外一线教师和学生代表等参加的论证会，对专业人才培养方案进行论证后，提交校级党组织会议审定。

（四）发布与更新。审定通过的专业人才培养方案，学校按程序发布执行，报上级教育行政部门备案，并通过学校网站等主动向社会公开，接受全社会监督。学校应建立健全专业人才培养方案实施情况的评价、反馈与改进机制，根据经济社会发展需求、技术发展趋势和教育教学改革实际，及时优化调整。

四、实施要求

（一）全面加强党的领导。加强党的领导是做好职业院校专业人才培养方案制订与实施工作的根本保证。职业院校在地方党委领导下，坚持以习近平新时代中国特色社会主义思想为指导，切实加强对专业人才培养方案制订与实施工作的领导。职业院校校级党组织会议和校长办公会要定期研究，书记、校长及分管负责人要经常性研究专业人才培养方案制订与实施。职业院校党组织负责人、校长是专业人才培养方案制订与实施的第一责任人，要把主要精力放到教育教学工作上来。

（二）强化课程思政。积极构建“思政课程+课程思政”大格局，推进全员全过程全方位“三全育人”，实现思想政治教育与技术技能培养的有机统一。结合职业院校学生特点，创新思政课程教学模式。强化专业课教师立德树人意识，结合不同专业人才培养特点和专业能力素质要求，梳理每一门课程蕴含的思想政治教育元素，发挥专业课程承载的思想政治教育功能，推动专业课教学与思想政治理论课教学紧密结合、同向同行。

（三）组织开发专业课程标准和教案。要根据专业人才培养方案总体要求，制（修）订专业课程标准，明确课程目标，优化课程内容，规范教学过程，及时将新技术、新工艺、新规范纳入课程标准和教学内容。要指导教师准确把握课程教学要求，规范编写、严格执行教案，做好课程总体设计，按程序选用教材，合理运用各类教学资源，做好教学组织实施。

（四）深化教师、教材、教法改革。建设符合项目式、模块化教学需要的教学创新团队，不断优化教师能力结构。健全教材选用制度，选用体现新技术、新工艺、新规范等的高质量教材，引入典型生产案例。总结推广现代学徒制试点经验，普及项目教学、案例教学、情境教学、模块化教学等教学方式，广泛运用启发式、探究式、讨论式、参与式等教学方法，推广翻转课堂、混合式教学、理实一体教学等新型教学模式，推动课堂教学革命。加强课堂教学管理，规范教学秩序，打造优质课堂。

（五）推进信息技术与教学有机融合。适应“互联网+职业教育”新要求，全面提升教师信息技术应用能力，推动大数据、人工智能、虚拟现实等现代信息技术在教育教学中的广泛应用，积极推动教师角色的转变和教育理念、教学观念、教学内容、教学方法以及教学评价等方面的改革。加快建设智能化教学支持环境，建设能够满足多样化需求的课程资源，创新服务供给模式，服务学生终身学习。

（六）改进学习过程管理与评价。严格落实培养目标和培养规格要求，加大过程考核、实践技能考核成绩在课程总成绩中的比重。严格考试纪律，健全多元化考核评价体系，完善学生学习过程监测、评价与反馈机制，引导学生自我管理、主动学习，提高学习效率。强化实习、实训、毕业设计（论文）等实践性教学环节的全过程管理与考核评价。

五、监督与指导

国务院教育行政部门负责定期修订发布中职、高职专业目录，制订发布职业教育国家教学标准，宏观指导专业人才培养方案制订与实施工作。省级教育行政部门要结合区域实际进一步提出指导意见或具体要求，推动国家教学标准落地实施；要建立抽查制度，对本地区职业院校专业人才培养方案制订、公开和实施情况进行定期检查评价，并公布检查结果。市级教育行政部门负责指导、检查、监督本地区中等职业学校专业人才培养方案制订与实施工作，并做好备案和汇总。充分发挥地方职业教育教研机构的研究咨询作用，组织开展有关交流研讨活动，指导和参与本地区职业院校专业人才培养方案制订工作。鼓励产教融合型企业、产教融合实训基地等参与专业人才培养方案的制订和实施，发挥行业、企业、家长等的作用，形成多元监督机制。

《教育部关于制定中等职业学校教学计划的原则意见》（教职成〔2009〕2号）、《关于制订高职高专教育专业教学计划的原则意见》（教高〔2000〕2号）自本意见印发之日起停止执行。

教育部

2019年6月5日

教育部　国家发展改革委　财政部　人力资源社会保障部关于印发《深化新时代职业教育“双师型”教师队伍建设改革实施方案》的通知

（教师〔2019〕6号）

各省、自治区、直辖市教育厅（教委）、发展改革委、财政厅（局）、人力资源社会保障厅（局），新疆生产建设兵团教育局、发展改革委、财政局、人力资源社会保障局：

现将《深化新时代职业教育“双师型”教师队伍建设改革实施方案》印发给你们，请结合实际认真贯彻执行。

教育部　国家发展改革委
财政部　人力资源社会保障部
2019年8月30日

深化新时代职业教育“双师型”教师队伍建设改革实施方案

教师队伍是发展职业教育的第一资源，是支撑新时代国家职业教育改革的关键力量。建设高素质“双师型”教师队伍（含技工院校“一体化”教师，下同）是加快推进职业教育现代化的基础性工作。改革开放以来特别是党的十八大以来，职业教育教师培养培训体系基本建成，教师管理制度逐步健全，教师地位待遇稳步提高，教师素质能力显著提升，为职业教育改革发展提供了有力的人才保障和智力支撑。但是，与新时代国家职业教育改革的新要求相比，职业教育教师队伍还存在着数量不足、来源单一、校企双向流动不畅、结构性矛盾突出、管理体制机制不灵活、专业化水平偏低的问题，尤其是同时具备理论教学和实践教学能力的“双师型”教师和教学团队短缺，已成为制约职业教育改革发展的瓶颈。为贯彻落实《中共中央 国务院关于全面深化新时代教师队伍建设改革的意见》和《国家职业教育改革实施方案》，深化职业院校教师队伍建设改革，培养造就高素质“双师型”教师队伍，特制定《深化新时代职业教育“双师型”教师队伍建设改革实施方案》。

总体要求与目标：坚持以习近平新时代中国特色社会主义思想为指导，贯彻落实习近平总书记关于教育工作的重要论述，把教师队伍建设作为基础性工作来抓，支撑职业教育改革发展，落实立德树人根本任务，加强师德师风建设，突出“双师型”教师个体成长和“双师型”教学团队建设相结合，提高教师教育教学能力和专业实践能力，优化专兼职教师队伍结构，大力提升职业院校“双师型”教师队伍建设水平，为实现我国职业教育现代化、培养大批高素质技术技能人才提供有力的师资保障。

经过5—10年时间，构建政府统筹管理、行业企业和院校深度融合的教师队伍建设机制，健全中等和高等职业教育教师培养培训体系，打通校企人员双向流动渠道，“双师型”教师和教学团队数量充足，双师结构明显改善。建立具有鲜明特色的“双师型”教师资格准入、聘用考核制度，教师职业发展通道畅通，待遇和保障机制更加完善，职业教育教师吸引力明显增强，基本建成一支师德高尚、技艺精湛、专兼结合、充满活力的高素质“双师型”教师队伍。

具体目标：到2022年，职业院校“双师型”教师占专业课教师的比例超过一半，建设100家校企合作的“双师型”教师培养培训基地和100个国家级企业实践基地，选派一大批专业带头人和骨干教师出国研修访学，建成360个国家级职业教育教师教学创新团队，教师按照国家职业标准和教学标准开展教学、培训和评价的能力全面提升，教师分工协作进行模块化教学的模式全面实施，有力保障1+X证书制度试点工作，辐射带动各地各校“双师型”教师队伍建设，为全面提高复合型技术技能人才培养质量提供强有力的师资支撑。

一、建设分层分类的教师专业标准体系

教师标准是对教师素养的基本要求。没有标准就没有质量。适应以智能制造技术为核心的产业转型升级需要，促进教育链、人才链与产业链、创新链有效衔接。建立中等和高等职业教育层次分明，覆盖公共课、专业课、实践课等各类课程的教师专业标准体系。修订《中等职业学校教师专业标准（试行）》和《中等职业学校校长专业标准》，研制高等职业学校、应用型本

科高校的教师专业标准。通过健全标准体系，规范教师培养培训、资格准入、招聘聘用、职称评聘、考核评价、薪酬分配等环节，推动教师聘用管理过程科学化。引进第三方职教师资质量评价机构，不断完善职业教育教师评价标准体系，提高教师队伍专业化水平。

二、推进以双师素质为导向的新教师准入制度改革

完善职业教育教师资格考试制度，在国家教师资格考试中，强化专业教学和实践要求，按照专业大类（类）制定考试大纲、建设试题库、开展笔试和结构化面试。建立高层次、高技能人才以直接考察方式公开招聘的机制。加大职业院校选人用人自主权。聚焦专业教师双师素质构成，强化新教师入职教育，结合新教师实际情况，探索建立新教师为期 1 年的教育见习与为期 3 年的企业实践制度，严格见习期考核与选留环节。自 2019 年起，除持有相关领域职业技能等级证书的毕业生外，职业院校、应用型本科高校相关专业教师原则上从具有 3 年以上企业工作经历并具有高职以上学历的人员中公开招聘；自 2020 年起，除“双师型”职业技术师范专业毕业生外，基本不再从未具备 3 年以上行业企业工作经历的应届毕业生中招聘，特殊高技能人才（含具有高级工以上职业资格或职业技能等级人员）可适当放宽学历要求。

三、构建以职业技术师范院校为主体、产教融合的多元培养培训格局

优化结构布局，加强职业技术师范院校和高校职业技术教育（师范）学院建设，支持高水平工科大学举办职业技术师范教育，开展在职教师的双师素质培训进修。实施职业技术师范类专业认证。建设 100 家校企合作的“双师型”教师培养培训基地和 100 个国家级企业实践基地，明确资质条件、建设任务、支持重点、成果评价。校企共建职业技术师范专业能力实训中心，办好一批一流职业技术师范院校和一流职业技术师范专业。健全普通高等学校与地方政府、职业院校、行业企业联合培养教师机制，发挥行业企业在培养“双师型”教师中的重要作用。鼓励高校以职业院校毕业生和企业技术人员为重点培养职业教育教师，完善师范生公费教育、师范院校接收职业院校毕业生培养、企业技术人员学历教育等多种培养形式。加强职业教育学科教学论师资队伍建设。支持高校扩大职业技术教育领域教育硕士专业学位研究生招生规模，探索本科与硕士教育阶段整体设计、分段考核、有机衔接的人才培养模式，推进职业技术教育领域博士研究生培养，推动高校联合行业企业培养高层次“双师型”教师。

四、完善“固定岗+流动岗”的教师资源配置新机制

在现有编制总量内，盘活编制存量，优化编制结构，向“双师型”教师队伍倾斜。推进地方研究制定职业院校人员配备规范，促进教师规模、质量、结构适应职业教育改革发展需要。根据职业院校、应用型本科高校及其专业特点，优化岗位设置结构，适当提高中、高级岗位设置比例。优化教师岗位分类，落实教师从教专业大类（类）和具体专业归属，明确教师发展定位。建立健全职业院校自主聘任兼职教师的办法。设置一定比例的特聘岗位，畅通高层次技术技能人才兼职从教渠道，规范兼职教师管理。实施现代产业导师特聘岗位计划，建设标准统一、序列完整、专兼结合的实践导师队伍，推动形成“固定岗+流动岗”、双师结构与双师素质兼顾的专业教学团队。

五、建设“国家工匠之师”引领的高层次人才队伍

实施职业院校教师素质提高计划，分级打造师德高尚、技艺精湛、育人水平高超的教学名师、专业带头人、青年骨干教师等高层次人才队伍。通过跟岗访学、顶岗实践等方式，重点培训数以万计的青年骨干教师。加强专业带头人领军能力培养，为职业院校教师教学创新团队培育一大批首席专家。建立国家杰出职业教育专家库及其联系机制。建设 1000 个国家级“双师型”名师工作室和 1000 个国家级教师技艺技能传承创新平台。面向战略性新兴产业和先进制造业人才需要，打造一批覆盖重点专业领域的“国家工匠之师”。在国家级教学成果奖、教学名师等评选表彰中，向“双师型”教师倾斜。

六、创建高水平结构化教师教学创新团队

2019—2021 年，服务职业教育高质量发展和 1+X 证书制度改革需要，面向中等职业学校、高等职业学校和应用型本科高校，聚焦战略性重点产业领域和民生紧缺领域专业，分年度、分批次、分专业遴选建设 360 个国家级职业教育教师教学创新团队，全面提升教师开展教学、培训和评价的能力以及团队协作能力，为提高复合型技术技能人才培养培训质量提供强有力的师资保证。优化结构，统筹利用现有资源，实施职业院校教师教学创新团队境外培训计划，组织教学创新团队骨干教师分批次、成建制赴德国等国家研修访学，学习国际“双元制”职业教育先进经验，每年选派 1000 人，经过 3—5 年的连续培养，打造高素质“双师型”教师教学创新团队。各地各校对接本区域重点专业集群，促进教学过程、教学内容、教学模式改革创新，实施团队合作的教学组织新方式、行动导向的模块化教学新模式，建设省级、校级

教师教学创新团队。

七、聚焦 1+X 证书制度开展教师全员培训

全面落实教师 5 年一周期的全员轮训制度，对接 1+X 证书制度试点和职业教育教学改革需求，探索适应职业技能培训要求的教师分级培训模式，培育一批具备职业技能等级证书培训能力的教师。把国家职业标准、国家教学标准、1+X 证书制度和相关标准等纳入教师培训的必修模块。发挥教师教学创新团队在实施 1+X 证书制度试点中的示范引领作用。全面提升教师信息化教学能力，促进信息技术与教育教学融合创新发展。健全完善职业教育师资培养培训体系，推进“双师型”教师培养培训基地在教师培养培训、团队建设、科研教研、资源开发等方面提供支撑和服务。支持高水平学校和大中型企业共建“双师型”培训者队伍，认定 300 个“双师型”教师培养培训示范单位。

八、建立校企人员双向交流协作共同体

加大政府统筹，依托职教园区、职教集团、产教融合型企业等建立校企人员双向交流协作共同体。建立校企人员双向流动相互兼职常态运行机制。发挥央企、国企、大型民企的示范带头作用，在企业设置访问工程师、教师企业实践流动站、技能大师工作室。在标准要求、岗位设置、遴选聘任、专业发展、考核管理等方面综合施策，健全高技能人才到职业学校从教制度，聘请一大批企事业单位高技能人才、能工巧匠、非物质文化遗产传承人等到学校兼职任教。鼓励校企共建教师发展中心，在教师和员工培训、课程开发、实践教学、技术成果转化等方面开展深度合作，推动教师立足行业企业，开展科学研究，服务企业技术升级和产品研发。完善教师定期到企业实践制度，推进职业院校、应用型本科高校专业课教师每年至少累计 1 个月以多种形式参与企业实践或实训基地实训。联合行业组织，遴选、建设教师企业实践基地和兼职教师资源库。

九、深化突出“双师型”导向的教师考核评价改革

建立职业院校、行业企业、培训评价组织多元参与的“双师型”教师评价考核体系。将师德师风、工匠精神、技术技能和教育教学实绩作为职称评聘的主要依据。落实教师职业行为准则，建立师德考核负面清单制度，严格执行师德考核一票否决。引入社会评价机制，建立教师个人信用记录和违反师德行为联合惩戒机制。深化教师职称制度改革，破除“唯文凭、唯论文、

唯帽子、唯身份、唯奖项”的顽瘴痼疾。推动各地结合实际，制定“双师型”教师认定标准，将体现技能水平和专业教学能力的双师素质纳入教师考核评价体系。继续办好全国职业院校技能大赛教学能力比赛，将行动导向的模块化课程设置、项目式教学实施能力作为重要指标。试点开展专业课教师技术技能和教学能力分级考核，并作为教师聘期考核、岗位等级晋升考核、绩效分配考核的重要参考。完善考核评价的正确导向，强化考评结果运用和激励作用。

十、落实权益保障和激励机制提升社会地位

在职业院校教育教学、科学研究、社会服务等过程中，全面落实和依法保障教师的管理学生权、报酬待遇权、参与管理权、进修培训权。强化教师教育教学、继续教育、技术技能传承与创新等工作内容，制定职业教育教师减负政策，适当减少专任教师事务性工作。依法保障教师对学生实施教育、管理的权利。职业院校、应用型本科高校校企合作、技术服务、社会培训、自办企业等所得收入，可按一定比例作为绩效工资来源；教师依法取得的科技成果转化奖励收入不纳入绩效工资，不纳入单位工资总额基数。各地要结合职业院校承担扩招任务、职业培训的实际情况，核增绩效工资总量。教师外出参加培训的学时（学分）应核定工作量，作为绩效工资分配的参考因素。按规定保障中等职业学校教师待遇。

十一、加强党对教师队伍建设的全面领导

充分发挥各级党组织的领导和把关定向作用，充分发挥教师党支部的战斗堡垒作用，加强对教师党员的教育管理监督和组织宣传，充分发挥党员教师的先锋模范作用。实施教师党支部书记“双带头人”培育工程，配齐建强思想政治和党务工作队伍。着力提升教师思想政治素质，用习近平新时代中国特色社会主义思想武装头脑，坚持不懈培育和弘扬社会主义核心价值观，争做“四有”好老师，全心全意做学生锤炼品格、学习知识、创新思维、奉献祖国的引路人。健全德技并修、工学结合的育人机制，构建“思政课程”与“课程思政”大格局，全面推进“三全育人”，实现思想政治教育与技术技能培养融合统一。落实立德树人根本任务，挖掘师德典型、讲好师德故事，大力宣传职业教育中的“时代楷模”和“最美教师”，弘扬职业精神、工匠精神、劳模精神。

十二、强化教师队伍建设改革的保障措施

加强组织领导，将教师队伍建设摆在重要议事日程，建立工作联动机制，推动解决教师队伍建设改革的重大问题。深化“放管服”改革，提高职业院校和各类办学主体的积极性、主动性，引导广大教师积极参与，推动教师队伍建设与深化职业教育改革有机结合。将教师队伍建设作为中国特色高水平高职学校和专业建设计划投入的支持重点，现代职业教育质量提升计划进一步向教师队伍建设倾斜。鼓励各地结合实际，适时提高职业技术师范专业生均拨款标准，提升师范教育保障水平。加强督导评估，将职业教育教师队伍建设情况作为政府履行教育职责评价和职业院校办学水平评估的重要内容。

教育部办公厅关于开展职业教育校企深度合作项目建设工作的通知

（教职成厅函〔2018〕55号）

各省、自治区、直辖市教育厅（教委），新疆生产建设兵团教育局，各行业职业教育教学指导委员会，有关单位：

为贯彻全国教育大会精神，落实《国务院办公厅关于深化产教融合的若干意见》和教育部等六部门《职业学校校企合作促进办法》，深化产教融合、校企合作，进一步转变政府职能，建立健全“行政搭建平台，校企自愿合作，行业指导监督”的校企合作项目建设机制，培育产教融合型企业，提高人才培养质量，更好地服务国家战略和区域经济社会发展，支撑企业提质增效，决定开展职业教育校企深度合作项目建设工作。现就有关事项通知如下：

一、目的意义

顺应新一轮科技革命和产业变革，重点围绕现代农业、先进制造业、现代服务业和战略性新兴产业等，通过项目建设，推动一批行业龙头企业、高成长性企业设立校企深度合作项目，与一大批优质职业院校强强联手、互利共赢，在人才培养方案制订、实训基地建设、教学模式改革、职业培训等方面实现“深度合作”，推动职业院校进一步面向市场办学，促进新技术、新标准、新规范及时融入教学，提升专业内涵；提升企业美誉度、解决企业自身及业务相关企业用人需求，推广先进企业标准和企业文化，为产业升级储备人才；发挥龙头企业的引领示范作用，带动更多企业借鉴合作模式、深化校企合作。

二、工作流程

（一）项目汇聚

1. 意向企业根据本《通知》要求，研究提出合作项目建设方案（参考体例框架详见附件）、项目履行承诺书，并提供已开展的校企合作典型案例等作为支撑材料，一并提交有关行业职业教育教学指导委员会（以下简称行指委）。

2. 行指委常年面向企业接收合作项目意向，组织专家论证、遴选，对基础较好的项目指导完善方案内容，按照程序定期报送教育部职业教育与成人教育司（以下简称职成司）。

3. 职成司汇总形成项目库，每年定期研究确定发布校企深度合作项目清单和项目方案。

（二）学校申请

1. 省级教育行政部门组织区域内职业院校自主申报。

2. 职业院校根据项目方案，结合自身需求，自愿向有关企业提出参加校企合作项目的申请，并按要求提供有关材料。

3. 企业遴选合作学校，并在项目方案框架下细化形成校企合作内容，在行指委指导下，适时组织召开项目说明会，对合作内容及各方责权利做详细说明。

4. 校企双方充分沟通并达成一致后，自愿签署校企合作协议。行指委以适当形式公布项目学校名单，报教育部职成司备案，并抄送有关省级教育行政部门。

（三）项目实施

1. 合作各方依据协议实施项目，做好过程管理，记录实施情况。

2. 有关行指委做好对项目实施的监督指导，推动合作各方履行合作协议，并将有关工作情况纳入行指委年度工作总结。

3. 省级教育行政部门应把校企合作情况纳入对学校办学的有关督导范围，指导深化校企合作。

4. 企业应将开展校企合作纳入企业有关总体工作安排。

5. 参与合作项目的职业院校应积极交流经验做法，共同研究项目实施中的共性问题，会同企业共同解决。

（四）项目评价

1. 合作各方做好项目阶段性自评，及时报相关行指委。

2. 项目实施周期结束，合作各方组织验收自评，将各方签字确认的自评材料报行指委汇总。在此基础上，有关行指委组织专家对项目实施情况进行验收评价，评价结果报教育部职成司并面向社会公布。

三、合作企业及项目设置基本条件

（一）行业龙头企业、高成长性企业（性质不限），具有行业内领先的产品、服务、技术技能、研发及应用体系，能够提供第三方权威机构关于企业竞争力、先进性等方面的证明材料。

（二）有志于支持和参与职业教育改革发展，有长期参与校企合作的规划，设有人才发展相关机构并有专人负责合作项目。

（三）参与有关国家标准、行业标准、团体标准等制订的企业，以及具有先进企业标准的企业优先，与职业院校开展集团化办学或有一定合作基础的企业优先。

（四）运营状况与发展前景良好，具有强烈的社会责任感、良好的社会美誉度、完善的劳动保障条件和优秀的企业文化。

（五）项目设置应围绕行业先进技术技能，具有前瞻性，立足行业紧缺人才需求。

四、项目内容要求

企业应发挥自身优势，根据以下内容要求研究确定若干合作重点领域，设计合作项目，注意突出特色。项目应符合技术技能人才培养规律，周期一般不少于 3 年。

（一）协同制订专业人才培养方案，引入行业企业成熟的新技术、新工艺、新规范，优化课程体系，合作开发教学资源。

（二）合作开展订单培养、现代学徒制培养等。

（三）共建共享实习实训基地，将企业真实生产项目或典型生产案例引入校园，创设真实职业环境等。

（四）企业技术人员到学校兼职任教或提供技术指导服务，学校教师到企业实践，企业为学生实习实训及就业提供岗位或就业指导服务。

（五）合作开发技术技能标准及岗位规范，共建技术工艺和产品研发中心等产学研一体化机构，开展技术和产品研发、成果转移转化、技术服务等。

（六）依托职业院校建设职工继续教育基地，实施员工培训。

（七）协同开展职业素养教育，引入先进产业文化、企业文化。

（八）服务“一带一路”建设和国际产能合作，协同中国企业和中国产品“走出去”。

（九）不违反法律法规的其他合作内容。

五、工作要求

（一）教育部不直接受理企业项目申报，不与企业直接签署合作协议或推介合作项目。

（二）行指委在项目方案遴选过程中要注意坚持原则，严把项目质量，宁缺毋滥。教育部行指委工作办公室具体负责做好项目汇总。

（三）合作项目不得涉及需学校配套采购指定企业产品的内容。合作项目涉及的有关必备实训设备等，如学校既有条件不足，应依据国家和地方规定的采购程序和要求购置。项目申报和实施工作的各环节，申报主体不得与教育部有关司局和有关行指委及行指委工作办公室有经济利益输送，行指委不得向企业收取任何费用。

（四）对捆绑销售产品、不履行协议或夸大宣传的企业，一经查实，将发布公告提示职业院校慎重与之合作，并禁止参与职业教育领域其他有关工作项目。

（五）鼓励地方教育行政部门参照有关做法，结合区域实际，推动区域内有关校企深度合作项目，为学校搭建合作平台，鼓励职业院校与其他企业多种形式的自主对接与合作，并对项目实施成效显著的职业院校给予激励。

校企深度合作项目实施成效好的企业，在认定产教融合型企业中优先考虑，并将积极推动有关行业部门（行业组织）对行为规范、合作深入、示范效应好的校企合作项目企业以多种形式给予激励、宣传。

联系方式（略）

附件：职业教育校企深度合作项目建设方案（参考体例框架）

教育部办公厅

2018 年 10 月 19 日

附件：

职业教育校企深度合作项目建设方案

（参考体例框架）

一、项目名称

二、合作企业

三、指导机构

相关行业职业教育教学指导委员会

四、总体设计

1. 合作的主要领域，任务目标，预期成果等。

2. 拟合作学校数量，覆盖的主要专业，企业总体支持情况，项目建设周期等。

五、项目内容

逐项列举合作内容及企业将用于校企合作的软硬件支撑、服务等。

六、项目实施与管理

项目实施与管理过程中的有关程序、机制、保障等。

七、合作学校遴选条件

对申请参与合作项目的职业院校在软硬件条件等方面提出要求。对合作学校提交申请的时限、材料等方面的要求。

八、其他

教育部办公厅　国家发展改革委办公厅
民政部办公厅　商务部办公厅
国家卫生健康委办公厅　国家中医药局办公室
全国妇联办公厅关于教育支持社会服务产业发展
提高紧缺人才培养培训质量的意见

（教职成厅〔2019〕3号）

各省、自治区、直辖市教育厅（教委）、发展改革委、民政厅（局）、商务厅（局、委）、卫生健康委、中医药管理局、妇联，新疆生产建设兵团教育局、发展改革委、民政局、商务局、卫生健康委、妇联：

社会服务产业是涉及亿万群众福祉的民生事业和具有巨大发展潜力的朝阳产业，大力发展社会服务产业对更好满足人民群众日益增长的美好生活需要、高水平全面建成小康社会具有重要意义。为贯彻党中央、国务院关于促进家政服务业提质扩容、推进养老服务发展、促进婴幼儿照护服务发展等的决策部署，落实《国家职业教育改革实施方案》等，加快推进社会服务产业人力资源供给侧结构性改革，教育部、国家发展改革委、民政部、商务部、国家卫生健康委、国家中医药局、全国妇联办公厅就教育支持社会服务产业发展，提高家政、养老、育幼等领域紧缺人才培养培训质量提出如下意见。

一、总体要求

（一）指导思想

以习近平新时代中国特色社会主义思想为指导，全面贯彻党的十九大精神，落实全国教育大会精神，坚持以人民为中心，贯彻党的教育方针，主动适应家政服务业与养老、育幼、物业、快递等融合发展新模式，居家为基础、社区为依托、机构为补充、医养相结合的养老服务体系建设新要求，家政电商、“互联网+家政”、“物业+养老服务”、“互联网+养老”等新业态，不断满足城乡社区居民多样化、个性化、中高端新需求，以社区为重点依托，聚焦专业人才供给，拓展社会服务产业发展空间，以职业教育为重点抓手，提高教育对社会服务产业提质扩容的支撑能力，加快建立健全家政、养老、育幼等紧缺领域人才培养培训体系，扩大人才培养规模，全面提高人才培养质量，支撑服务产业发展，增强广大人民群众的获得感、幸福感和安全感。

（二）基本原则

政府主导，协调发展。加强统筹规划，将社会服务产业紧缺领域人才培养培训工作与学科专业调整，招生、培养、就业联动机制建设，教育脱贫攻坚等同步设计，优先部署，促进协调发展。

对接需求，分类施策。针对行业发展不同领域、不同模式、不同业态对人才的差异化需求，以服务家政服务、健康管理、养老照护、母婴照护等一线高素质技术技能人才为重点，兼顾考虑储备社会服务新业态急需人才，分层分类推进培养培训。

育训结合，统筹推进。坚持学历教育与职业培训并举并重，统筹推进专业设置、课程体系建设、师资队伍建设、学生资助、实习实训基地建设等人才培养培训各环节，提高专业人才供给规模和质量。

（三）工作目标

到2022年，教育支持社会服务产业发展的能力有效增强，紧缺领域相关学科专业体系进一步完善，结构进一步优化，布局进一步拓展，培养培训规模显著扩大，内涵进一步提升，教师教材教法改革、产教融合校企合作不断深化，为社会服务产业紧缺领域培养和输送一大批层次结构合理、类型齐全、具有较高职业素养和专业能力的高素质人才。

二、任务措施

1. 完善学科专业布局。健全专业随产业发展的动态调整机制，调整优化学科专业目录，及时增设相关领域本专科专业。以面向社区居民的家政服务、养老服务、中医药健康服务、托育托幼等紧缺领域为重点，对接管理、经营、服务、供应链等岗位需求，合理确定中职、高职、本科、研究生等不同类型、层次学历教育相关专业和职业培训的人才培养目标、规格。在一流本科专业建设“双万计划”、中国特色高水平高职学校和专业建设计划等项目实施过程中，向家政、养老、育幼等相关领域专业倾斜。

2. 重点扩大技术技能人才培养规模。鼓励引导有条件的职业院校积极增设护理（老年护理方向、中医护理方向）、家政服务与管理、老年服务与管理、智能养老服务、健康管理、中医养生保健、中医营养与食疗、助产、幼儿发展与健康管理、幼儿保育、学前教育、康复治疗技术、中医康复技术、康复辅助器具技术、康养休闲旅游服务、健身指导与管理等社会服务产业相关专业点。鼓励院校根据医养结合、安宁疗护、心理慰藉、家庭理财、收纳管理、服饰搭配和衣物管理、室内适老化设计、社区服务网点规划设计等产业发展新岗位、新需求，灵活设置专业方向。每个省份要有若干所职业院校开设家政服务、养老服务类专业，引导围绕社会服务产业链打造特色专业群。扩大中高职贯通培养招生专业和规模。引导应用型本科高校、本科层次职业教育试点院校开设相关专业，加快培养高端家政服务人才，养老机构、家政机构、大型康养综合体经营管理等急需人才。

3. 加快培养适应新业态、新模式需要的复合型创新人才。鼓励引导普通本科高校主动适应社会服务产业发展需要，设置家政学、中医康复学、中医养生学、老年医学、康复治疗学、心理学、护理学和社会工作等相关专业。原则上每个省份至少有 1 所本科高校开设家政服务、养老服务、托育服务相关专业。鼓励普通本科高校电子信息类、机械类、材料类等专业，高职院校电子信息大类、装备制造大类等专业增设相关课程，加快培养家庭服务机器人、健康监测、家用智能监控等健康养老、家政服务领域智能设施设备的研发制造人才，促进人工智能技术、虚拟现实（VR）技术、智能硬件、新材料等在社会服务业深度应用。在普通本科高校金融学类、高职院校财经商贸大类专业中增设相关课程，不断满足养老金融创新急需人才。鼓励有条件的普通高校探索辅修专业或双学士学位等培养模式，加快培养社会服务产业相关领域管理和培训人才。

4. 积极培养高层次管理和研发人才。加强社会服务业相关学科基础科研。支持高校通过自设家政学等二级学科，开展相关产业政策研究和人才培养。促进相关交叉学科专业发展，服务以专业设备、专用工具、智能产品研发制造为支持的家政服务产业集群建设。鼓励和支持有条件的高校在相关学科领域招收培养研究生，为企业和职业院校等输送业务骨干和高层次教学科研人员。

5. 支持从业人员学历提升。鼓励符合条件的家政服务、养老服务企业、养老服务机构管理人员报考攻读专业学位硕士研究生。支持社会服务产业从业人员通过多种渠道接受职业教育，提升学历。开放大学要充分发挥办学优势，加快信息化学习资源和平台建设，探索建立面向社会服务产业从业人员的现代远程教育教学及支持服务模式。

6. 鼓励院校广泛开展职业培训。推动职业院校联合相关企业，促进企业职工岗位技术技能水平提升。支持职业院校发挥资源优势，重点为困难企业转岗职工、去产能分流职工和贫困劳动力等就业重点人群从事社会服务产业提供职业培训，承担“雨露计划”“巾帼家政服务培训”“家政培训提升行

动”等培训任务。鼓励职业院校联合行业企业共同开展市场化社会培训。

7. 健全教学标准体系。发挥标准在人才培养培训质量提升中的基础性作用。按照专业设置与产业需求对接、课程内容与职业标准对接、教学过程与生产过程对接的要求，持续更新并推进社会服务产业领域职业院校专业教学标准、顶岗实习标准、实训教学条件建设标准等的建设和实施。推进有关本科专业类教学质量标准实施。指导院校贯彻落实国家教学标准，按照有关要求科学制订和实施人才培养方案，保障人才培养质量。

8. 建设高质量课程教材资源。注重强化职业道德、职业素养、安全意识、法治教育，有关专业课程重点向老年服务与管理、病患护理、母婴照料等领域倾斜，适度拓展心理学、医学、营养学、沟通技巧等基础知识。在国家规划教材建设中，加大社会服务产业紧缺领域相关专业教材建设支持力度，遴选 200 种校企双元开发的优质教材，倡导新型活页式、工作手册式教材。鼓励有关院校引入企业真实项目和案例，开发或引入多种形式的数字化教学资源，在职业教育专业教学资源库建设中向相关专业倾斜，做好老年服务与管理、学前教育专业教学资源库的更新和使用工作。

9. 开展 1+X 证书制度试点。积极招募、推动职业教育培训评价组织联合社会服务产业优质企业、职业院校共同研制家政服务、养老服务、母婴照护等紧缺领域职业技能等级标准和证书，开发教材和学习资源。支持院校学生在获得学历证书的同时，积极取得紧缺领域相关职业技能等级证书，提高就业创业本领，促进高质量就业。在家政服务、养老服务、托育服务等领域率先开展 1+X 证书制度试点，同步探索建设职业教育国家学分银行。

10. 推动校企深度合作。鼓励社会力量举办家政服务类、养老服务类职业院校，或与职业院校以股份制、混合所有制等形式共建产业学院，合作开设相关专业，规范并加快培养专门人才。将社会服务产业紧缺领域列为校企合作重点领域，优先支持建设产教融合创新项目、职业教育校企深度合作项目等。全国建设培育 100 家以上产教融合型家政企业，发挥家政服务业提质扩容“领跑者”行动示范企业和普惠养老重点企业的示范引领作用，推动 50 家优质企业与 200 所有关院校组建职业教育集团等，共建产业学院、大师工作室、协同创新平台、实习实训基地，实行现代学徒制、“订单培养”等培养模式，协同创新服务项目或开展技术研发，支持和鼓励企业承接教师实践锻炼和学生见习实习，深度参与紧缺领域人才培养培训。

11. 鼓励学生创新创业。鼓励院校围绕“互联网+家政”“互联网+养老”“互联网+健康服务”等，建设众创空间，指导学生开展自主创新和创业活动，做好创业项目的跟踪、指导和孵化服务，引导有条件的学生积极投入社会服务产业相关领域创业。支持鼓励相关专业学生参加中国“互联网+”大学生创新创业大赛。在全国职业院校技能大赛中论证设置相关特色赛项。相关院校要根据毕业生特点，加强职业指导和就业创业服务。组织相关专业学生到养老服务等公益属性较强的社会服务机构和城乡社区、家庭等开展社会实践活动。

12. 打造“双师型”教师队伍。在职业院校实行高层次、高技能人才以直接考察的方式公开招聘，建立健全职业院校自主聘任兼职教师的办法。新增相关专业课教师原则上应从具备家政、养老服务、社区服务等工作经历人员中引入和选聘。优先支持社会服务相关专业领域符合项目式、模块化教学需要的职业教育教师教学创新团队。在职业院校教师素质提高计划中对相关专业予以重点推进。在“双师型”教师培养培训基地建设中向社会服务相关专业倾斜。依托职业院校、应用型本科高校等，加强职业技能培训师资队伍建设，支持紧缺领域人才培训。

13. 广泛开展国际交流与合作。积极引入国（境）外相关领域职业标准、课程标准和技术标准，组织30所左右院校和企业引进国际先进课程设计和教学管理体系，结合我国国情和实际，开发本土化培养培训标准、方案、专业课程和教材。定期组织选派职业院校专业骨干教师赴国外研修访学。积极开展有关国际交流研讨活动。

三、实施保障

（一）加强部门协同

国务院教育行政部门在社会服务领域人才培养培训工作发挥牵头作用。有关行业主管部门、群团组织推动开展相关领域人才需求预测，指导专业设置和人才培养，引导行业优质企业积极参与产教融合、校企合作。省级教育行政部门要结合实际，高度重视社会服务产业紧缺人才培养培训工作，加强与省级有关部门的工作协同，健全工作机制。

（二）加大政策支持

各地教育行政部门要在政策、资金和项目等方面向积极开展社会服务产业紧缺领域人才培养培训的院校倾斜，会同有关部门落实好国家奖学金向家政、养老等社会急需专业倾斜的政策，吸引学生就读相关专业，保障相关专业家庭经济困难学生按照规定享受各类奖助政策，确保应助尽助。优先支持有关院校积极参与“家政服务业提质扩容‘领跑者’行动”等项目，促进社会服务产业高质量发展。支持建设若干集实践教学、社会培训、企业真实生产和社会技术服务于一体的高水平专业化产教融合实训基地。

（三）加强研究咨询

加强行业职业教育教学指导委员会等专家组织建设，提高行业指导能力，充分发挥专家组织的研究、咨询、指导、服务作用。设立一批社会服务产业紧缺领域教育研究项目，开展专题研究，为加快社会服务业人才培养提供理论支撑与智力支持。

（四）营造良好氛围

加强对社会服务产业新模式新业态、示范企业、特色院校、成长成才典型等的宣传，引导全社会和学生家长认识社会服务产业新定位、新理念、新职业，吸引相关专业毕业生对口就业，增强职业归属感、荣誉感。

（五）做好总结评价

各有关部门结合工作职责，将该意见相关任务落实情况于每年年底前及时总结，并提供教育部职业教育与成人教育司。省级教育行政部门要对本行政区域内有关专业设置、人才培养培训现状做全面摸底，研究设立有关工作项目，引导有关院校落实该意见各项任务，将社会服务产业领域相关专业设置、人才培养培训情况作为对有关院校绩效考核、质量评价的重要指标，支持第三方开展评估。

教育部办公厅　国家发展改革委办公厅　民政部办公厅

商务部办公厅　国家卫生健康委办公厅

国家中医药局办公室　全国妇联办公厅

2019 年 9 月 5 日

教育部办公厅　人力资源社会保障部办公厅国家发展改革委办公厅等十四部门关于印发《职业院校全面开展职业培训　促进就业创业行动计划》的通知

（教职成厅〔2019〕5号）

各省、自治区、直辖市教育厅（教委）、人力资源社会保障厅（局）、发展改革委、工业和信息化主管部门、财政厅（局）、住房城乡建设厅（委）、农业农村（农牧）厅（局、委）、退役军人事务厅（局）、国资委、扶贫办、总工会、团委、妇联、残联，新疆生产建设兵团教育局、人力资源社会保障局、发展改革委、工业和信息化委、财务局、住房城乡建设局、农业农村局、退役军人事务局、国资委、扶贫办、工会、团委、妇联、残联，行业职业教育教学指导委员会，有关单位：

为贯彻落实《国家职业教育改革实施方案》《国务院办公厅关于印发职业技能提升行动方案（2019—2021年）的通知》要求，教育部等十四部门研究制定了《职业院校全面开展职业培训　促进就业创业行动计划》。现印发给你们，请结合实际，加强协同配合，认真贯彻执行。

教育部办公厅　人力资源社会保障部办公厅　国家发展改革委办公厅
工业和信息化部办公厅　财政部办公厅　住房城乡建设部办公厅
农业农村部办公厅　退役军人部办公厅　国务院国资委办公厅
国务院扶贫办综合司　全国总工会办公厅　共青团中央办公厅
全国妇联办公厅　中国残联办公厅
2019年10月16日

职业院校全面开展职业培训
促进就业创业行动计划

实施学历教育与培训并举是职业院校（含技工院校，下同）的法定职责。职业院校面向全体劳动者广泛开展职业培训，既有利于支持和促进就业创业，也有利于学校提升人才培养质量和办学能力，是深化职业教育改革发展的重要内容。当前，职业院校开展学历教育和培训“一条腿长一条腿短”的现象普遍存在，面向社会开展培训还存在学校和教师的主动性不高、课程及资源不足、针对性和适用性不够、教师实践教学能力不强等问题，仍然是职业教育发展的薄弱环节。为深入贯彻全国教育大会精神，落实《国家职业教育改革实施方案》《国务院办公厅关于印发职业技能提升行动方案（2019—2021年）的通知》要求，推动职业院校全面开展职业培训，提高劳动者素质和职业技能水平，提升职业教育服务发展、促进就业创业能力，特制定本行动计划。

一、总体要求

（一）指导思想。以习近平新时代中国特色社会主义思想为指导，全面贯彻党的十九大精神，认真落实党中央、国务院决策部署，充分发挥职业教育资源优势，以健全政行企校多方协同的培训机制为突破口，增强院校和教师主动性，调动参训人员积极性，面向全体劳动者特别是重点人群及技术技能人才紧缺领域开展大规模、高质量的职业培训，加快形成学历教育与培训并举并重的办学格局，为实现更高质量和更充分就业提供有力支持。

（二）基本原则。坚持注重实效，促进就业。围绕服务稳定和扩大就业，紧贴区域、行业企业和个人发展的实际需求，保障培训的针对性和实用性。坚持扩大规模，提升质量。支持职业院校敞开校门，面向社会广泛开展培训，推动学历教育与培训相互融合、相互促进。坚持统筹资源，协同推进。加强部门之间统筹协同、产教之间融合联动，形成共同推进职业培训工作合力。坚持完善机制，激发动力。健全培训激励和保障制度，创造更加规范和更有吸引力的培训环境。

（三）行动目标。到2022年，职业院校面向社会广泛开展职业培训，培训理念更加先进，培训层次更加完善，培训课程资源更加丰富，培训类型与形式更加多样；政府引导、行业参与、校企合作的多方协同培训机制基本建立，培训能力和服务就业创业能力显著增强；职业院校成为开展职业培训的重要阵地，学历教育与培训并举并重的职业教育办学格局基本形成。具体目标：

1. 职业院校年承担补贴性培训达到较大规模；开展各类职业培训年均达到 5000 万人次以上。

2. 重点培育一批校企深度合作共建的高水平实训基地、创业孵化器和企业大学。

3. 建设一大批面向重点人群、学习内容和形式灵活多样的培训资源库，开发遴选一大批重点领域的典型培训项目，培养一大批能够同时承担学历教育和培训任务的教师，适应“双岗”需要的教师占专业课教师总数 60%。

二、行动措施

（一）广泛开展企业职工技能培训。推动职业院校联合行业企业面向人工智能、大数据、云计算、物联网、工业互联网、建筑新技术应用、智能建筑、智慧城市等领域，大力开展新技术技能培训。通过开展现代学徒制、职业技能竞赛、在线学习等方式，促进企业职工岗位技术技能水平提升。鼓励职业院校联合行业组织、大型企业组建职工培训集团，发挥各方资源优势，共同开展补贴性培训、中小微企业职工培训和市场化社会培训。支持职业院校与企业合作共建企业大学、职工培训中心、继续教育基地。结合学校专业优势，以岗位技术规范为标准，以技术和知识更新调整为重点，加大对困难企业职工转岗转业培训力度。支持职业院校服务中国企业“走出去”，积极开展涉外培训。

（二）积极开展面向重点人群的就业创业培训。鼓励职业院校积极开发面向高校毕业生、退役军人、农民工、去产能分流职工、建档立卡贫困劳动力、残疾人等重点人群的就业创业培训项目。支持职业院校承担春潮行动、雨露计划、求学圆梦计划等政府组织的和工青妇等群团组织开展的培训任务。支持职业院校与行业企业合作开设大学生、退役军人就业技能训练班，开展先进制造业、战略性新兴产业、现代服务业及人才紧缺领域的技术技能培训。加强适应残疾人特点的民间工艺、医疗按摩等领域培训。鼓励涉农职业院校送培训下乡，把技术技能送到田间地头和养殖农牧场，深入开展技能扶贫，服务脱贫攻坚和乡村振兴，大力培育高素质农民和农村实用人才。支持职业院校开发具有专业特色的创业课程，建设创业孵化器，对自谋职业和具有创业意向的参训人员进行创业意识、创业知识、创业能力等方面的培训。

（三）大力开展失业人员再就业培训。支持职业院校对接当地人力资源社会保障部门及工青妇等群团组织，面向长期失业青年、农村留守妇女、大龄失业人员等，开发周期短、需求大、易就业的培训项目。职业院校要大力开展家政、养老、护工、育婴、电商、快递、手工等领域初级技能培训，使失业人员掌握一技之长。支持职业院校承担巾帼家政服务培训任务。要突出帮、教、扶等特点，积极联系合作企业，择优推荐工作，提供培训就业一体化服务，努力实现培训即招工、培训即就业。

（四）做好职业指导和就业服务。职业院校要引导参训人员增强市场就业意识，帮助其树立正确的职业观、择业观和创业观。加强就业有关法律法规、职业道德、职业素养、求职技巧等方面的教育。对农村和边远地区、少数民族地区的大龄参训人员，要增加普通话、常用现代化设施（工具、软件）运用等基本技能方面的培训。职业院校要密切与人力资源服务机构、行业企业的合作，共同开展招聘会、就业创业指导、政策宣传等多样化就业服务，为参训人员提供有效的就业信息。

（五）推进培训资源建设和模式改革。职业院校要深入开展培训需求调研，提升培训项目设计开发能力，增强培训项目设计的针对性。积极会同行业企业建设一批培训资源开发中心，面向重点人群、新技术、新领域等开发一批重点培训项目，共同研究制订培训方案、培训标准、课程标准等，开发分级分类的培训课程资源包。积极开发微课、慕课、VR（虚拟现实技术）等数字化培训资源，完善专业教学资源库，进一步扩大优质资源覆盖面。要加强大数据技术的应用，多渠道整合培训资源，鼓励共建共享。突出“短平快”等特点，探索推行“互联网+培训”模式，通过智慧课堂、移动APP（应用程序）、线上线下相结合等，开展碎片化、灵活性、实时性培训。鼓励职业院校通过“企业学区”“移动教室”“大篷车”“小马扎”等方式，把培训送到车间和群众家门口。

（六）加强培训师资队伍建设。落实好职业院校教师定期到企业实践制度，鼓励教师参与企业培训、技术研发等活动，提升实践教学能力。充分利用学校实习实训基地、产教融合型企业等，对专业教师进行针对性培训，培养一大批适应“双岗”需要的教师，使教师能驾驭学校、企业“两个讲台”。健全职业院校自主聘任企业兼职教师制度。鼓励职业院校聘请劳动模范、能工巧匠、企业技术人才、高技能人才等担任兼职教师，承担培训任务。完善教师工作绩效考核办法，将培训服务课时量和培训成效等作为教师工作绩效考核的重要内容。

（七）支持多方合作共建培训实训基地。支持职业院校在现有实训基地基础上，建设一批标准化培训实训基地。产教融合型企业要加大对培训实训基地建设支持力度，并积极承担各类培训项目。按照培训项目与产业需求对接、培训内容与职业标准（评价规范）对接、培训过程与生产过程对接的要求，支持校企合作建设一批集实践教学、社会培训、真实生产和技术服务于一体的高水平就业创业实训基地。各地教育行政部门、人力资源社会保障部门要推动当地公共实训基地面向职业院校和城乡各类劳动者提供技能训练、技能鉴定、创业孵化、师资培训等服务。

（八）完善职业院校开展培训的激励政策。支持职业院校开展补贴性培训。推动职业院校培训量计算标准化、规范化，可按一定比例折算成全日制学生培养工作量，与绩效工资总量增长挂钩。各级人力资源社会保障、财政部门要充分考虑职业院校承担培训任务情况，合理核定绩效工资总量和水平。对承担任务较重的职业院校，在原总量基础上及时核增所需绩效工资总量。指导职业院校按规定的程序和办法搞活内部分配，在内部分配时向承担培训任务的一线教师倾斜。允许职业院校将一定比例的培训收入纳入学校公用经费。鼓励支持职业院校按同类专业（群）组建培训联合体，互聘教师开展培训。

（九）健全参训人员的支持鼓励政策。全面落实职业培训补贴、生活费补贴政策，确保符合条件的参训人员应享尽享。加快推进“学历证书+若干职业技能等级证书”（简称1+X证书）制度试点工作，鼓励参训人员获取职业技能等级证书和职业资格证书。依托职业教育国家“学分银行”试点，对职业技能等级证书等所体现的培训成果进行登记和储存，计入个人学习账号，为学习成果认定、积累与转换奠定基础。鼓励符合条件的参训人员接受学历教育，培训成果按规定兑换学分，免修相应课程。职业院校要实施精准培训，切实提高参训人员的就业创业能力，帮助其用好就业创业支持政策。

（十）建立培训评价与考核机制。以参训人员的技术技能水平、就业创业能力和质量等为核心，建立培训绩效考核体系。将面向社会开展培训情况作为职业院校办学能力考核评价的重要指标和职业教育项目安排的重要依据。各地要结合实际对落实本行动计划积极主动、面向社会开展培训成效明显的职业院校，在安排职业教育财政补助及有关基础设施建设资金、遴选相关试点项目方面，给予倾斜支持。完善职业院校培训工作标准体系和管理制度，对职业院校开展培训工作进行评估和督导，落实督导报告、公报、约谈、限期整改、奖惩等制度。

三、行动要求

（一）加强组织领导。各地教育、人力资源社会保障、发展改革、工业和信息化、财政、住房城乡建设、农业农村、退役军人、国资委、扶贫、工会、共青团、妇联、残联等部门要加强沟通协作，积极支持职业院校承担本部门（行业）及相关领域的培训项目，共同帮助职业院校协调解决开展培训工作中遇到的实际困难和问题。各地教育行政部门、职业院校要高度重视培训工作，切实将职业培训摆在与学历教育同等重要的地位。职业院校要把开展培训工作作为一把手工程，成立专门负责培训的机构，配备专人负责。开展1+X证书制度试点的院校要发挥示范引领作用，主动承担有关培训任务。

（二）强化实施管理。各地要根据本行动计划内容，结合实际制定好落实方案、年度计划，逐级分解任务、明确目标、落实责任，确定时间表和任务书。各地教育行政部门要会同有关部门加强对本地区职业院校开展培训工作的日常指导、检查与跟踪。各行业职业教育教学指导委员会要推动行业部门、行业组织引导和督促相关企业参与行动计划的实施。建立行动计划进展情况上报制度，各地要分行业领域、分培训对象做好培训数据整理汇总工作，定期将本地区职业院校开展培训工作进展情况报送教育部。教育部将汇总整理各地落实方案和年度计划、进展情况，组织编制职业院校开展职业培训情况年度报告，定期向社会发布，同时做好监督管理、检查指导工作。

（三）注重宣传引导。各地和各职业院校要加大对培训工作的宣传力度，通过职业教育活动周、全民终身学习活动周等，面向城乡各类劳动者加大对培训有关政策、项目的宣传力度，帮助企业、劳动者了解熟悉政策，用足用好政策。要积极运用各种媒体，广泛宣传介绍职业院校开展的各类培训项目，特别要加强对重点人群的宣传。要扎实做好职业院校开展职业培训的经验和典型的总结推广工作。

教育部办公厅关于全面推进现代学徒制工作的通知

（教职成厅函〔2019〕12号）

各省、自治区、直辖市教育厅（教委），新疆生产建设兵团教育局：

为深入贯彻全国教育大会精神，落实《国家职业教育改革实施方案》，按照《教育部2019年工作要点》部署，现就“总结现代学徒制试点经验，全面推广现代学徒制”有关工作通知如下。

一、目标要求

以习近平新时代中国特色社会主义思想为指导，全面贯彻党的教育方针，落实立德树人根本任务，深化产教融合、校企合作，健全德技并修、工学结合的育人机制和多方参与的质量评价机制，深入推进教师、教材、教法改革，总结现代学徒制试点成功经验和典型案例，在国家重大战略和区域支柱产业等相关专业，全面推广政府引导、行业参与、社会支持、企业和职业学校双主体育人的中国特色现代学徒制。

二、工作重点

各地要明确全面推广现代学徒制的目标任务和工作举措，引导行业、企业和学校积极开展学徒培养，落实好以下重点任务。

（一）招生招工一体化。校企共同制订和实施招生招工方案，规范招生录取和企业用工程序，推进招生招工同步、先招工后招生、先招生后招工，明确学徒的企业员工和职业学校学生双重身份，保障学徒的合法权益。

（二）标准体系建设。按照专业设置与产业需求对接、课程内容与职业标准对接、教学过程与生产过程对接的要求，校企共同研制高水平的现代学徒制专业教学标准、课程标准、实训条件建设标准等相关标准，做好落地实施工作。在开展现代学徒制的专业率先实施“学历证书+若干职业技能等级证书”制度试点。

（三）双导师团队建设。推广学校教师和企业师傅共同承担教育教学任务的双导师制度，校企分别设立兼职教师岗位和学徒指导岗位，完善双导师选拔、培养、考核、激励等办法，加大学校与企业之间人员互聘共用、双向挂职锻炼、横向联合技术研发和专业建设的力度，打造专兼结合的双导师团队。

（四）教学资源建设。充分利用生产性实习实训基地、技能大师工作室、工程技术研究中心、协同创新中心等，发挥校企双方的场所、设备、人员优势，共同开发一批新型活页式、工作手册式教材并配套信息化资源，及时吸纳新技术、新工艺、新规范和典型生产案例，形成共建共享的教学资源体系。

（五）培养模式改革。坚持德技并修、工学结合、知行合一，按照企业生产和学徒工作生活实际，实施弹性学习时间和学分制管理，育训结合、工学交替、在岗培养，积极探索三天在企业、两天在学校的“3+2”培养模式，着力培养学生的专业精神、职业精神和工匠精神，提升学生的职业道德、职业技能和就业创业能力。

（六）管理机制建设。健全与现代学徒制相适应的教学管理与运行机制。校企协同制订现代学徒制专业人才培养方案，并由学校党委会审定。校企共同分担人才培养成本，完善教学运行与质量监控体系，规范人才培养全过程。

三、组织实施

（一）加强组织领导。各地要把现代学徒制工作与贯彻落实《国家职业教育改革实施方案》统筹推进，加大政策保障和投入力度，完善政府、行业、企业、职业学校等共同参与的学徒培养质量评价机制，将现代学徒制实施情况作为省级、校级质量年度报告的重要内容。

（二）完成试点任务。各地要加强对现代学徒制试点单位的指导，通过查资料、看现场等多种形式审查试点工作进展情况，按要求做好年检和验收工作，确保高质量完成试点任务。我部将委托全国现代学徒制工作专家指导委员会对各地和试点单位报送的年检和验收材料进行复核，并根据实际需要组织实地检查，适时反馈年检意见、公布验收结果。有关年检和验收工作安排另行通知。

（三）推广典型经验。各地要加强现代学徒制宣传和推广工作，指定专门网站公开本地支持政策、成功经验。通过验收的试点单位，须持续推进现代学徒制工作，全面总结推广工作经验，在单位网站设立专栏，及时发布试点成果，充分发挥示范作用。

教育部办公厅

2019 年 5 月 14 日

教育部办公厅　国家发展改革委办公厅财政部办公厅关于推进1+X证书制度试点工作的指导意见

（教职成厅函〔2019〕19号）

各省、自治区、直辖市教育厅（教委）、发展改革委、财政厅（局），新疆生产建设兵团教育局、发展改革委、财政局，有关单位：

为贯彻《国务院关于印发国家职业教育改革实施方案的通知》（国发〔2019〕4号），实施好《教育部等四部门印发〈关于在院校实施“学历证书+若干职业技能等级证书”制度试点方案〉的通知》（教职成〔2019〕6号），积极稳妥推进1+X证书制度试点工作，现就试点有关工作提出以下指导意见。

一、健全协同推进机制

（一）健全工作机构

各省级教育行政部门要切实把1+X证书制度试点工作作为深化职业教育改革、提高人才培养质量、拓展就业本领的重要抓手，加大统筹推进力度。在省级教研机构或区域牵头职业院校或专家组织等，建立试点工作指导协调机构，明确专人与各职业教育培训评价组织（简称培训评价组织）对接，对应协调不同证书的实施工作，指导本省（区、市）试点院校开展有关工作，协调解决有关困难问题，配合省级教育行政部门整体推进本省（区、市）试点工作。试点院校建立由主要负责人牵头的工作机构，统筹推进本校试点工作，并明确具体工作联系人，对接本省（区、市）试点工作指导协调机构。

（二）加强沟通对接

培训评价组织要加强与省级教育行政部门或省级试点工作指导协调机构的联系，在有关省域内组织开展标准宣贯、师资培训、考核等试点相关工作，以及大范围涉及有关省域内院校参与的会议、活动时，应提前与省级教育行政部门沟通并备案。省级教育行政部门组织开展与试点有关的研讨会、师资培训等，应积极邀请有关培训评价组织参与，有关培训评价组织应主动配合参加。

（三）实行工作动态定期报送制度

各省级教育行政部门、试点院校、培训评价组织要认真落实好试点工作动态定期报送制度，及时、准确报送工作进展，总结工作经验，汇聚典型案例，反映有关困难问题，提出政策建议等。通过职业技能等级证书信息管理服务平台填报系统，对试点院校及参与学生规模进行动态管理。

二、保障有序开展有关师资培训

（一）依托有关师资项目做好 1+X 证书制度试点师资培训

各省级教育行政部门要将职业技能等级证书有关师资培训纳入职业院校教师素质提高计划项目，对接陆续发布的职业技能等级证书和标准，结合 2019 年项目实施，统筹各方资源，及时调整培训计划、培训内容，积极开展 1+X 证书制度试点师资培训工作。从 2020 年起，发挥国家和地方教育行政部门师资培训项目的主渠道作用，将 1+X 证书制度试点师资培训纳入职业院校教师相关培训规划中。结合教师教学创新团队、“国家工匠之师”创新团队境外培训计划等项目，发挥引领作用，培育“种子”师资。培训评价组织要主动配合、优先保障国家和地方教育行政部门组织的 1+X 证书制度试点师资培训项目，积极参与培训方案设计和组织实施，根据各地实际需要委派授课专家，专家相关费用应严格执行国家和地方有关标准。

（二）规范培训评价组织有关师资培训行为

培训评价组织开展的 1+X 证书制度试点有关培训、研讨等，是国家和地方有关师资培训项目的有益补充。培训评价组织要坚持公益性原则，把社会效益放在首位，依法依规制订有关培训方案及收费标准，并提前公示公告，接受各方监督，试点院校结合实际自愿参加。不得以任何理由强制教师参加收费性培训。面向院校的师资培训和考评员培训有关收费标准参考国家和地方关于教师培训的规定，结合实际合理确定，不得另立名目额外收取培训师、考评员考核认证等其他费用。有关培训应采取线上线下相结合的方式，主要依托职业院校开展，充分利用职业院校现有资源，动员社会力量支持，精打细算，节约开支。培训评价组织要做好规划和管理，加强培训团队建设，严格培训师资质审核，来自行业企业的专家比例不少于 40%，切实保障培训质量。

（三）鼓励教师积极承担证书培训任务

地方教育行政部门要加强与当地有关部门的沟通协作，支持职业院校用好本校组织实施职业技能等级证书培训的资源，参与职业技能提升行动，积极承担补贴性培训，扩大面向职工、就业重点群体和贫困劳动力的培训规模。培训评价组织在参与实施院校内 1+X 证书制度试点的同时，自主面向社会人员开展职业技能等级评价。试点院校可将教师额外承担的职业技能等级证书培训工作量，按一定比例折算成全日制学生培养工作量，纳入绩效工资分配因素范围；在内部绩效工资分配时向承担证书培训任务的一线教师倾斜。试点院校间可按证书类别组建培训联合体，互聘教师开展培训。

（四）建设并及时提供高质量培训资源

1+X 证书制度试点是职业教育教学模式改革和评价模式改革的重要举措，面向学生开展的 X 证书培训，要与推进教师、教材、教法改革结合起来，由学校统筹用好有关资源和项目，结合教学组织实施。培训评价组织要整合优质资源，持续优化职业技能等级证书标准，按有关规定开发、完善职业技能等级证书培训教材，教材应由具备资质的出版单位正式出版，征订工作通过正规渠道开展，保障学生培训用书。要及时提供并适时更新案例库、习题库等线上配套资源，广泛免费共享，满足试点院校工作需要，确需有偿提供的，应本着公益性原则，严格控制成本，不得额外增加学生负担。

三、规范考核颁证

（一）完善考核评价体系

培训评价组织应建立模拟考核平台，发布考核方案，为院校学生参与考核提供支撑服务。培训评价组织提出对考核站点的有关条件要求并向社会公布，试点院校对照条件自主申报，培训评价组织与省级教育行政部门充分沟通，结合区域实际，协商确定考核站点，并在省级教育行政部门及有关平台备案。考核站点设置应综合考虑省内有关院校和专业布局，逐步覆盖更多试点院校，原则上有试点院校的地级市至少设置一个相关证书考核站点，为学生就近参加考核提供便利。

各地要统筹利用各种类型的实训基地，支持考核站点建设。培训评价组织要加强自身管理，不得以培训、考核、授牌等任何名义直接或变相要求试点院校购置指定品牌的设备设施、软件系统、课程资源及相关服务。

（二）加强证书考核成本核算

培训评价组织要坚持公益性原则，对职业技能等级证书的考核成本进行核算。试点期间，教育部委托有关机构组织论证提出参与试点的职业技能等级证书考核成本上限，并向社会公示。培训评价组织结合区域实际，与省级教育行政部门、试点院校具体协商确定考核费用标准。试点院校可统筹财政拨款、学费及其他事业收入等办学经费分担培训考核费用，保障试点学生至少参与一个职业技能等级证书的考核。要严格按照国家有关规定，规范使用相关经费。承担考核站点任务的试点院校，应统筹用好学校场地、设备、耗材、人员等资源，降低考核颁证费用。

（三）做好证书信息公开服务和学习成果积累

培训评价组织要对接职业技能等级证书信息管理服务平台，及时发布有关信息。职业技能等级证书信息在证书颁发后7个工作日内录入平台，提供查询、验证等服务。要对接职业教育国家学分银行，在有关职业技能等级证书公布后的1个月内，提出所体现学习成果的学分记录建议方案，推进学习成果积累。

四、完善财政支持方式

各地要按照财政部、教育部有关要求，切实履行投入主体责任，加大地方财政投入，统筹用好中央奖补资金，积极筹措社会资源，积极支持开展1+X证书制度试点工作。各省级教育、财政部门要结合试点实际统筹安排省级有关职教专项经费向试点工作倾斜，健全考核机制，完善分配因素，及时将有关资金拨付至试点院校。

各试点院校要及时与培训评价组织对接，根据证书考核需要调整完善学校专业人才培养方案，统筹好现有教学资源，在厉行节约的基础上合理安排财政资金、社会资源和自有资金，开展好1+X证书制度试点工作。要健全内部控制机制，不得截留挪用财政资金，确保资金使用规范有效。

五、严格监督管理

（一）健全制度约束

参与试点工作的培训评价组织，应与教育部委托的有关机构签署协议，明确公益性、先进性、合规性、退出机制等方面约束条款和违约责任。

（二）规范宣传引导

培训评价组织发布的有关通知、公告、宣传口径，要规范行文，文责自负，确保内容真实，不做虚假宣传、夸大宣传，不擅自标注“教育部指导”“职成司指导”“指定”等字样。

（三）建立健全监督机制

国家层面针对每个试点证书在10个左右试点院校设立监测点，监督培训评价组织履行协议的情况，及时发现、分析和研究试点工作各环节有关问题，各地可参照执行。培训评价组织、试点院校积极开展绩效自评，接受省级有关部门及其委托的第三方开展的评价。教育部将通过职业技能等级证书信息管理服务平台，及时关注并回应社会各方有关监督评价意见。

（四）建立退出机制

培训评价组织凡出现以下情形之一的，经相关部门调查核实，教育部将取消参与试点资格，退出试点工作：考核工作组织实施不力，在考核过程中存在严重违反考核纪律、弄虚作假的；违反有关规定进行高收费或另立名目乱收费，不按要求及时整改的；借试点工作谋取不正当利益的，如向学校捆绑销售仪器设备、实训软件等；不按要求及时更新有关职业技能等级标准、教材、考核题库的；针对通过证书信息管理服务平台等渠道反映集中的其他问题，不按要求及时整改的；存在其他违纪违规情况的。

试点院校出现以下情况之一的，省级教育行政部门取消参与试点资格：推进试点工作不力、进展缓慢，连续三周不填报周报的；证书培训、考核等工作管理不严的；试点工作经费使用不规范的；强制或变相强制学生参加培训或考核的；存在其他违纪违规情况的。

试点过程中，各地要及时总结经验，宣传典型案例，研究解决存在的困难问题，对有关政策措施提出调整优化建议。试点期后有关部门继续完善相关制度设计。

各地试点工作有关进展情况，请及时与教育部职业教育与成人教育司联系。

联系方式（略）

教育部办公厅　国家发展改革委办公厅　财政部办公厅

2019 年 11 月 9 日

工业和信息化部关于加快培育共享制造新模式新业态　促进制造业高质量发展的指导意见

（工信部产业〔2019〕226号）

各省、自治区、直辖市及计划单列市、新疆生产建设兵团工业和信息化主管部门：

共享制造是共享经济在生产制造领域的应用创新，是围绕生产制造各环节，运用共享理念将分散、闲置的生产资源集聚起来，弹性匹配、动态共享给需求方的新模式新业态。发展共享制造，是顺应新一代信息技术与制造业融合发展趋势、培育壮大新动能的必然要求，是优化资源配置、提升产出效率、促进制造业高质量发展的重要举措。近年来，我国共享制造发展迅速，应用领域不断拓展，产能对接、协同生产、共享工厂等新模式新业态竞相涌现，但总体仍处于起步阶段，面临共享意愿不足、发展生态不完善、数字化基础较薄弱等问题。为贯彻落实党中央、国务院关于在共享经济领域培育新增长点、形成新动能的决策部署，进一步推动共享经济在生产制造领域的创新应用，加快培育共享制造新模式新业态，促进制造业高质量发展，现提出以下意见。

一、总体要求

（一）指导思想

以习近平新时代中国特色社会主义思想为指导，全面贯彻党的十九大和十九届二中、三中全会精神，坚持新发展理念，坚持推进高质量发展，坚持以供给侧结构性改革为主线，积极培育发展共享制造平台，深化创新应用，推进制造、创新、服务等资源共享，加强示范引领和政策支持，完善共享制造发展环境，发展共享制造新模式新业态，充分激发创新活力、挖掘发展潜力、释放转型动力，推动制造业高质量发展。

（二）基本原则

市场主导、政府引导。坚持以市场为导向，充分发挥企业主体作用，强化产业链上下游协作，丰富平台应用。政府重在加强宣传推广，推动完善信用标准体系，优化服务，积极营造良好环境，支持引导共享制造创新发展。

创新驱动、示范引领。通过模式创新、技术创新、服务创新和管理创新，发挥新一代信息技术的支撑作用，加快培育共享制造新模式新业态，推动产业组织创新，提升全要素生产率。组织实施共享制造示范活动，鼓励优秀企业先行先试，以点带面，总结形成可复制、可推广的典型经验。

平台牵引、集群带动。充分发挥共享制造平台的牵引作用，创新资源配置方式，提高供给质量，缩短生产周期，赋能中小企业创新发展。依托产业集群的空间集聚优势和产业生态优势，加快共享制造落地和规模化发展，带动产业集群转型升级。

因业施策、分步实施。深刻把握共享制造在不同行业领域的应用特点，坚持问题导向，加强引导，精准施策，分阶段、分步骤推动共享制造在各区域、各行业、各环节的深化应用，促进共享制造全面发展。

（三）发展方向

加快形成以制造能力共享为重点，以创新能力、服务能力共享为支撑的协同发展格局。

制造能力共享。聚焦加工制造能力的共享创新，重点发展汇聚生产设备、专用工具、生产线等制造资源的共享平台，发展多工厂协同的共享制造服务，发展集聚中小企业共性制造需求的共享工厂，发展以租代售、按需使用的设备共享服务。

创新能力共享。围绕中小企业、创业企业灵活多样且低成本的创新需求，发展汇聚社会多元化智力资源的产品设计与开发能力共享，扩展科研仪器设备与实验能力共享。

服务能力共享。围绕物流仓储、产品检测、设备维护、验货验厂、供应链管理、数据存储与分析等企业普遍存在的共性服务需求，整合海量社会服务资源，探索发展集约化、智能化、个性化的服务能力共享。

（四）主要目标

到 2022 年，形成 20 家创新能力强、行业影响大的共享制造示范平台，资源集约化水平进一步提升，制造资源配置不断优化，共享制造模式认可度得到显著提高。推动支持 50 项发展前景好、带动作用强的共享制造示范项目，共享制造在产业集群的应用进一步深化，集群内生产组织效率明显提高。支撑共享制造发展的信用、标准等配套体系逐步健全，共性技术研发取得一定突破，数字化发展基础不断夯实，共享制造协同发展生态初步形成。

到2025年，共享制造发展迈上新台阶，示范引领作用全面显现，共享制造模式广泛应用，生态体系趋于完善，资源数字化水平显著提升，成为制造业高质量发展的重要驱动力量。

二、主要任务

（一）培育发展共享制造平台

积极推进平台建设。在产业基础条件好、共享制造起步早的地区和行业，加快形成一批专业化共享制造平台，推动重点区域、重点行业分散制造资源的有效汇聚与广泛共享。鼓励有条件的企业探索建设跨区域、综合性共享制造平台。引导企业通过联合建设、战略投资等方式推动平台整合，提升制造资源的集聚水平。

鼓励平台创新应用。支持平台企业围绕制造资源的在线发布、订单匹配、生产管理、支付保障、信用评价等，探索融合行业特点的创新服务。推动平台企业深度整合多样化制造资源，发展“平台接单、按工序分解、多工厂协同”的共享制造模式。

推动平台演进升级。支持平台企业积极应用云计算、大数据、物联网、人工智能等技术，发展智能报价、智能匹配、智能排产、智能监测等功能，不断提升共享制造全流程的智能化水平。引导平台企业与技术提供商合作，强化平台开发与应用能力。鼓励工业互联网平台面向特定行业、特定区域整合开放各类资源，发展共享制造服务。

（二）依托产业集群发展共享制造

探索建设共享工厂。鼓励各类企业围绕产业集群的共性制造环节，建设共享工厂，集中配置通用性强、购置成本高的生产设备，依托线上平台打造分时、计件、按价值计价等灵活服务模式，满足产业集群的共性制造需求。

支持发展公共技术中心。围绕产业集群急需的共性技术研发、产品质量检测等服务，支持建设一批公共技术服务平台，强化产学研合作，为集群内企业提供便捷、低价、高效、多元的技术研发、成果转化、质量管理、创业孵化等公共服务。

积极推动服务能力共享。引导产业集群内企业通过共享物流、仓储、采销、人力等方式，聚焦核心能力建设，提升企业竞争力。鼓励信息通信企业深入产业集群，结合行业特点，发展数据储存、分析、监测等共性服务，积极推动工业大数据创新应用。

（三）完善共享制造发展生态

创新资源共享机制。鼓励大型企业创新机制，释放闲置资源，推动研发设计、制造能力、物流仓储、专业人才等重点领域开放共享，增加有效供给。推动高等院校、科研院所构建科学有效的利益分配机制与资源调配机制，推动科研仪器设备与实验能力开放共享。创新激励机制，引导利益相关方积极开放生产设备的数据接口，推进数据共享。完善资源共享过程中的知识产权保护机制。

推动信用体系建设。鼓励平台企业针对共享制造应用场景和模式特点，综合利用大数据监测、用户双向评价、第三方认证等手段，构建平台供需双方分级分类信用评价体系，提供企业征信查询、企业质量保证能力认证、企业履约能力评价等服务。

优化完善标准体系。聚焦非标产品标准化、生产流程标准化等领域，鼓励平台企业优化产品标准体系，明确产品属性和生产工艺要求。加快制定共享制造团体标准，推动制造资源的可度量、可交易、可评估。针对共享制造多主体协作、虚拟化制造等运作特点，创新质量管理认证体系。

（四）夯实共享制造发展的数字化基础

提升企业数字化水平。培育发展一批数字化解决方案提供商，结合行业特点和发展阶段，鼓励开发和推广成本低、周期短、适用面广的数字化解决方案。加快推进中小企业上云，推动计算机辅助设计、制造执行系统、产品全生命周期管理等工业软件普及应用，引导广大中小企业加快实现生产过程的数字化。

推动新型基础设施建设。加强5G、人工智能、工业互联网、物联网等新型基础设施建设，扩大高速率、大容量、低延时网络覆盖范围，鼓励制造企业通过内网改造升级实现人、机、物互联，为共享制造提供信息网络支撑。

强化安全保障体系。围绕应用程序、平台、数据、网络、控制和设备安全，统筹推进安全技术研发和手段建设，建立健全数据分级分类保护制度，强化共享制造企业的公共网络安全意识，打造共享制造安全保障体系。

三、保障措施

（一）加强组织推进。指导成立共享制造产业联盟，聚集生产制造和互联网领域的骨干企业及相关研究机构，搭建合作与促进平台，建立平台企业资源库；推动平台企业等积极开展国际合作，更深更广融入全球供给体系；加强对共享制造平台运行的监测；充分发挥联盟、行业协会等各方的作用，组织开展标准研制、应用推广、信用评价、认证评估及重大问题研究，通过发

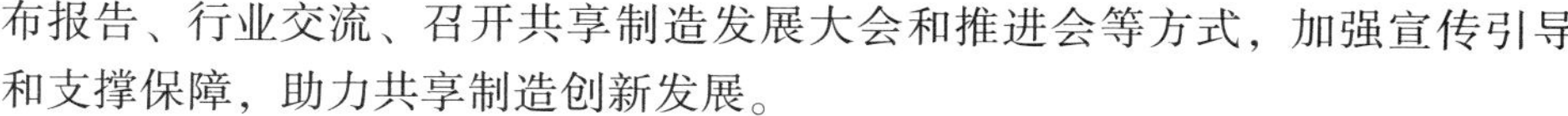

布报告、行业交流、召开共享制造发展大会和推进会等方式，加强宣传引导和支撑保障，助力共享制造创新发展。

（二）推动示范引领。在服务型制造示范遴选活动中，面向基础条件好和需求迫切的地区、行业，遴选一批示范带动作用强、可复制可推广的共享制造示范平台和项目，及时跟踪、总结、评估示范过程中的新情况、新问题和新经验，加强典型经验交流和推广，进一步推动共享制造在不同行业的深度应用和创新发展。支持共享制造企业积极申报全国企业管理现代化创新成果。鼓励有条件的地方先行先试，开展共享制造试点，及时跟踪、总结经验，培育共享制造优秀供应商，形成共享制造产业生态供给资源池。

（三）强化政策支持。支持和引导各类市场主体积极探索共享制造新模式新业态。积极利用现有资金渠道，支持共性技术研究与开发，开展共享制造平台建设与升级、技术应用创新、制造资源采集系统开发、共享工厂建设等。深化产融合作，引导和推动金融机构为共享制造技术、业务和应用创新提供金融服务。鼓励有条件的地方制定出台支持共享制造创新发展的政策措施。

（四）加强人才培养。支持大学、科研机构、高职院校等加强互联网领域与制造业领域的复合型人才队伍培养。鼓励企业积极与高校创新合作模式，共建实训基地，积极开展互动式人才培养。依托重点企业、行业协会、产业联盟开展共享制造领域急需紧缺人才培养培训，鼓励社会培训机构加强面向重点行业关键岗位专业人才培训。

工业和信息化部

2019 年 10 月 22 日

财政部　税务总局关于
企业职工教育经费税前扣除政策的通知

（财税〔2018〕51号）

各省、自治区、直辖市、计划单列市财政厅（局）、国家税务局、地方税务局，新疆生产建设兵团财政局：

为鼓励企业加大职工教育投入，现就企业职工教育经费税前扣除政策通知如下：

一、企业发生的职工教育经费支出，不超过工资薪金总额8%的部分，准予在计算企业所得税应纳税所得额时扣除；超过部分，准予在以后纳税年度结转扣除。

二、本通知自2018年1月1日起执行。

财政部　税务总局

2018年5月7日

财政部　科技部　国资委关于扩大国有科技型企业股权和分红激励暂行办法实施范围等有关事项的通知

（财资〔2018〕54 号）

党中央有关部门，国务院各部委、各直属机构，各省、自治区、直辖市、计划单列市财政厅（局）、科技厅（委、局）、国资委，新疆生产建设兵团财政局、科技局、国资委，各中央管理企业：

为加快实施创新驱动发展战略，推动国有科技型企业建立健全激励分配机制，进一步增强技术和管理人员的获得感，经国务院同意，现就扩大《国有科技型企业股权和分红激励暂行办法》实施范围等有关事项通知如下：

一、将国有科技型中小企业、国有控股上市公司所出资的各级未上市科技子企业、转制院所企业投资的科技企业纳入激励实施范围。

上述企业纳入实施范围后，《财政部 科技部 国资委关于印发〈国有科技型企业股权和分红激励暂行办法〉的通知》（财资〔2016〕4 号，以下简称《激励办法》）第二条相应调整为：本办法所称国有科技型企业，是指中国境内具有公司法人资格的国有及国有控股未上市科技企业（含全国中小企业股份转让系统挂牌的国有企业、国有控股上市公司所出资的各级未上市科技子企业），具体包括：

（一）国家认定的高新技术企业。

（二）转制院所企业及所投资的科技企业。

（三）高等院校和科研院所投资的科技企业。

（四）纳入科技部“全国科技型中小企业信息库”的企业。

（五）国家和省级认定的科技服务机构。

二、对于国家认定的高新技术企业不再设定研发费用和研发人员指标条件。将《激励办法》第六条第（二）款调整为“（二）对于本办法第二条中的（二）、（三）、（四）类企业，近 3 年研发费用占当年企业营业收入均在 3%以上，激励方案制定的上一年度企业研发人员占职工总数 10%以上。成立不满3年的企业，以实际经营年限计算”。将《激励办法》第六条第（三）款调整为“（三）对于本办法第二条中的（五）类企业，近3年科技服务性收入不低于当年企业营业收入的60%”。

三、本通知自印发之日起执行。

财政部　科技部　国资委

2018年9月18日

财政部　教育部关于调整职业院校奖助学金政策的通知

（财教〔2019〕25号）

有关中央部门，各省、自治区、直辖市、计划单列市财政厅（局）、教育厅（局、教委），新疆生产建设兵团财政局、教育局：

为贯彻落实党的十九大精神和2019年《政府工作报告》等有关要求，坚持把立德树人作为教育的根本任务，进一步健全学生资助制度，提升职业教育吸引力，激励职业院校学生勤奋学习、勇于实践、提升技能水平，培养德智体美劳全面发展的社会主义建设者和接班人，经国务院同意，从2019年起扩大高等职业院校（以下简称高职院校）奖助学金覆盖面、提高补助标准，设立中等职业教育国家奖学金。现将有关事项通知如下：

一、扩大高职院校奖助学金覆盖面、提高补助标准

（一）增加高职院校国家奖学金名额。从2019年起，将本专科生国家奖学金奖励名额由5万名增加到6万名，增加的名额全部用于奖励特别优秀的全日制高职院校学生，奖励标准为每生每年8000元。

（二）扩大高职院校国家励志奖学金覆盖面。从2019年起，将高职学生国家励志奖学金覆盖面提高10%，即由3%提高到3.3%，奖励标准为每生每年5000元。

（三）扩大高职院校国家助学金覆盖面、提高补助标准。从2019年春季学期起，将高职学生国家助学金覆盖面提高10%，平均补助标准从每生每年3000元提高到3300元。普通本科学生国家助学金平均补助标准同时从每生每年3000元提高到3300元。

二、设立中等职业教育国家奖学金

从2019年起，设立中等职业教育国家奖学金，用于奖励中等职业学校（含技工学校）全日制在校生中特别优秀的学生。每年奖励2万名，奖励标准

为每生每年6000元。

财政部会同中央有关主管部门根据各省（自治区、直辖市、计划单列市）中等职业学校全日制在校生人数等因素分配中等职业教育国家奖学金的名额。各地在分配中等职业教育国家奖学金名额时，应当对办学质量较高的学校，以农林、地质、矿产、水利、养老、家政等专业和现代农业、先进制造业、现代服务业、战略性新兴产业等人才紧缺专业为主的学校予以适当倾斜。

三、切实抓好贯彻落实

调整职业院校奖助学金政策体现了党中央、国务院对广大学生特别是职业院校学生学习、生活的关心。各有关部门和学校要认真领会政策精神，不折不扣抓好落实，使更多学生享受力度更大的国家资助，使建档立卡贫困家庭的学生优先获得资助。对包括公办、民办在内的各类职业院校一视同仁，确保民办职业院校按规定享受同等政策。扩大高职院校奖助学金覆盖面、提高补助标准所需资金，继续由中央财政和地方财政按照现行渠道和分担方式共同承担；中等职业教育国家奖学金全部由中央财政承担，纳入学生资助资金管理。各地要按照《学生资助资金管理办法》（财科教〔2019〕19号）有关要求，统筹安排中央对地方转移支付资金和地方应承担的资金，及时下达预算，加强资金管理，督促省以下各级有关部门及各校做好奖助学金发放以及2019年春季学期助学金增补工作。

各地教育、财政等有关部门和学校要做好家庭经济困难学生认定、奖学金评审等工作，并加强与2019年高职院校扩招有关工作的衔接。要通过多种有效形式开展宣传解读，提高资助育人水平，切实把调整政策落到实处。

财政部　教育部

2019年6月28日

人力资源社会保障部　财政部关于工伤保险基金省级统筹的指导意见

（人社部发〔2017〕60号）

各省、自治区、直辖市及新疆生产建设兵团人力资源社会保障厅（局）、财政（财务）厅（局）：

实行基金省级统筹是工伤保险制度体系建设的重要举措，是推进工伤保险制度公平可持续发展的必然要求，对提高基金使用效率、增强保障能力具有重要意义。根据社会保险法、《工伤保险条例》等有关法律法规要求，现就工伤保险基金省级统筹（以下简称省级统筹）工作提出如下意见。

一、指导思想和基本原则

（一）指导思想。全面贯彻党的十八大和十八届三中、四中、五中、六中全会精神，深入贯彻习近平总书记系列重要讲话精神和治国理政新理念新思想新战略，紧紧围绕统筹推进“五位一体”总体布局和协调推进“四个全面”战略布局，坚持以人民为中心的发展思想，落实社会保险法和《工伤保险条例》，以更好保障工伤职工合法权益为出发点，以促进工伤保险制度更加公平、更可持续为落脚点，逐步建立规范、高效的工伤保险基金省级统筹管理体系。

（二）基本原则。坚持制度统一，分级管理，提高工伤保险服务水平；坚持职责明晰，强化考核，确保省级统筹有效运行；坚持统调结合，缺口分担，建立基金管理良性机制；坚持目标明确，分步实施，推进工伤保险健康发展。

二、主要内容

实行省级统筹，要求在省（区、市）内统一工伤保险参保范围和参保对象，统一工伤保险费率政策和缴费标准，统一工伤认定和劳动能力鉴定办法，统一工伤保险待遇支付标准，统一工伤保险经办流程和信息系统。

在基金管理上，有条件的省（区、市）可以实行基金统收统支管理；不具备条件的省（区、市）也可以在省级建立调剂金，由市（地）按照一定的规则和比例上解到省级社保基金财政专户集中管理，用于调剂解决各市（地）工伤保险基金支出缺口。

三、保障措施

（一）做好政策标准平稳衔接。实行省级统筹，全省（区、市）统一工伤保险各项政策及待遇标准，要统筹考虑各地经济发展水平差异、待遇计发基数变化情况，采取过渡办法，逐步实现待遇平衡。在行业费率调整方面，应按照平稳有序的原则，逐步调整到位，避免基金征缴和支付大幅波动，确保工伤保险制度平稳运行。

（二）明确各级责权划分。实行省级统筹，要明确各级在管理上的主体责任，坚持“以支定收，收支平衡”的原则，完善基金预算管理，健全基金征缴责任制和考核指标，建立职、权、责约束机制和基金缺口分担机制。各市（地）要强化基金征缴主体责任，严格执行基金支出范围和标准，根据《工伤保险条例》的规定，加强工伤认定、劳动能力鉴定管理，规范、优化流程，提高工作质量。地方各级财政要切实保证工伤认定调查必要的经费支出。

（三）加强基金管理使用。各省（区、市）要切实加强工伤保险基金管理，按《工伤保险条例》要求建立储备金。实行省级统收统支管理的省份，在处理各市（地）原结余基金时，可根据地方实际，采取不同时期结余基金分别上解、分步实施等方法。实行省级调剂金管理的省份，要结合本地实际确定合理的调剂金上解比例。建立省级调剂金后，各市（地）不再建立储备金和调剂金，原各市（地）自行筹集并建立的储备金、调剂金纳入本地基金结余，如当年出现基金缺口的，应按照动用本地区累计结余、省级调剂金的先后顺序解决。省级调剂金具体使用和管理办法由各省（区、市）制定。各省（区、市）应按照“以支定收、收支平衡”的原则和《工伤保险条例》相关规定及时调整缴费费率。

（四）做好信息系统的整合。各省（区、市）要依托“金保工程”整合现有资源，建立支持省级统筹的社会保险信息系统，提供工伤认定、劳动能力鉴定申报、参保权益信息查询、经办管理等网上服务，支持工伤医疗费即时结算。实现省、市、县三级管理部门信息的纵向互联，与银行、医疗和康复等机构的横向互通，与财政、住建、安监、工会等部门的信息共享，实现工伤保险业务运行、医疗费监控、基金监督、管理决策的信息化。

四、工作要求

（一）高度重视，加强领导。实行省级统筹，关系工伤保险制度的公平可持续发展，是社会保险制度建设的重要内容。各省（区、市）人力资源社会保障厅（局）要切实加强组织领导，根据需要成立由分管厅（局）领导担任组长的领导小组，制定专门工作方案，明确任务要求和进度安排，确保在2020年底全面实现省级统筹。成立领导小组情况及专门工作方案应于10月底前报人力资源社会保障部备案。

（二）周密部署，平稳实施。实施省级统筹，政策性强，涉及面广，各省（区、市）务必作出周密、细致的工作部署，确保实施工作平稳有序。已经实施省级统筹的省（区、市）要以本指导意见下发为契机，主动对标对表，一揽子解决工作中遇到的问题。

（三）加强宣传，引导舆论。实行省级统筹，要在政策风险评估的基础上，同步对宣传和舆论引导工作作出部署安排，加强针对性宣传，为省级统筹的平稳实施营造良好舆论氛围。

人力资源社会保障部　财政部

2017年6月22日

人力资源社会保障部　最高人民法院关于加强劳动人事争议仲裁与诉讼衔接机制建设的意见

（人社部发〔2017〕70号）

各省、自治区、直辖市人力资源社会保障厅（局）、高级人民法院，解放军军事法院，新疆生产建设兵团人力资源社会保障局、新疆维吾尔自治区高级人民法院生产建设兵团分院：

加强劳动人事争议仲裁与诉讼衔接（以下简称裁审衔接）机制建设，是健全劳动人事争议处理制度、完善矛盾纠纷多元化解机制的重要举措。近年来，一些地区积极探索加强裁审衔接工作，促进了劳动人事争议合法公正及时解决，收到了良好的法律效果和社会效果。但是，从全国来看，劳动人事争议裁审衔接机制还没有在各地区普遍建立，已建立的也还不够完善，裁审工作中仍然存在争议受理范围不够一致、法律适用标准不够统一、程序衔接不够规范等问题，影响了争议处理质量和效率，降低了仲裁和司法的公信力。为进一步加强劳动人事争议裁审衔接机制建设，现提出如下意见。

一、明确加强裁审衔接机制建设的总体要求

做好裁审衔接工作，要全面贯彻党的十九大和十九届一中全会精神，以习近平新时代中国特色社会主义思想为指导，坚持以人民为中心的发展思想，切实落实深化依法治国实践以及提高保障和改善民生水平、加强和创新社会治理的决策部署，按照《中共中央 国务院关于构建和谐劳动关系的意见》（中发〔2015〕10号）、《中共中央办公厅 国务院办公厅关于完善矛盾纠纷多元化解机制的意见》（中办发〔2015〕60号）有关要求，积极探究和把握裁审衔接工作规律，逐步建立健全裁审受理范围一致、裁审标准统一、裁审程序有效衔接的新规则新制度，实现裁审衔接工作机制完善、运转顺畅，充分发挥劳动人事争议处理中仲裁的独特优势和司法的引领、推动、保障作用，合力化解矛盾纠纷，切实维护当事人合法权益，促进劳动人事关系和谐与社会稳定。

二、统一裁审受理范围和法律适用标准

（一）逐步统一裁审受理范围。各地劳动人事争议仲裁委员会（以下简称仲裁委员会）和人民法院要按照《中华人民共和国劳动争议调解仲裁法》等法律规定，逐步统一社会保险争议、人事争议等争议的受理范围。仲裁委员会要改进完善劳动人事争议受理立案制度，依法做到有案必立，有条件的可探索实行立案登记制，切实发挥仲裁前置的功能作用。

（二）逐步统一裁审法律适用标准。各地仲裁委员会和人民法院要严格按照法律规定处理劳动人事争议。对于法律规定不明确等原因造成裁审法律适用标准不一致的突出问题，由人力资源社会保障部与最高人民法院按照《中华人民共和国立法法》有关规定，通过制定司法解释或指导意见等形式明确统一的法律适用标准。省、自治区、直辖市人力资源社会保障部门与高级人民法院要结合裁审工作实际，加强对法律适用问题的调查研究，及时提出意见建议。

三、规范裁审程序衔接

（一）规范受理程序衔接。对未经仲裁程序直接起诉到人民法院的劳动人事争议案件，人民法院应裁定不予受理；对已受理的，应驳回起诉，并告知当事人向有管辖权的仲裁委员会申请仲裁。当事人因仲裁委员会逾期未作出仲裁裁决而向人民法院提起诉讼且人民法院立案受理的，人民法院应及时将该案的受理情况告知仲裁委员会，仲裁委员会应及时决定该案件终止审理。

（二）规范保全程序衔接。仲裁委员会对在仲裁阶段可能因用人单位转移、藏匿财产等行为致使裁决难以执行的，应告知劳动者通过仲裁机构向人民法院申请保全。劳动者申请保全的，仲裁委员会应及时向人民法院转交申请书及仲裁案件受理通知书等相关材料。人民法院裁定采取保全措施或者裁定驳回申请的，应将裁定书送达申请人，并通知仲裁委员会。

（三）规范执行程序衔接。仲裁委员会依法裁决先予执行的，应向有执行权的人民法院移送先予执行裁决书、裁决书的送达回证或其他送达证明材料；接受移送的人民法院应按照《中华人民共和国民事诉讼法》和《中华人民共和国劳动争议调解仲裁法》相关规定执行。人民法院要加强对仲裁委员会裁决书、调解书的执行工作，加大对涉及劳动报酬、工伤保险待遇争议特别是集体劳动人事争议等案件的执行力度。

四、完善裁审衔接工作机制

（一）建立联席会议制度。各地人力资源社会保障部门和人民法院要定期

或不定期召开联席会议，共同研究分析劳动人事争议处理形势，互相通报工作情况，沟通协调争议仲裁与诉讼中的受理范围、程序衔接、法律适用标准等问题，推进裁审工作有效衔接。

（二）建立信息共享制度。各地人力资源社会保障部门和人民法院要加强劳动人事争议处理工作信息和统计数据的交流，实现信息互通和数据共享。人力资源社会保障部门要加强争议案件处理情况追踪，做好裁审对比情况统计分析，不断改进争议仲裁工作，人民法院要积极支持和配合。要建立健全案卷借阅制度，做好案卷借阅管理工作。有条件的地区，可以实行电子案卷借阅或通过信息平台共享电子案卷，并做好信息安全和保密工作。

（三）建立疑难复杂案件办案指导制度。各地仲裁委员会和人民法院要加强对疑难复杂、重大劳动人事争议案件的研讨和交流，开展类案分析，联合筛选并发布典型案例，充分发挥典型案例在统一裁审法律适用标准、规范裁审自由裁量尺度、服务争议当事人等方面的指导作用。

（四）建立联合培训制度。各地人力资源社会保障部门和人民法院要通过举办师资培训、远程在线培训、庭审观摩等方式，联合开展业务培训，增强办案人员的素质和能力，促进提高裁审衔接水平。

五、加强组织领导

各地人力资源社会保障部门和人民法院要高度重视加强劳动人事争议裁审衔接机制建设工作，将其作为推进建立中国特色劳动人事争议处理制度的重要措施，纳入劳动人事关系领域矛盾纠纷多元处理工作布局，加强领导，统筹谋划，结合当地实际联合制定实施意见，切实抓好贯彻落实。人力资源社会保障部门要积极主动加强与人民法院的沟通协调。人民法院要明确由一个庭室统一负责裁审衔接工作，各有关庭室要积极参与配合。省、自治区、直辖市人力资源社会保障部门、高级人民法院要加强对市、县裁审衔接工作的指导和督促检查，推动裁审衔接工作顺利开展。要加大政策引导和宣传力度，增进劳动人事争议当事人和社会公众对裁审衔接工作的了解，引导当事人依法理性维权，为合法公正及时处理争议营造良好氛围。

人力资源社会保障部　最高人民法院

2017 年 11 月 8 日

人力资源社会保障部　国务院国资委关于深入推进技工院校与国有企业开展校企合作的若干意见

（人社部发〔2018〕62号）

各省、自治区、直辖市及新疆生产建设兵团人力资源社会保障厅（局）、国有资产监督管理部门，各中央企业：

技工教育是国民教育体系和人力资源开发的重要组成部分，承担着为经济社会发展培养高素质技能人才的重要任务。近年来，技工院校已经成为综合性的技工教育培训基地、高技能人才培养的重要阵地、与企业联系紧密的办学实体，形成了鲜明的办学特色和独特的技能人才培养优势。为深入贯彻落实党的十九大精神和《新时期产业工人队伍建设改革方案》、《国务院办公厅关于深化产教融合的若干意见》（国办发〔2017〕95号）等文件要求，进一步深化产教融合、校企合作，切实提高技工院校人才培养质量，加强国有企业技能人才队伍建设，现就深入推进技工院校与国有企业开展校企合作提出以下意见。

一、总体要求

（一）指导思想

全面贯彻党的十九大精神，以习近平新时代中国特色社会主义思想为指导，紧紧围绕统筹推进“五位一体”总体布局和“四个全面”战略布局，实施就业优先战略和人才强国战略，根据经济转型升级、产业结构优化需要和劳动者就业创业需求，大力发展校企双制、工学一体的技工教育，充分发挥国有企业重要主体作用，促进人才培养供给侧和产业需求侧全方位对接，为增强企业核心竞争力，建设知识型、技能型、创新型劳动者大军提供有力支撑。

（二）基本原则

统筹协调，共同推进。将校企合作作为技工院校基本办学制度，作为国有企业人力资源开发的重要途径，进一步完善校企合作制度，创新校企合作内容，形成人社部门、国有资产监督管理部门、国有企业、技工院校共同推进的工作格局。

服务需求，优化结构。针对国有企业发展需求，优化技工院校结构，壮大优质技工教育资源，鼓励企业直接举办或参与举办同企业主业发展密切相关、产教融合的技工院校。结合推进国有企业改革，支持有条件的国有企业继续办好做强技工院校。

校企双制，工学一体。充分调动校企双方的积极性、主动性和创造性，构建共同招生招工、校企双制培养的长效合作机制。完善技工院校专业设置，深化一体化课程教学改革，提升人才培养质量，增加高技能人才供给，提高技工院校人才培养能力。

（三）主要任务

鼓励国有企业（含国有上市企业，下同）参与同企业主业发展密切相关、产教融合的技工院校办学，深化校企合作制度，全面推行校企协同育人。推动形成办学规模适合市场需求，专业结构适应产业发展，校企融合贯穿办学过程，教学改革实现工学结合，实习实训与工作岗位紧密衔接，技能人才培养层次规模与经济社会发展更加匹配，社会服务功能更加健全的现代技工教育体系。持续完善国有企业技能人才培养培训制度，加快建设数量充足、素质优良、结构合理的企业技能人才队伍，形成初级、中级、高级技能劳动者队伍梯次发展和比例结构基本合理的格局，使技能人才规模、结构、素质更好地满足产业结构优化升级和国有企业发展需求。

二、深入推进校企合作办学

（四）完善校企合作办学制度。各级人社部门要发挥联系企业的职能优势，搭建校企合作平台，促进院校人才培养与企业用人需求紧密结合。指导技工院校推进专业设置与产业需求对接，课程内容与职业标准对接，教学过程与工作过程对接。促进校企共同招生招工、共商专业规划、共议课程开发、共组师资队伍、共创培养模式、共建实习基地、共搭管理平台、共评培养质量，形成“人才共有、过程共管、成果共享、责任共担”的校企合作办学制度，实现企业得人才、职工学生得技能、技工院校得发展的多赢目标。

（五）强化技工院校与国有企业合作关系。要建立人社部门、国有资产监督管理部门、国有企业、技工院校合作机制，形成校企利益共同体。鼓励校企双方以组建技工教育集团、校企股份制合作、自主经营生产、租赁承包、企中办校、校中办企等多种方式开展合作。鼓励国有企业直接举办或通过参股、入股等多种方式参与举办同企业主业发展密切相关、产教融合的技工院校。鼓励技工院校通过与国有企业合作开设订单、定向、冠名班等方式扩大招生规模。指导技工院校全面推广一体化课程教学改革，切实提高学生适应企业岗位工作要求的能力。鼓励技工院校和国有企业开展跨区域校企合作，带动贫困地区、民族地区和革命老区技工教育的发展。

（六）加强技工院校与国有企业人才的双向流动。要认真执行《职业学校教师企业实践规定》（教师〔2016〕3号），制定本地区技工院校教师企业实践工作管理办法，出台鼓励支持政策，多措并举推动技工院校教师到国有企业实践工作。鼓励技工院校教师同时成为企业培训师，探索建立技工院校教师和企业培训师资源共建共享机制。技工院校应将参与校企合作作为教师业绩考核的内容，具有相关企业或生产经营管理一线工作经历的专业教师在评聘和晋升职务（职称）、评优表彰等方面，同等条件下优先对待。技工院校可在教职工总额中安排一定比例或者通过流动岗位等形式，用于面向社会和企业聘用经营管理人员、专业技术人员、高技能人才等担任兼职教师。开展校企合作企业中的经营管理人员、专业技术人员、高技能人才，具备技工院校相应岗位任职条件，经过技工院校认定和聘任，可担任专兼职教师，并享受相关待遇。经所在学校或企业同意，技工院校教师和管理人员、企业经营管理人员和技术人员根据合作协议，分别到企业、技工院校兼职的，可根据有关规定和双方约定确定薪酬。

三、推动国有企业办技工院校改革

（七）切实做好国有企业办技工院校改革工作。继续发挥国有企业重要办学主体作用，对与企业主业发展密切相关、产教融合且确需保留的企业办技工院校，可由国有企业集团公司或国有资本投资运营公司进行资源优化整合，积极探索集中运营、专业化管理。支持运营能力强、管理水平高的国有企业跨集团进行资源整合。鼓励国有企业多元主体组建技工教育集团，优质技工院校可通过兼并、托管、合作办学等形式，整合办学资源。探索多种方式，引入实力强、信誉高、专业化的社会资本参与国有企业办技工院校重组改制。经协商一致，对地方政府同意接收的国有企业办技工院校在移交地方管理时，各级人力资源社会保障部门要按照《关于国有企业办教育医疗机构深化改革的指导意见》（国资发改革〔2017〕134号）规定主动接管。对运营困难、缺乏竞争优势的国有企业办技工院校，可以关闭撤销，及时办理注销手续并做好学生转学等后续工作。

（八）营造国有企业参与技工教育良好政策环境。国有企业要根据经费来源、企业发展需要和承受能力，合理确定企业办技工教育方式。继续举办技工院校的国有企业，应充分发挥办学主体责任，依法筹措办学经费，参照当地生均拨款制度逐步建立健全长效投入机制，保障学校教育教学活动正常开展，现有公共财政经费继续按原有渠道落实。进一步落实和完善支持国有企业办技工院校的政策措施。各级人民政府可以采取财政补贴、以奖代补、购买服务等方式给予适当支持，促进国有企业办技工院校，为企业和社会培养合格人才，具体办法由各省级人社部门会同相关部门研究制定，所需资金由各省统筹解决。移交地方管理的国有企业办技工院校，由各地按照现行有关投入机制等政策规定筹集办学经费。探索国有企业支持技工院校发展的多种方式，国有企业可通过订单班、冠名班、定向委培、学徒制培养、职工教育培训基地、捐赠等多种方式，积极支持技工教育。

（九）持续完善国有企业办技工院校管理制度。保留的企业办技工院校要依法注册登记，取得法人资格，按照相应的财务制度实行独立核算。国有企业集团公司要完善所办技工院校考核机制，重点考核成本控制、营运效率、毕业生就业率和社会认可度等，建立相应的经营业绩考核和薪酬分配制度。

四、大力加强技工院校服务企业能力

（十）着力提升技工院校服务企业技能人才培养培训能力。鼓励和支持技工院校通过设立弹性学制等形式，满足企业职工通过技工教育或职业培训获得技能提升和职业发展的需求。鼓励和支持技工院校面向技能人才开展理论进修、知识更新和职业技能提升服务，开设技师研修班，开展技能大师交流研讨，积极参与技能人才评价和职业技能竞赛等活动。指导校企双方积极参与以“招工即招生、入企即入校、企校双师共同培养”为主要内容的企业新型学徒制实施工作，鼓励企业与技工院校共同合作积极开展学徒培训，大规模开展企业职工技能培训。引导技工院校面向企业发展急需紧缺职业（工种），大力开展高技能人才培训，增加高技能人才供给。

（十一）推动校企培训资源共享，积极开展生产性实习实训。鼓励引企驻校、引校进企、校企一体等方式，吸引优势国有企业与学校共建共享生产性实训基地、高技能人才培训基地、技能大师工作室、技能竞赛集训基地等。支持各地依托技工院校建设行业或区域性实训基地，带动各类企业参与校企合作。贯彻落实《职业学校学生实习管理规定》（教职成〔2016〕3号），健全学生到企业实习实训制度。通过探索购买服务、落实税收政策等方式，鼓励国有企业直接接收学生实习实训。推进实习实训规范化，保障学生享有获得合理报酬的合法权益。

（十二）创新教育培训服务供给，积极参与学习型企业建设。鼓励技工院校、国有企业联合开发优质技工教育资源，大力发展“互联网+教育培训”模式。探索构建基于互联网虚拟大学或虚拟学习社区。支持有条件的社会组织整合校企资源，开发立体化、可选择的产业技术课程和职业培训包。鼓励技工院校与国有企业共同组织开展基于工作场所的学习活动，积极为企业提供知识讲座、课程资源开发、技术辅导等服务，以多种形式参与企业大学等国有企业培训机构的建设。鼓励技工院校的院系与企业车间、班组结对子，建立校企合作的学习团队，通过多种教育培训服务供给，为职工提供终身技能发展服务。

五、切实做好组织实施工作

（十三）加强组织领导。各级人力资源社会保障部门和国有资产监督管理部门要加强沟通协作，共同帮助技工院校和国有企业解决校企合作过程中遇到的实际困难和问题。

（十四）完善投入保障机制。要指导国有企业依法履行职工教育培训责任，按规定足额提取职工教育培训经费并合理使用，其中用于一线职工教育培训的比例不低于60%。对实施校企合作的国有企业、技工院校和接受技工教育、职业培训的人员，符合国家职业培训补贴政策和职业教育资助政策的，按规定给予补贴和资助。

（十五）营造良好社会环境。要创新宣传方式，充分运用各类新闻媒体，采取群众喜闻乐见的形式，通过集中宣传与日常宣传相结合的方式，深入持久地开展校企合作宣传活动。要强化典型示范，突出导向作用，大力宣传各地加强技工院校校企合作的政策措施，大力宣传国有企业、技工院校的特色做法和先进工作经验，努力营造全社会关心和支持技工院校发展和技能人才培养的良好氛围。要利用五一国际劳动节、世界青年技能日、技工院校开学第一课等时间节点，组织国有企业的高技能领军人才在技工院校开展技能成才宣讲活动，鼓励更多青年走技能成才之路。

人力资源社会保障部　国务院国资委

2018 年 9 月 24 日

人力资源社会保障部　财政部关于全面推行企业新型学徒制的意见

（人社部发〔2018〕66号）

各省、自治区、直辖市及新疆生产建设兵团人力资源社会保障厅（局）、财政厅（局）：

为贯彻落实党的十九大精神，加快建设知识型、技能型、创新型劳动者大军，按照中共中央、国务院《新时期产业工人队伍建设改革方案》、《关于推行终身职业技能培训制度的意见》（国发〔2018〕11号）有关要求和全国教育大会有关精神，现就全面推行企业新型学徒制提出如下意见：

一、指导思想和目标任务

（一）指导思想。以习近平新时代中国特色社会主义思想为指导，全面贯彻党的十九大和十九届二中、三中全会精神，认真落实党中央、国务院决策部署，以服务就业和经济社会发展为宗旨，适应培育壮大新动能、产业转型升级和现代企业发展需要，大力推进技能人才培养工作，深化产教融合、校企合作，创新中国特色技能人才培养模式，面向各类企业全面推行企业新型学徒制，扩大技能人才培养规模，为促进劳动者更高质量就业，实现经济高质量发展提供有力人才支撑。

（二）目标任务。按照政府引导、企业为主、院校参与的原则，在企业（含拥有技能人才的其他用人单位，下同）全面推行以“招工即招生、入企即入校、企校双师联合培养”为主要内容的企业新型学徒制，进一步发挥企业主体作用，通过企校合作、工学交替方式，组织企业技能岗位新招用和转岗等人员参加企业新型学徒培训，促进企业技能人才培养，壮大发展产业工人队伍。从今年起到2020年底，努力形成政府激励推动、企业加大投入、培训机构积极参与、劳动者踊跃参加的职业技能培训新格局，力争培训50万以上企业新型学徒（以下简称“学徒”）。2021年起，继续加大工作力度，力争年培训学徒50万人左右。

二、企业新型学徒制的主要内容

（三）培养对象和培养模式。学徒培训以与企业签订一年以上劳动合同的技能岗位新招用和转岗等人员为培养对象。企业可结合生产实际自主确定培养对象，采取“企校双制、工学一体”的培养模式，即由企业与技工院校、职业院校、职业培训机构、企业培训中心等教育培训机构（以下简称“培训机构”）采取企校双师带徒、工学交替培养等模式共同培养学徒。

（四）培养主体职责。学徒培养的主要职责由所在企业承担。企业应与学徒签订培养协议，明确培训目标、培训内容与期限、质量考核标准等内容。企业委托培训机构承担学徒的部分培训任务，应与培训机构签订合作协议，明确培训的方式、内容、期限、费用、双方责任等具体内容，保证学徒在企业工作的同时，能够到培训机构参加系统的、有针对性的专业知识学习和相关技能训练。培训机构与企业签订合作协议后，对学徒进行非全日制学籍注册，加强在校学习管理。

（五）培养目标和主要方式。学徒培养目标以符合企业岗位需求的中、高级技术工人为主，培养期限为1—2年，特殊情况可延长到3年。培养内容主要包括专业知识、操作技能、安全生产规范和职业素养，特别是工匠精神的培育。要以企业为主导确定具体培养任务，由企业与培训机构分别承担。在企业主要通过企业导师带徒方式，在培训机构主要采取工学一体化教学培训方式。积极应用“互联网+”、职业培训包等培训模式。学徒培训期满，可参加职业技能鉴定或结业（毕业）考核，合格者取得相应职业资格证书（或职业技能等级证书、专项职业能力证书、培训合格证书、毕业证书，下同）。鼓励支持有条件的企业自主对学徒进行技能评价。

三、健全政策制度

（六）建立企校双师联合培养制度。企业应选拔优秀高技能人才担任学徒的企业导师。企业导师要着重指导学徒进行岗位技能操作训练，帮助学徒逐步掌握并不断提升技能水平和职业素养，使之能够达到职业技能标准和岗位要求，具备从事相应技能岗位工作的能力。培训机构应为学徒安排具备相应专业知识和操作技能水平的指导教师，负责承担学徒的学校教学任务，强化理论知识学习，做好与企业实践技能的衔接。

（七）学徒培养实行弹性学制和学分制。承担学徒培训任务的培训机构，要结合企业生产和学徒工作生活实际，采取弹性学制，实行学分制管理。鼓励和支持学徒利用业余时间分阶段完成学业。要建立和完善适合弹性学制和学分制的教学质量评价体系和考核制度。

（八）健全企业对学徒培训的投入机制。学徒在学习培训期间，企业应当按照劳动合同法的规定支付工资，且工资不得低于企业所在地最低工资标准。企业按照与培训机构签订的合作协议约定，向培训机构支付学徒培训费用，所需资金从企业职工教育经费中列支；符合有关政策规定的，由政府提供职业培训和职业技能鉴定补贴。承担带徒任务的企业导师享受导师带徒津贴，津贴标准由企业确定，津贴由企业承担。企业对学徒开展在岗培训、业务研修等企业内部发生的费用，符合有关政策规定的，可从企业职工教育经费中列支。

（九）完善财政补贴政策。人力资源社会保障部门会同财政部门对开展学徒培训的企业按规定给予职业培训补贴，补贴资金从就业补助资金列支。补贴标准由各省（区、市）人力资源社会保障部门会同省级财政部门确定，学徒每人每年的补贴标准原则上不低于4000元，并根据经济发展、培训成本、物价指数等情况逐步提高。企业在开展学徒培训前将有关材料报当地人力资源社会保障部门备案，经人力资源社会保障部门审核后列入学徒培训计划，财政部门按规定向企业预支不超过50%的补贴资金，培训任务完成后及时拨付其余补贴资金。对参加学徒培训的就业困难人员和毕业年度高校毕业生，按规定落实社保补贴政策。

四、加大组织实施力度

（十）加强组织领导。各级人力资源社会保障部门、财政部门要进一步提高认识，增强责任感和紧迫感，把推行企业新型学徒制作为推行终身职业技能培训制度、加强技能人才队伍建设的重要工作内容，制定工作方案，认真组织实施。要建立人力资源社会保障部门牵头，财政等有关部门密切配合、协同推进的工作机制，加强组织领导，全面推动实施。

（十一）规范组织实施。各省级人力资源社会保障部门、财政部门要制定具体实施办法，实行学徒培训备案审核制度，简化工作流程，探索政策创新。中央企业学徒培训按属地管理原则纳入当地工作范畴，享受当地政策，各级人力资源社会保障部门要主动对接属地中央企业，做好服务保障工作。各省、市、县人力资源社会保障部门要加大工作力度，加强工作力量，做好对各类企业特别是中小微企业学徒培训的管理服务工作，建立与相关企业的联系制度，做好工作指导。

（十二）建立培训质量评估监管机制。对学徒培训实施目录清单管理，制定企业目录、培训机构目录，及时向社会公开并实行动态调整。结合国家

“金保工程”二期，建立基于互联网的职业培训公共服务和监管平台，积极推行网上备案审核制度，实现信息联通共享。实施学徒培训实名制信息管理，指导企业建立培训台账，详细记录参训人员的姓名、年龄、性别、身份证号、学历、培训职业（工种）、学校班次、培训时间、考核成绩、技能等级和联系方式等，以备查验。对培训机构和培训过程、培训结果要加强监管，实时监控，严格考核验收。

企业组织学徒培训要向人力资源社会保障部门报送如下备案材料：培训计划、学徒名册、劳动合同复印件等有关材料。完成全部培训任务后企业申请其余补贴资金时需备案以下材料：职业资格证书编号或复印件、不低于10次的培训视频资料、培训机构出具的行政事业性收费票据（或税务发票）等符合财务管理规定的凭证。

（十三）提高服务能力。要切实做好学徒培训经费保障工作，及时足额拨付补贴资金。健全资金管理制度，提高资金使用效益，确保资金使用安全。有条件的地方可安排工作经费，对学徒培训教材开发、师资建设、管理人员培训、管理平台开发等基础工作给予支持。支持承担学徒培训任务工作的培训机构提升培训基础能力。职业技能鉴定机构要提供便捷高效的鉴定服务，相关部门按规定落实职业技能鉴定补贴。

（十四）加强宣传动员。广泛动员企业、培训机构和劳动者积极参与学徒培训，扩大企业新型学徒制影响力和覆盖面。强化典型示范，突出导向作用，大力宣传推行企业新型学徒制的典型经验和良好成效。创新宣传方式，充分运用各类新闻媒体，采取灵活多样的形式，做好推广动员工作，努力营造全社会关心尊重技能人才、重视支持职业技能培训工作的良好社会氛围。

请各省（区、市）及新疆生产建设兵团人力资源社会保障部门、财政部门在每年年底前将企业新型学徒制工作开展情况报送人力资源社会保障部、财政部。

人力资源社会保障部　财政部

2018年10月12日

人力资源社会保障部关于在工程技术领域实现高技能人才与工程技术人才职业发展贯通的意见（试行）

（人社部发〔2018〕74号）

各省、自治区、直辖市及新疆生产建设兵团人力资源社会保障厅（局），国务院各部委、各直属机构人事劳动保障工作机构，中央企业等人事劳动保障工作机构：

为拓宽人才发展空间，促进人才合理流动，提高技术技能人才待遇和地位，根据党中央、国务院《新时期产业工人队伍建设改革方案》《关于深化职称制度改革的意见》等有关要求，现就在工程技术领域实现高技能人才与工程技术人才职业发展贯通提出如下意见。

一、总体要求

（一）指导思想。

全面贯彻党的十九大和十九届二中、三中全会精神，坚持以习近平新时代中国特色社会主义思想为指导，牢固树立和贯彻落实新发展理念，深入实施人才强国战略，坚决破除束缚人才发展的思想观念和体制机制障碍，最大限度激发各类人才创新创造创业活力，努力形成人人渴望成才、人人努力成才、人人皆可成才、人人尽展其才的良好局面，加快建设知识型、技能型、创新型劳动者大军，为实现“两个一百年”奋斗目标和中华民族伟大复兴中国梦提供坚实人才保障。

（二）基本原则。

1. 坚持遵循规律。适应人才融合发展趋势，遵循社会主义市场经济规律和人才成长规律，建立高技能人才与专业技术人才职业发展通道，促进两类人才深度融合。

2. 坚持问题导向。针对束缚人才发展的思想观念和体制机制问题，打破职业技能评价与专业技术职称评审界限，改变人才发展独木桥、天花板现象，搭建人才成长立交桥。

3. 坚持科学评价。破除身份、学历、资历等障碍，突出品德、能力、业绩评价导向，建立体现两类人才特点的评价机制，让各类人才价值得到充分尊重和体现。两类人才贯通条件大体平衡，适当向高技能人才倾斜。

4. 坚持以用为本。围绕用好用活两类人才，发挥用人主体作用，建立评价与培养使用激励相联系的机制，营造有利于人才成长和发挥作用的制度环境。

二、主要内容

（一）支持工程技术领域高技能人才参评工程系列专业技术职称。

1. 明确参评范围。参加工程系列专业技术职称评审的高技能人才，应为在工程技术领域生产一线岗位，从事技术技能工作，具有高超技艺和精湛技能，能够进行创造性劳动，并作出贡献的技能劳动者。

2. 严格评审条件。高技能人才参加工程系列专业技术职称评审应具备以下基本条件：符合国家规定的工程技术人才职称评价基本标准条件；遵守单位规章制度和生产操作规程；具有高级工以上职业资格或职业技能等级，在现工作岗位上近3年年度考核合格。

技工院校中级工班、高级工班、预备技师（技师）班毕业，可分别按相当于中专、大专、本科学历申报评审相应专业职称。

获得高级工职业资格或职业技能等级后从事技术技能工作满2年，可申报评审相应专业助理工程师；获得技师职业资格或职业技能等级后从事技术技能工作满3年，可申报评审相应专业工程师；获得高级技师职业资格或职业技能等级后从事技术技能工作满4年，可申报评审相应专业高级工程师。

3. 突出高技能人才工作特点。高技能人才职称评审应充分体现其职业特点，坚持把职业道德放在评审的首位，引导技能人才爱岗敬业，弘扬工匠精神。要以职业能力和工作业绩评定为重点，注重评价高技能人才执行操作规程、解决生产难题、完成工作任务、参与技术改造革新、传技带徒等方面的能力和贡献，把技能技艺、工作实绩、生产效率、产品质量、技术和专利发明、科研成果、技能竞赛成绩等作为评价条件。改变唯身份、唯论文等倾向，不得将身份、论文等作为高技能人才职称评审的限制性条件。要通过职称评审，评价选拔一批技能精湛、专业知识扎实的工程技术人才，鼓励和支持他们在更宽广的领域钻研业务，解决工程技术难题，促进工程理论知识与技术技能的深度融合。

4. 注重向高技能领军人才倾斜。对长期坚守生产一线且在工程技术岗位从事技术技能工作、具有高超技艺技能和一流业绩水平、为经济发展和国家重大战略实施作出突出贡献的高技能人才，包括获得中华技能大奖、全国技术能手等荣誉，担任国家级技能大师工作室负责人，享受省级以上政府特殊津贴，或各省（自治区、直辖市）人民政府认定的高技能领军人才，可破格申报专业技术职称评审。

（二）鼓励专业技术人才参加职业技能评价。

1. 首次参加职业技能评价（含职业技能鉴定和职业技能等级认定，下同）。专业技术人才在技能岗位工作，可按有关规定申请参加与现岗位相对应职业（工种）的职业技能评价。取得助理工程师、工程师、高级工程师职称，其累计工作年限达到申报条件的，可分别申请参加与现岗位相对应职业（工种）的高级工、技师、高级技师职业技能评价，合格后取得相应职业资格证书或职业技能等级证书。

2. 参加晋级评价。专业技术人才在取得现从事职业（工种）职业资格或职业技能等级 1 年后，可按累计工作年限申报现从事职业（工种）晋级评价。助理工程师在取得现从事职业（工种）高级工 1 年后，其累计工作年限达到技师申报条件的，可申报技师考评；工程师在取得现从事职业（工种）技师 1 年后，其累计工作年限达到高级技师申报条件的，可申报高级技师考评。

3. 注重技能考核。对参加职业技能评价的专业技术人才，应注重技能考核。对具有所申报职业（专业）或相关职业（专业）毕业证书的，可免于理论知识考试。

（三）建立评价与培养使用激励相联系的工作机制。

落实中共中央办公厅、国务院办公厅《关于提高技术工人待遇的意见》要求，鼓励用人单位对在聘的高级工、技师、高级技师在学习进修、岗位聘任、职务职级晋升等方面，比照相应层级工程技术人员享受同等待遇。

三、组织实施

在工程技术领域实现高技能人才与工程技术人才职业发展贯通，促进技能人才与专业技术人才融合发展，是贯彻落实党中央、国务院人才强国战略部署的重要举措，各级人力资源社会保障部门要加强统筹管理，各部门和各有关单位要高度重视，加强领导，精心组织。要健全完善制度，制定具体实施方案，对评价条件、评价程序、评价办法和配套政策等作出具体规定。要严格评价标准，规范评价程序，不得随意降低评价标准条件，不得擅自扩大评价范围。要坚持试点先行，及时总结经验，逐步推开。要完善监管机制，加强指导监督，及时妥善处理工作中遇到的各种新情况新问题。要加强舆论引导，搞好政策解读，引导广大技能人才和专业技术人才积极参与和支持贯通工作，促进人才流动和发展。

人力资源社会保障部

2018 年 11 月 25 日

人力资源社会保障部关于印发《新生代农民工职业技能提升计划（2019—2022年）》的通知

（人社部发〔2019〕5号）

各省、自治区、直辖市和新疆生产建设兵团人力资源社会保障厅（局）：

为贯彻落实中共中央、国务院印发的《新时期产业工人队伍建设改革方案》、《乡村振兴战略规划（2018—2022年）》和《国务院关于推行终身职业技能培训制度的意见》等文件要求，加强新生代农民工职业技能培训工作，带动农民工队伍技能素质全面提升，我部研究制定了《新生代农民工职业技能提升计划（2019—2022年）》，现印发给你们，请结合实际组织实施。

人力资源社会保障部

2019年1月9日

新生代农民工职业技能提升计划（2019—2022年）

为贯彻落实《新时期产业工人队伍建设改革方案》、《乡村振兴战略规划（2018—2022年）》、《关于推行终身职业技能培训制度的意见》等文件要求，帮助农民工特别是新生代农民工增加受教育培训机会，提高专业技能和胜任岗位能力，将其培养成为高素质技能劳动者和稳定就业的产业工人，特制定本计划。

一、充分认识提升新生代农民工职业技能的重要意义

全国农民工总量约为2.9亿人，1980年及以后出生的新生代农民工逐渐成为农民工主体，已占农民工总量的一半以上，是社会主义现代化建设的重要力量。党的十九大以来，以新生代农民工为重点的农民工职业技能培训工作取得积极成效，但面对新的经济社会发展需求、就业形势需要和庞大的农

民工总量，培训工作仍然存在制度不够健全、覆盖面不够广泛、规模不够大、针对性有效性不强、促进贫困劳动力就业脱贫的支持度不够等问题。加强新生代农民工职业技能培训工作，带动农民工队伍技能素质全面提升，是充分发挥我国人力资源优势、提高人力资本质量的重要任务，是促进就业创业、乡村振兴和扶贫脱贫的有效举措，是深化供给侧结构性改革、推动经济社会发展和新动能培育的必然要求，对于我国决胜全面建成小康社会具有重要意义。各级人力资源社会保障部门要高度重视，集中整合有关政策和资源，形成合力，面向新生代农民工大力开展职业技能培训。

二、总体要求

（一）指导思想。全面贯彻党的十九大和十九届二中、三中全会和中央经济工作会议精神，将新生代农民工职业技能培训作为实施人才强国战略、创新驱动发展战略、乡村振兴战略的具体举措和打赢脱贫攻坚战的重要抓手，围绕国家经济社会发展对高素质劳动者需求和农民工技能就业、高质量就业需要，保障就业局势稳定，聚焦新生代农民工，针对群体和时代特点，开展大规模、多层次、高质量、有保障的职业技能培训，促进多渠道转移就业，提高就业质量。

（二）目标任务。逐步形成就业导向、政策扶持、企业主导、社会参与的运行机制，健全培训需求调查、职业指导、分类培训、技能评价、就业服务协同联动的工作机制。到 2022 年末，努力实现新生代农民工职业技能培训“普遍、普及、普惠”的目标，即普遍组织新生代农民工参加职业技能培训，提高培训覆盖率；普及职业技能培训课程资源，提高培训可及性；普惠性补贴政策全面落实，提高各方主动参与培训积极性。

三、大规模开展多种形式的职业技能培训

（三）广泛开展就业技能培训，促进转移就业。对在公共就业服务平台登记培训愿望的农民工，在 1 个月内提供相应的培训信息或统筹组织参加培训，实现转移就业前掌握就业基本常识并至少掌握一项职业技能。对初次到城镇就业的新生代农民工开展必要的引导性培训。对失业和转岗人员，引导并组织参加新技能培训，帮助其尽快返岗转岗。重点根据企业岗位实际需求开展订单定岗培训，结合产业发展需求开展定向培训。

（四）大力推进岗位技能提升培训，支持岗位成才。支持企业对农民工广泛开展技能培训，重点对新生代农民工开展岗前培训、企业新型学徒制培训、岗位技能提升培训、高技能人才培训等，进一步提高其就业稳定性。围绕提

高产品质量和促进安全生产，经常性开展安全知识、操作规程、规章制度培训。对具备较高职业技能和自主创新意愿的人员，特别是企业拔尖技能人才，开展岗位创新创效培训。加强劳模精神和工匠精神培育，引导新生代农民工爱岗敬业，追求精益求精。

（五）精准开展技能扶贫培训，助力脱贫攻坚。精准掌握建档立卡贫困劳动力、低保家庭劳动力、特困救助供养人员和残疾人等就业困难人员中新生代农民工的基本情况，结合扶贫项目和用工需求，优先为有培训意愿的人员提供精准技能培训服务，优先为有就读技工院校意愿的人员提供技工教育，帮助他们实现技能就业脱贫。

（六）积极开展创业创新培训，培养创业带头人。将有意愿开展创业活动和处于创业初期的农民工全部纳入创业培训服务范围，开展创业培训服务。重点对新生代农民工积极开展电子商务培训。对具备一定条件的人员开展以创办个体工商户和创办小微企业为中心的创业技能培训，提供开业指导和创业孵化、创业政策支持，提高创业成功率。对已创业人员，持续开展改善或扩大企业经营的创业能力提升培训和企业经营指导，加强创业公共服务，提升经营管理能力。

四、切实提高培训质量

（七）创新培训内容和方式，提高培训针对性有效性。根据制造业重点领域、现代服务业和乡村振兴对技能人才需要，以新生代农民工为重点，积极开展相关职业（工种）技能培训。逐步推广工学一体化、“互联网+职业培训”、职业培训包、多媒体资源培训等灵活多样的培训方式，满足新生代农民工多样化、个性化培训需求。根据当地新生代农民工特点和产业发展实际，打造特色培训品牌。

（八）扩大培训供给，实行市场化社会化培训机制。政府投资建设的高技能人才培训基地、实训基地和创业孵化基地等，要率先做好新生代农民工职业技能培训工作，带动其他培训资源参与。逐步推进职业技能培训公共服务项目目录清单管理，政府补贴的职业技能培训项目全部向具备资质的职业院校和培训机构开放。推动落实劳动者自主选择职业培训机构和培训项目、按培训补贴标准领取补贴的政府购买服务方式。

（九）做好公共就业服务，实现培训就业一体化。多渠道公开职业培训信息，提高新生代农民工对就业趋势、培训政策、课程内容等信息的知晓度。支持职业培训机构与行业协会、大中型企业、劳务输出机构等建立联合体，开展培训就业一站式服务。推进劳务输入地与输出地联动对接，延长新生代农民工跨区域培训就业服务链条。加强就业形势监测，对就业不稳定的农民工，及时提供技能培训和就业信息服务。

五、强化保障措施

（十）加强组织领导，形成工作合力。各地要以农民工就业和培训的统计调查数据为基础，科学规划新生代农民工培训工作。做好现有各项培训政策措施的衔接融合，发挥相关部门职能优势，形成工作合力。人力资源社会保障系统就业、人力资源市场、职业培训、技工院校管理、职业技能鉴定、农民工工作、失业保险、劳动监察等部门要明确职责、密切协作，加强工作督导，及时研究解决工作中存在的问题，确保政策措施落到实处。

（十一）加大扶持力度，落实补贴政策。鼓励各地结合实际，从资金、政策等方面加大对新生代农民工职业培训和就业创业扶持力度。落实相关补贴政策，减少参训人员“先垫后支”情况，探索培训券补贴方式。对建档立卡贫困人员按规定落实免费参加技工教育和职业培训政策。会同有关部门做好《关于企业职工教育经费提取与使用管理的意见》（财建〔2006〕317号）和《关于企业职工教育经费税前扣除政策的通知》（财税〔2018〕51号）的宣传解读和政策落实，支持引导企业足额提取职工教育培训经费并合理使用。

（十二）优化社会环境，形成良好氛围。各地要采取多种方式大力宣传职业培训和技术工人待遇等政策，深入解读各项惠及农民工、培训机构、用人单位的政策措施，以新生代农民工为重点，及时总结推广农民工职业技能培训的有效经验，动员社会各界积极参与新生代农民工职业技能提升计划的实施。每年至少对乡（镇）、村有关工作人员开展1次职业培训等相关政策培训，乡（镇）、村要加强相关政策宣传讲解和典型人物事迹宣传，激发新生代农民工技能成才的内生动力。

人力资源社会保障部 工业和信息化部关于深化工程技术人才职称制度改革的指导意见

（人社部发〔2019〕16号）

各省、自治区、直辖市及新疆生产建设兵团人力资源社会保障厅（局）、工业和信息化主管部门，中央和国家机关各部委、各直属机构人事部门，各中央企业人事部门：

工程技术人才是建设创新型国家和世界科技强国的重要力量。深化工程技术人才职称制度改革，对于提高我国原始创新能力、实现关键核心技术突破、促进产业结构优化升级具有重要意义。为贯彻落实中共中央办公厅、国务院办公厅印发的《关于深化职称制度改革的意见》，现就深化工程技术人才职称制度改革提出如下指导意见。

一、总体要求

（一）指导思想

以习近平新时代中国特色社会主义思想为指导，全面贯彻落实党的十九大和十九届二中、三中全会精神，认真落实党中央、国务院决策部署，坚定实施人才强国战略、制造强国战略和创新驱动发展战略，遵循工程技术人才成长规律，健全符合工程技术人才职业特点的职称制度，激发工程技术人才创新潜能，培养造就素质优良、结构合理、充满活力的工程技术人才队伍，为提升我国自主创新能力、加快建设创新型国家和世界科技强国提供人才支撑。

（二）基本原则

1. 坚持服务发展。围绕经济发展方式转变、产业结构调整要求，发挥人才评价“指挥棒”和风向标作用，激发工程技术人才创新创造活力，提升关键领域核心技术攻关能力，推动经济高质量发展。

2. 坚持遵循规律。遵循工程技术人才成长规律和不同发展阶段职业特点，建立科学分类、合理多元的评价体系，强化责任意识、弘扬科学精神，减少急功近利、浮夸张扬，营造潜心研究、追求卓越的制度环境。

3. 坚持科学评价。以职业分类为基础，以品德、能力、业绩为导向，分类制定评价标准，破除唯学历、唯资历、唯论文、唯奖项倾向，突出技术性、实践性和创新性，鼓励工程技术人才多出原创性高水平成果。

4. 坚持开放创新。立足我国工程技术人才队伍建设实际，充分借鉴国外人才评价创新做法，积极推动工程技术人才国际交流与合作，提高工程技术人才的专业化、职业化、国际化水平。

二、主要内容

通过健全制度体系、完善评价标准、创新评价机制、与人才培养使用相衔接、加强事中事后监管、优化公共服务等措施，形成设置合理、覆盖全面、评价科学、管理规范的工程技术人才职称制度。

（一）健全制度体系

1. 增设正高级工程师，高级职称分设副高级和正高级，初级职称分设员级和助理级。员级、助理级、中级、副高级和正高级职称名称依次为技术员、助理工程师、工程师、高级工程师和正高级工程师。

2. 建立专业设置动态调整机制。各地、各有关部门可围绕国家重大战略任务和未来产业发展方向，聚焦新技术、新工艺、新装备、新材料等战略性新兴产业，对工程系列相关评审专业进行动态调整，促进专业设置与国家战略需求和产业发展同步。

3. 实现职称制度与职业资格制度有效衔接。工程技术领域实行职业资格考试的专业，不再开展相应层级的职称评审。工程技术人才取得的工程领域职业资格，可对应相应层级的职称，并可作为申报高一级职称的条件。职业资格分级设置的，其初级（二级）、中级（一级）、高级分别对应职称的初级、中级、高级，未分级设置的一般对应中级职称，国家另有规定的除外。

4. 打通高技能人才与工程技术人才职业发展通道。按照两类人才贯通条件大体平衡、适当向高技能人才倾斜的原则，搭建高技能人才与工程技术人才成长立交桥。在工程技术领域生产一线岗位，从事技术技能工作的高技能人才，具有高级工以上职业资格或职业技能等级，符合工程技术人才职称评价基本标准条件，可参加工程系列职称评审。专业技术人才参加职业技能评价，可免于理论知识考试，注重技能水平考核，合格后取得相应技能人员职业资格证书或职业技能等级证书。

5. 工程技术人才各层级职称分别与事业单位专业技术岗位等级相对应。

正高级对应专业技术岗位一至四级，副高级对应专业技术岗位五至七级，中级对应专业技术岗位八至十级，助理级对应专业技术岗位十一至十二级，员级对应专业技术岗位十三级。

（二）完善评价标准

1. 坚持德才兼备、以德为先。坚持把品德放在工程技术人才评价的首位，重点考察工程技术人才的职业道德。用人单位可通过个人述职、考核测评、民意调查等方式综合考察工程技术人才的职业操守和从业行为。对剽窃他人技术成果或伪造试验数据等学术不端行为，实行“一票否决制”，并向社会公开。对通过弄虚作假、暗箱操作等违纪违规行为取得的职称，一律予以撤销。

2. 突出评价能力和业绩。适应工程技术专业化、标准化程度高的特点，分专业领域完善工程技术人才评价标准。通用性强、适用范围广的专业评价标准由国家统一发布。重点评价工程技术人才发明创造、技术推广应用、工程项目设计、工艺流程标准开发、产品质量提升、科技成果转化等方面的能力，引导工程技术人才解决工程技术难题、实现现代工程技术突破。着力解决工程技术领域评价标准过于学术化问题，专利成果、技术报告、软课题研究报告、规划设计方案、施工或调试报告、工程试验报告、标准规范制定、行业工法等均可作为业绩成果。科学对待论文、论著等研究成果，科学引文索引、核心期刊论文发表数量、论文引用榜单和影响因子排名等仅作为评价参考，重大原创性研究成果可“一票决定”。外语和计算机应用能力不作统一要求，由用人单位或评审机构根据需要自主确定。

3. 实行国家标准、地区标准和单位标准相结合。人力资源社会保障部会同工业和信息化部等有关行业主管部门研究制定《工程技术人才职称评价基本标准条件》（附后）。各地区可根据本地区经济社会发展情况，制定地区标准。具有自主评审权的用人单位可结合本单位实际，制定单位标准。地区标准和单位标准不得低于国家标准。支持龙头企业、行业协会学会等参与制定评价标准。

（三）创新评价机制

1. 改进评价方式。建立以同行专家评议为基础的业内评价机制，注重社会和业内认可。综合采用考试、评审、考核认定、个人述职、面试答辩、实践操作、业绩展示等多种评价方式，提高职称评价的针对性和科学性。为涉密领域工程技术人才开辟特殊通道，采取特殊评价办法。对在艰苦边远地区和基层一线工作的工程技术人才，可以采取“定向评价、定向使用”的方式，重点考察其实际工作业绩，适当放宽学历、科研能力要求。

2. 畅通评价渠道。非公有制领域工程技术人才一般按照属地原则申报职称评审。各地人力资源社会保障部门和有关行业主管部门要通过驻厂设点、建立代办机构、入驻办事大厅等方式建立兜底机制，确保非公有制领域工程技术人才平等参与职称评审。要积极依托具备条件的行业协会、专业学会、公共人才服务机构等，为非公有制经济组织、社会组织和新兴职业领域工程技术人才提供职称评价服务。

3. 建立绿色通道。鼓励工程技术人才围绕国家重大战略和社会需求，潜心研究、攻坚克难，提高关键环节和重点领域创新能力。在信息、制造、能源、材料等领域突破关键核心技术、作出重大贡献的工程技术人才，可直接申报评审正高级工程师职称。对引进的海外高层次人才和急需紧缺人才，进一步打破条条框框的限制，引入国际同行评价，建立职称评审绿色通道。

（四）与人才培养使用相衔接

1. 促进职称制度与人才培养制度有效衔接。推动工程技术人才职称制度与工程类专业学位研究生教育有效衔接，获得工程类专业学位的工程技术人才，可提前1年参加相应专业职称评审，探索在相应职业资格考试中缩短工作年限要求或免试部分考试科目。结合工程技术领域人才需求和职业标准，提高工程教育质量，加快重点行业、重要专业人才培养。强化协同育人理念，充分发挥企业等用人单位的重要作用，通过校企合作办学等方式，促进评价标准与培养标准深度融合。工程技术人才应按规定参加继续教育，不断提高创新能力和专业水平。

2. 实现职称制度与用人制度有效衔接。全面实行岗位管理、工程技术人才素质与岗位职责密切相关的事业单位，一般应在岗位结构比例内开展职称评审，聘用具有相应职称的工程技术人才到相应岗位。不实行事业单位岗位管理的用人单位，可根据工作需要，择优聘任具有相应职称的工程技术人才从事相关岗位工作。健全考核制度，加强聘后管理，在岗位聘用中实现人员能上能下。

（五）加强事中事后监管

1. 建立健全各级职称评审委员会。坚持职称评审委员会核准备案制度，完善职称评审委员会工作程序和评审规则。加强职称评审委员会评价能力建设，建立评审专家动态管理机制，注重遴选能力业绩突出、声望较高的同行专家和活跃在生产一线的工程技术人才担任评委。严肃评审工作纪律，对违反评审纪律的评审专家，应及时取消评审专家资格，列入“黑名单”。各省（自治区、直辖市）、国务院有关部门、中央企业可按规定成立工程系列高级职称评审委员会。国务院有关部门和中央企业成立的高级职称评审委员会报人力资源社会保障部核准备案，其他高级职称评审委员会报省级人力资源社会保障部门核准备案。

2. 下放职称评审权限。科学界定、合理下放职称评审权限，逐步将工程系列高级职称评审权下放到工程技术人才密集、技术水平高的大型企业、事业单位。自主评审单位组建的高级职称评审委员会应当按照管理权限报省级以上人力资源社会保障部门核准备案。自主评审结果报相应人力资源社会保障部门备案。各级人力资源社会保障部门要做好职称评审结果的统计和查询验证工作。

3. 转变监督管理方式。要建立职称评审随机抽查、巡查制度，加强对职称评审全过程的监督管理，强化单位自律和外部监督。畅通意见反映渠道，对群众反映或舆情反映较强烈的问题，有针对性地进行专项核查，及时妥善处理。因评审工作把关不严、程序不规范，造成投诉较多、争议较大的，要责令限期整改；对整改无明显改善或逾期不予整改的，暂停其评审工作直至收回评审权，并追究责任。

（六）优化公共服务

1. 健全公共服务体系。推行个人诚信承诺制度，精减申报材料，减少证明事项，优化审核、评审程序，减轻工程技术人才评审负担。加强项目评审、人才评价和机构评估等相关业务统筹，加大申报材料和业绩成果信息共享，实行材料一次报送、一表多用。加快推进职称评审信息化建设，探索实行网上申报、网上评审、网上查询验证。

2. 加强工程师资格国际互认。按照《华盛顿协议》框架规则，在健全完善工程教育专业认证基础上，在条件成熟的工程技术领域探索开展工程师资格国际互认。以国际工程联盟（IEA）、国际咨询工程师联合会（FIDIC）等国际组织为平台，主动参与国际工程师评价标准制定，加强工程技术人才国际交流。

三、组织实施

（一）提高认识，加强领导。职称制度改革涉及广大工程技术人才的切身利益，各地区、各有关部门要充分认识改革的重要性、复杂性、敏感性，加强组织领导，狠抓工作落实，确保各项改革措施落到实处。各级人力资源社会保障部门会同工业和信息化等有关行业主管部门，具体负责工程技术人才职称制度改革的政策制定、组织实施和监督检查工作。各有关部门要密切配合，相互协调，确保改革各项工作顺利推进。

（二）精心组织，稳慎实施。各地区、各有关部门要根据本指导意见，紧密结合实际，抓紧制定具体实施方案和配套办法。在推进改革过程中，要深入开展调查研究，细化工作措施，完善工作预案，确保改革顺利进行。国家增设正高级工程师之前，各地自行试点评审的工程系列正高级职称，要按有关规定通过一定程序进行确认。在改革中要认真总结经验，及时解决改革中出现的新情况、新问题，妥善处理改革、发展和稳定的关系。

（三）加强宣传，营造环境。各地区、各有关部门要加强宣传引导，搞好政策解读，充分调动工程技术人才的积极性，引导工程技术人才积极支持和参与工程技术人才职称制度改革，营造有利于工程技术人才职称制度改革的良好氛围。

本指导意见适用于机械、材料、冶金、电气、电子、信息通信、仪器仪表、能源动力、广播电视、控制工程、计算机、自动化、建设、土木、水利、测绘、气象、化工、地质、矿业、石油与天然气、纺织、轻工、交通运输、船舶与海洋、航空宇航、兵器、核工程、林业工程、城乡规划、风景园林、环境、生物、食品、安全、质量、计量、标准化等领域的工程技术人才。

附件：工程技术人才职称评价基本标准条件

人力资源社会保障部　工业和信息化部

2019 年 2 月 1 日

附件：

工程技术人才职称评价基本标准条件

一、遵守中华人民共和国宪法和法律法规。

二、具有良好的职业道德、敬业精神，作风端正。

三、热爱本职工作，认真履行岗位职责。

四、按照要求参加继续教育。

五、法律法规规定需取得职业资格的，应具备相应职业资格。

六、工程技术人才申报各层级职称，除必须达到上述基本条件外，还应分别具备以下条件：

（一）技术员

1. 熟悉本专业的基础理论知识和专业技术知识。

2. 具有完成一般技术辅助性工作的实际能力。

3. 具备大学本科学历或学士学位；或具备大学专科、中等职业学校毕业学历，在工程技术岗位上见习 1 年期满，经考察合格。技工院校毕业生按国家有关规定申报。

（二）助理工程师

1. 掌握本专业的基础理论知识和专业技术知识。

2. 具有独立完成一般性技术工作的实际能力，能处理本专业范围内一般性技术难题。

3. 具有指导技术员工作的能力。

4. 具备硕士学位或第二学士学位；或具备大学本科学历或学士学位，在工程技术岗位见习 1 年期满，经考察合格；或具备大学专科学历，取得技术员职称后，从事技术工作满 2 年；或具备中等职业学校毕业学历，取得技术员职称后，从事技术工作满 4 年。技工院校毕业生按国家有关规定申报。

（三）工程师

1. 熟练掌握并能够灵活运用本专业基础理论知识和专业技术知识，熟悉本专业技术标准和规程，了解本专业新技术、新工艺、新设备、新材料的现状和发展趋势，取得有实用价值的技术成果。

2. 具有独立承担较复杂工程项目的工作能力，能解决本专业范围内较复杂的工程问题。

3. 具有一定的技术研究能力，能够撰写为解决复杂技术问题的研究成果或技术报告。

4. 具有指导助理工程师工作的能力。

5. 具备博士学位；或具备硕士学位或第二学士学位，取得助理工程师职称后，从事技术工作满 2 年；或具备大学本科学历或学士学位，取得助理工程师职称后，从事技术工作满 4 年；或具备大学专科学历，取得助理工程师职称后，从事技术工作满 4 年。技工院校毕业生按国家有关规定申报。

（四）高级工程师

1. 系统掌握专业基础理论知识和专业技术知识，具有跟踪本专业科技发展前沿水平的能力，熟练运用本专业技术标准和规程，在相关领域取得重要成果。

2. 长期从事本专业工作，业绩突出，能够独立主持和建设重大工程项目，能够解决复杂工程问题，取得了较高的经济效益和社会效益。

3. 取得工程师职称后，业绩、成果要求符合下列条件之一：

（1）主持或承担研制开发的新产品、新材料、新设备、新工艺等已投入生产，可比性技术经济指标处于国内较高水平；

（2）作为主要发明人，获得具有较高经济和社会效益的发明专利；

（3）参与的重点项目技术报告，经同行专家评议具有较高技术水平，技术论证有深度，调研、设计、测试数据齐全、准确；

（4）发表的本领域研究成果，受到同行专家认可；

（5）作为主要参编者，参与完成省部级以上行业技术标准或技术规范的编写。

4. 在指导、培养中青年学术技术骨干方面发挥重要作用，能够指导工程师或研究生的工作和学习。

5. 具备博士学位，取得工程师职称后，从事技术工作满 2 年；或具备硕士学位，或第二学士学位，或大学本科学历，或学士学位，取得工程师职称后，从事技术工作满 5 年。技工院校毕业生按国家有关规定申报。

6. 不具备前项规定的学历、年限要求，业绩突出、作出重要贡献的，可由 2 名本专业或相近专业正高级工程师推荐破格申报，具体办法由各地、各有关部门和单位另行制定。

（五）正高级工程师

1. 具有全面系统的专业理论和实践功底，科研水平、学术造诣或科学实践能力强，全面掌握本专业国内外前沿发展动态，具有引领本专业科技发展前沿水平的能力，取得重大理论研究成果和关键技术突破，或在相关领域取得创新性研究成果，推动了本专业发展。

2. 长期从事本专业工作，业绩突出，能够主持完成本专业领域重大项目，能够解决重大技术问题或掌握关键核心技术，取得了显著的经济效益和社会效益。

3. 在本专业领域具有较高的知名度和影响力，在突破关键核心技术和自主创新方面作出突出贡献，发挥了较强的引领和示范作用。

4. 取得高级工程师职称后，业绩、成果要求符合下列条件之一：

（1）主持研制开发的新产品、新材料、新设备、新工艺等已投入生产，可比性技术经济指标处于国内领先水平；

（2）作为第一发明人，获得具有显著经济和社会效益的发明专利；

（3）承担的重点项目技术报告，经同行专家评议具有国内领先水平，技术论证有深度，调研、设计、测试数据齐全、准确；

（4）发表的本领域研究成果，经同行专家评议具有较高学术价值；

（5）作为第一起草人，主持完成省部级以上行业技术标准或技术规范的编写。

5. 在指导、培养中青年学术技术骨干方面作出突出贡献，能够有效指导高级工程师或研究生的工作和学习。

6. 一般应具备大学本科及以上学历或学士以上学位，取得高级工程师职称后，从事技术工作满 5 年。技工院校毕业生按国家有关规定申报。

人力资源社会保障部　最高人民法院
中华全国总工会　中华全国工商业联合会
中国企业联合会/中国企业家协会
关于实施“护薪”行动全力做好拖欠
农民工工资争议处理工作的通知

（人社部发〔2019〕80号）

各省、自治区、直辖市人力资源社会保障厅（局）、高级人民法院、总工会、工商业联合会、企业联合会/企业家协会，新疆生产建设兵团人力资源社会保障局、新疆维吾尔自治区高级人民法院生产建设兵团分院、工会、工商业联合会、企业联合会/企业家协会：

为根治拖欠农民工工资问题，切实解决劳动争议处理过程中调解结案难、调查取证难、裁审衔接难等问题，完善协商、调解、仲裁、诉讼相互协调、有序衔接的多元处理机制，依法保障农民工劳动报酬权益，决定实施“护薪”行动。现就有关事项通知如下：

一、进一步做好拖欠农民工工资争议预防协商工作

（一）加强拖欠农民工工资争议预防工作。创新发展“枫桥经验”，加大农民工工资支付法律法规宣传力度，增强用人单位法治意识和农民工依法维权意识。推动用人单位加强对农民工的人文关怀，做好农民工心理疏导工作。指导企业与农民工建立多种形式的对话沟通机制。推行劳动争议仲裁建议书、司法建议书制度，积极引导用人单位依法履行按时足额支付农民工工资义务。

（二）引导用人单位与农民工通过协商解决争议。指导用人单位完善协商规则，积极探索建立内部申诉和协商回应制度。对出现拖欠农民工工资争议的用人单位，积极引导争议双方当事人开展协商，达成和解。工会组织要切实发挥在争议协商中的作用，有效维护农民工合法权益。

二、进一步加强拖欠农民工工资争议调解工作

（一）充分发挥基层劳动争议调解组织作用。积极引导农民工通过调解方式解决争议。指导企业劳动争议调解委员会、乡镇（街道）和工会、行业商（协）会设立的劳动争议调解组织积极参与拖欠农民工工资争议调解工作。根据案件实际情况，提出灵活有效的调解意见，引导当事人选择一次性支付、分期支付等调解方案。加强乡镇（街道）劳动争议调解组织的队伍建设和基础保障，充分发挥其在劳动争议调解中的主渠道作用。

（二）加强调解与仲裁、诉讼衔接。建立健全劳动争议调解组织与劳动人事争议仲裁委员会（以下简称仲裁委员会）信息互通机制。调解成功的案件，调解组织要结合实际引导当事人进行仲裁审查确认。符合受理条件的，仲裁委员会要当场受理，并自受理之日起三个工作日内完成审查工作；调解不成的案件，调解组织要及时引导当事人进入仲裁程序，可探索建立代收仲裁申请制度。依法落实支付令规定，农民工与用人单位因支付拖欠工资达成调解协议，用人单位在协议约定期限内不履行的，农民工可持调解协议书依法向人民法院申请支付令，人民法院要依法发出支付令。

（三）妥善调处拖欠农民工工资重大集体劳动争议。各地人力资源社会保障部门要制订拖欠农民工工资重大集体劳动争议处理应急工作预案，明确应急措施、程序和保障等基本要求。发生拖欠农民工工资集体劳动争议时，人力资源社会保障部门要会同工会、企业代表组织及时介入，主动约谈用人单位，依法促成和解或调解解决。要吸收擅长处理劳动争议的律师、专家学者等社会力量参与调解。

三、进一步提高拖欠农民工工资争议仲裁质效

（一）集中办结超审限拖欠农民工工资争议仲裁案件。各地人力资源社会保障部门要制订工作方案，组织辖区内仲裁委员会对2019年7月31日以前超审限未办结的拖欠农民工工资争议案件进行全面摸底排查，组织精干力量采取优先调解、优先开庭、优先裁决等措施加快办理。要通过倒排时间表、记账销号等方式加强督查督办，在保证办案质量的前提下，于2019年9月30日前全部办结，基本杜绝拖欠农民工工资争议案件超审限现象。各地要在10月15日前，将仲裁机构处理超审限拖欠农民工工资争议案件情况统计表报送人力资源社会保障部调解仲裁管理司。

（二）畅通拖欠农民工工资争议仲裁“绿色通道”。仲裁委员会要对拖欠农民工工资争议实行全程优先处理，对符合立案条件的，当天申请，当天立

案，并在三个工作日内将仲裁庭组成人员、答辩、举证、开庭等事项一次性通知当事人。加强庭前调解，可设置专门庭前调解机构、配备专门调解人员，立案时同步开展调解。落实简易处理规定，对简单小额案件实行速裁制，有条件的地区可设置专门速裁庭。仲裁庭可通过经与被申请人协商同意缩短或者取消答辩期、采用简便方式送达有关仲裁文书等措施，将审限缩短至三十日内。

（三）增强拖欠农民工工资争议仲裁处理效果。对农民工因客观原因不能自行收集的证据，仲裁委员会可根据农民工的申请依法主动予以收集。对同时涉及拖欠工资和其他仲裁请求的案件，可引导农民工就工资请求先行调解，依法发挥终局裁决、先行裁决、先予执行等制度效能，提高拖欠农民工工资争议案件仲裁终结率。严格落实集体劳动争议仲裁处理的组庭、送达等规定，稳妥处理拖欠农民工工资重大集体劳动争议。对涉及劳动者人数较多、涉及金额较大、社会影响较广的案件，仲裁机构负责人要挂牌督办。

（四）加强拖欠农民工工资争议仲裁与诉讼衔接。人力资源社会保障部门要会同人民法院共同研究拖欠农民工工资争议处理的重点问题，形成类案指导口径，统一裁审法律适用标准。人民法院在审理拖欠农民工工资争议案件中，对仲裁庭已依法质询、质证的证据，除当事人有相反证据足以推翻的以外，可不再予以当庭质证；当事人在仲裁程序中已自认的事实，在审理中又予以否认的，人民法院一般不予支持；对当事人在仲裁程序中未依法提交或拒不提交的证据，除该证据与案件基本事实有关，人民法院可不予采纳。有条件的地区，仲裁委员会与人民法院可根据案件仲裁和审理需要，建立相互协助查证制度，以便及时调取、查证相关证据材料。积极推动和落实仲裁委员会与人民法院之间的案件保全、执行联动等裁审衔接工作机制建设，确定专人负责，做好案件材料传递、信息互通等工作。

四、进一步强化拖欠农民工工资争议案件审判执行工作

（一）完善拖欠农民工工资争议案件审理机制。各级人民法院要畅通立案“绿色通道”，及时审查受理拖欠农民工工资争议案件。农民工以用人单位的工资欠条为证据直接向人民法院起诉，诉讼请求不涉及劳动关系其他争议的，可视为拖欠劳动报酬纠纷，按照普通民事案件受理。审理中，根据诚实信用、公平原则合理分配举证责任，对符合法定条件的，人民法院要主动依职权调查。要积极运用和解、调解等方式，充分发挥简易程序和小额速裁机制及时、简便、快捷的功能，降低诉讼成本、提高诉讼效率、减少矛盾冲突、切实维护农民工的合法权益。同时，对符合先予执行法定条件的，要及时裁定先予执行。

（二）加大拖欠农民工工资争议案件执行力度。各级人民法院要将拖欠农民工工资争议案件作为重点民生案件纳入速执程序，优先安排人力、物力，用足、用尽执行措施。要规范裁审执行程序衔接，积极会同各级人力资源社会保障部门，进一步强化拖欠农民工工资争议案件仲裁裁决书、调解书的执行力度。对被执行人确无履行能力、农民工确有生活困难的，要根据当地司法救助规定，及时给予执行救助。

（三）落实拖欠农民工工资争议案件保全规定。切实落实最高人民法院有关办理财产保全案件的司法解释规定，对农民工追索工资案件申请财产保全的，一般不应要求担保；对当事人没有提出申请，但存在因用人单位转移、隐匿财产等可能导致仲裁裁决、判决等难以执行的，人民法院可依职权采取保全措施；对农民工在仲裁阶段提出财产保全申请的，人民法院要依法快速审查并及时作出裁定。

五、工作要求

（一）提高政治站位。做好拖欠农民工工资争议处理工作，关系到人民群众的切身利益，关系到社会和谐稳定，是实现社会公平正义的必然要求。要坚持人民立场，坚持人民主体地位，始终把人民放在心中最高的位置，深刻认识做好拖欠农民工工资争议处理工作的极端重要性和紧迫性，将其作为树牢“四个意识”、做到“两个维护”的重要检验和一项重大政治任务来抓，进一步压紧压实责任，强化组织保障，持续依法推进，确保政治效果、法律效果与社会效果相统一。要区分情况、分类指导，对用人单位法治意识不强的，加强教育引导；对因经营困难导致拖欠农民工工资的，要将稳就业、稳企业与根治拖欠农民工工资问题有效结合；对因政府部门或国有企业拖欠工程款引发拖欠农民工工资争议的，要协调有关部门推动问题解决。

（二）加强预警监测。深入研判拖欠农民工工资争议处理的工作形势，密切关注宏观经济环境变化、新业态新模式发展等对拖欠农民工工资争议处理工作的影响，主动采取应对措施，加强风险防控。拖欠农民工工资争议多发高发地区的乡镇（街道）劳动争议调解组织要对企业进行动态监测，定期开展预警排查，存在引发群体性事件风险的，要及时向所在县（市、区）人力资源社会保障部门报告，积极采取措施防范化解。

（三）健全协同机制。根据劳动争议仲裁、劳动保障监察职责特点和优势，按照有利于及时有效维护农民工合法权益原则，引导农民工依法理性选择维权方式。仲裁机构要与劳动保障监察机构加强协调配合，完善信息共享、事实互认、情况会商、协调处置等联动工作机制，有条件的地区可实行一站受理、首问负责、分类处理等制度。进一步加强人力资源社会保障部门、人民法院、工会、企业代表组织间的沟通协调，形成齐抓共管、各负其责、互动有力的工作局面，适时对辖区内相关部门的职能发挥、工作机制落实等情况开展监督检查。

（四）做好便民服务。要积极推行流动仲裁、巡回审判等改革举措，方便农民工就近就地维权。加强“互联网+调解仲裁”服务平台建设，发挥人民法院互联网诉讼服务优势，加强线上线下服务对接，更好为农民工提供“零跑腿”、“网上办”等服务。进一步加强调解仲裁行风建设，加快建设现代化诉讼服务体系，不断创新服务方式、提高服务水平，为农民工提供更加公开透明、高效便捷的维权服务。

（五）加强宣传引导。加强正面宣传和舆论引导，重点宣传拖欠农民工工资争议处理工作经验做法，特别是做好典型案例宣传，发挥“处理一案、警示一片”作用，为做好拖欠农民工工资争议处理工作营造良好的舆论氛围。

人力资源社会保障部　最高人民法院
中华全国总工会　中华全国工商业联合会
中国企业联合会/中国企业家协会
2019 年 7 月 26 日

人力资源社会保障部关于改革完善技能人才评价制度的意见

（人社部发〔2019〕90号）

各省、自治区、直辖市及新疆生产建设兵团人力资源社会保障厅（局），国务院各部委、各直属机构人事劳动保障工作机构，中央军委办公厅秘书局，有关行业组织、中央企业等人事劳动保障工作机构：

建立科学的技能人才评价制度，对于加强职业技能培训，提高劳动者素质，促进劳动者就业创业，激励引导技能人才成长成才具有重要作用。为贯彻落实《关于分类推进人才评价机制改革的指导意见》等文件精神，根据国务院推进“放管服”改革要求，现就改革完善技能人才评价制度提出如下意见。

一、总体要求

（一）指导思想。全面贯彻党的十九大和十九届二中、三中全会精神，以习近平新时代中国特色社会主义思想为指导，认真落实党中央、国务院决策部署，紧紧围绕统筹推进“五位一体”总体布局和协调推进“四个全面”战略布局，牢固树立新发展理念，深入实施人才强国战略、创新驱动发展战略和就业优先战略，加大“放管服”改革力度，加快政府职能转变，深化职业资格制度改革，建立职业技能等级制度，健全完善技能人才评价体系，形成科学化、社会化、多元化的技能人才评价机制，为实施职业技能提升行动，建设知识型、技能型、创新型劳动者大军做好支持服务。

（二）基本原则。

——坚持深化改革。围绕“放管服”改革部署要求，深化技能人才评价机制改革，进一步简政放权，推动政府职能转变，形成适应经济社会发展和技能人才发展需要的评价制度。

——坚持多元评价。完善国家职业资格目录，实行清单式管理，建立职业技能等级制度并做好与职业资格制度的衔接，规范专项职业能力考核，实行多元化技能评价。

——坚持科学公正。科学制定评价标准，注重职业道德，体现工匠精神，突出职业能力导向，强化工作业绩和贡献，推动评价工作科学、客观、公正进行。

——坚持以用为本。推动人才评价与使用激励紧密结合，引导技能人才培养培训，畅通技能人才发展通道，促进提高技能人才待遇水平和社会地位。

（三）主要目标。发挥政府、用人单位、社会组织等多元主体作用，建立健全以职业资格评价、职业技能等级认定和专项职业能力考核等为主要内容的技能人才评价制度，完善宏观管理、标准构建、组织实施、质量监管、服务保障等工作体系，形成有利于技能人才成长和发挥作用的制度环境，促进优秀技能人才脱颖而出，为经济高质量发展提供支撑。

二、改革技能人才评价制度

（四）深化技能人员职业资格制度改革。巩固职业资格改革成果，完善国家职业资格目录。对准入类职业资格，继续保留在国家职业资格目录内。对关系公共利益或涉及国家安全、公共安全、人身健康、生命财产安全的水平评价类职业资格，要依法依规转为准入类职业资格。对与国家安全、公共安全、人身健康、生命财产安全关系不密切的水平评价类职业资格，要逐步调整退出目录，对其中社会通用性强、专业性强、技术技能要求高的职业（工种），可根据经济社会发展需要，实行职业技能等级认定。

（五）建立职业技能等级制度。建立并推行职业技能等级制度，由用人单位和社会培训评价组织按照有关规定开展职业技能等级认定。符合条件的用人单位可结合实际面向本单位职工自主开展，符合条件的用人单位按规定面向本单位以外人员提供职业技能等级认定服务。符合条件的社会培训评价组织可根据市场和就业需要，面向全体劳动者开展。职业技能等级认定要坚持客观、公正、科学、规范的原则，认定结果要经得起市场检验、为社会广泛认可。

（六）规范专项职业能力考核。根据脱贫攻坚、乡村振兴、农村转移劳动力培训等工作需要，开展专项职业能力考核工作。要结合新兴产业发展、地方特色产业需要和就业创业需求，选择市场需求大、可就业创业的最小技能单元（模块）进行专项职业能力考核，作为技能人才评价的重要补充。

三、健全技能人才评价标准

（七）建立健全评价标准。国家确定职业分类，依据职业分类，建立由国家职业技能标准、行业企业评价规范、专项职业能力考核规范等构成的多层次、相互衔接的职业标准体系，作为开展技能人才评价的依据。职业资格评价要依据国家职业技能标准组织开展；职业技能等级认定要依据国家职业技能标准或行业企业评价规范组织开展；专项职业能力考核要依据经备案的考核规范组织开展。推动成熟的行业企业评价规范和专项职业能力考核规范上升为国家职业技能标准。

（八）完善标准开发机制。国家职业技能标准由人力资源社会保障部会同有关行业部门组织制定并颁布。行业企业评价规范由行业组织和用人单位参照《国家职业技能标准编制技术规程》开发。专项职业能力考核规范按照有关规定组织开发。

（九）合理确定技能等级。按照国家职业技能标准和行业企业评价规范设置的职业技能等级，一般分为初级工、中级工、高级工、技师和高级技师五个等级。企业可根据需要，在相应的职业技能等级内划分层次，或在高级技师之上设立特级技师、首席技师等，拓宽技能人才职业发展空间。

四、完善评价内容和方式

（十）突出品德、能力和业绩评价。坚持把品德作为技能人才评价的首要内容，全面考察技能人才的工匠精神、职业道德、职业操守和从业行为，强化社会责任。坚持以能力、业绩、贡献为导向，注重考核岗位工作绩效，强化生产服务成果、创新成果和实际贡献。

（十一）实行分类评价。用人单位和社会培训评价组织要根据不同类型技能人才的工作特点，实行差别化技能评价。在统一的评价标准体系框架基础上，对技术技能型人才的评价，要突出实际操作能力和解决关键生产技术难题要求，并根据需要增加新知识、新技术、新方法等方面的要求。对知识技能型人才的评价，要围绕高新技术发展需要，突出掌握运用理论知识指导生产实践、创造性开展工作要求。对复合技能型人才的评价，应根据产业结构调整和科技进步发展，突出掌握多项技能、从事多工种多岗位复杂工作要求。

（十二）创新评价方式。用人单位和社会培训评价组织可结合实际，按规定综合运用理论知识考试、技能操作考核、业绩评审、竞赛选拔、企校合作等多种鉴定考评方式，克服唯学历、唯职称、唯论文倾向，提高评价的针对性和有效性。用人单位、技工院校坚持就业导向，自主开展职业技能等级认定，或委托社会培训评价组织进行职业技能等级认定。

五、加强监督管理服务

（十三）实行目录管理。建立技能人才评价工作目录管理制度并实行动态调整。动态发布新职业信息和国家职业技能标准。职业资格及实施机构由国家职业资格目录规定。职业技能等级认定工作实行目录管理，向社会公开。

中央企业由人力资源社会保障部进行遴选，纳入职业技能等级认定目录，所属子公司、分公司等分支机构由所在地省级人力资源社会保障部门给予工作支持、兑现相应待遇并进行监管；其他用人单位由所在地省级人力资源社会保障部门进行遴选，纳入属地管理。社会培训评价组织由人力资源社会保障部进行遴选，纳入职业技能等级认定目录。

（十四）规范证书发放管理。职业资格证书按规定颁发。职业技能等级证书由用人单位和社会培训评价组织颁发，由人力资源社会保障部制定编码规则，规范证书（或电子证书）样式。按规定发放的职业资格证书和职业技能等级证书纳入人才统计和认定范围，作为落实有关人才政策的依据。

（十五）完善监督管理措施。各地要做好本地区技能人才评价工作的综合管理，通过现场督查、同行监督和社会监督，采取“双随机、一公开”和“互联网+监管”等方式，加强对用人单位和社会培训评价组织及其评价活动的监督管理。建立职业技能等级认定工作质量监控体系，健全用人单位和社会培训评价组织评估机制，定期组织评估，评估结果向社会公开。

（十六）加快政府职能转变。加大技能人才评价工作改革力度，进一步明确政府、市场、用人单位、社会组织等在人才评价中的职能定位，建立权责清晰、管理科学、协调高效的人才评价管理体制。改进政府人才评价宏观管理、政策法规制定、公共服务、监督保障等工作。推进人力资源社会保障部门所属职业技能鉴定中心职能调整，逐步退出具体认定工作，转向加强质量监督、提供公共服务等工作。鼓励支持社会组织、市场机构以及企业、院校等作为社会培训评价组织，提供技能评价服务。

各地区各部门要充分认识技能人才评价制度改革的重要性，将技能人才评价制度改革纳入重要议事日程，加强组织领导，结合实际制定具体办法并指导实施。要做好与职业资格相关政策的衔接过渡，稳慎有序推进改革。各地区各部门各有关方面要加强政策解读和舆论引导，积极回应社会关切，形成全社会关心支持参与技能人才评价制度改革的良好氛围。

人力资源社会保障部

2019 年 8 月 19 日

人力资源社会保障部办公厅关于扩大企业职业技能等级认定试点工作的通知

（人社厅函〔2019〕83号）

各省、自治区、直辖市及新疆生产建设兵团人力资源社会保障厅（局）：

根据《人力资源社会保障部办公厅关于开展职业技能等级认定试点工作的通知》（人社厅发〔2018〕148号）精神，拟扩大企业职业技能等级认定试点工作，现就有关事项通知如下：

一、结合实际，研究确定本地区试点企业条件和范围，按照自愿申报、择优遴选原则，选择10家左右工作基础较好的企业，建立本地区试点企业目录，实行动态调整。

二、指导试点企业制定工作方案、评价规范，提供命题指导、题库建设和考评人员培训等服务。同时，指导试点企业完善管理制度，规范工作流程，建立工作台账和管理数据库。

三、加强对试点企业职业技能等级认定过程的指导，突出品德、能力和业绩评价，坚持职业能力考核和职业素养评价相结合，重点考察技能劳动者执行操作规程、解决生产问题和完成工作任务的能力，注重考核岗位工作绩效，强化生产服务成果、创新成果和实际贡献。

四、对通过职业技能等级认定并经省级人力资源社会保障部门职业技能鉴定中心审核的人员，由试点企业参考我部职业技能鉴定中心提供的证书参考样式和编码规则，制作并颁发职业技能等级证书（或电子证书），由省级人力资源社会保障部门职业技能鉴定中心建立职业技能等级证书信息查询系统，并与我部职业技能鉴定中心全国联网查询系统对接，对外公开认定结果，免费向社会提供证书信息查询服务。

五、加强对本地区试点企业（含试点央企子公司、分公司等）及其评价活动的监管和服务。构建政府监管、机构自律、社会监督、公众参与的质量监管体系，建立试点企业信用档案和退出机制。对经规范认定、取得相应职业技能等级证书且证书信息可在我部职业技能鉴定中心全国联网查询系统上查询的人员，纳入人才统计范围，落实相关政策，兑现相应待遇。

请抓紧研究制定本地区企业职业技能等级认定试点工作方案，报我部备案后实施，方案要明确试点企业条件范围、职业（工种）范围、工作步骤、时间安排等。试点工作中有何问题和建议，请及时与我部相关单位联系。

人力资源社会保障部办公厅

2019 年 4 月 12 日

人力资源社会保障部办公厅关于加快推进工伤保险基金省级统筹工作的通知

（人社厅函〔2019〕164号）

各省、自治区、直辖市及新疆生产建设兵团人力资源社会保障厅（局）：

《人力资源社会保障部 财政部关于工伤保险基金省级统筹的指导意见》（人社部发〔2017〕60号，以下简称《指导意见》）印发以来，各地人力资源社会保障部门高度重视，在深入调研的基础上及时制定实施方案，明确任务要求和进度安排，多数省份工作已取得积极进展和成效。但也有一些省份思想认识不够到位，工作推进相对缓慢，离2020年实现省级统筹的目标还有不小的差距。2019年1月，中央脱贫攻坚专项巡视明确将“部分地区农民工工伤保险目前只能做到市级统筹”列入整改问题之一。为落实巡视整改要求，加快推进工伤保险基金省级统筹工作，现就有关问题通知如下：

一、进一步提高政治站位

推进工伤保险基金省级统筹是贯彻党的十九大精神、完善工伤保险制度的重要举措，是一场系统性、深层次的重大改革；是落实中央脱贫攻坚专项巡视整改的重要政治任务和政治责任，是树牢“四个意识”、坚定“四个自信”、坚决做到“两个维护”的重要体现；是坚持以人民为中心发展思想、更好保障工伤职工权益，提高基金共济能力和使用效率，推动工伤保险事业高质量发展的必然要求。各地人力资源社会保障部门要进一步提高政治站位，充分认清推进省级统筹工作的重要意义，切实增强责任感、使命感和紧迫感，主动担当作为，加大工作力度，确保2020年底前全部实现工伤保险基金省级统筹工作目标。

二、进一步明确政策要求

推进工伤保险基金省级统筹，核心是工伤保险基金在全省（区、市）范围内统筹调剂使用，基础是统一参保缴费、待遇支付等政策标准和规范工伤认定、劳动能力鉴定、工伤预防、工伤医疗和工伤康复等管理服务，难点在打破原有的管理模式和利益格局，关键要明确各级职责分担、建立激励约束机制。同时，全面推进工伤保险信息化建设，建成省级集中的社会保险信息系统，为实现省级统筹提供必要支撑。

要切实加强基金管理，实行全省（区、市）基金收支预算管理制度，加快提升基金预算编制水平，支持有条件的省份实行基金统收统支管理，稳妥处理各市（地）原基金结余；目前暂不具备条件的省份可以先在省级建立调剂金，由市（地）按照一定规则和比例将基金上解到省级社保财政专户集中管理，用于调剂解决各市（地）工伤保险基金支出缺口。

各地要认真研判推进省级统筹中可能出现的风险，立足各地经济发展水平差异等情况，按照平稳有序、逐步过渡的原则，扎实做好待遇支付、行业费率等政策标准平稳衔接，确保工伤保险制度平稳运行。

三、进一步优化管理服务

实行省级统筹是优化管理服务、加快信息化建设的有力抓手。各地人力资源社会保障部门要以推进省级统筹为契机，梳理经办管理、服务效能和信息化建设方面存在的问题，认真落实“放管服”改革和行风建设要求，统一业务规程和推动业务流程再造，在办事手续和流程上做减法，在提升服务和监管上做加法，持续推进基本公共服务均等化，努力提高管理服务效能。要以推进社会保险等信息系统省级集中整合建设为抓手，加快推动工伤认定、劳动能力鉴定、工伤保险业务经办一体化建设，全面开展协议机构联网直接结算，强化数据分析、公共服务、社会保障卡应用，尽快实现工伤保险信息化建设目标，为工伤保险决策科学化、管理精准化、服务人本化提供有力支撑。要强化顶层设计和整体谋划，打造适应新形势新任务的工伤保险经办管理服务体系，加强专业化队伍建设，确保各项工伤待遇足额、及时发放，确保不发生系统性风险。

四、进一步加快工作进度

工伤保险基金实现省级统筹是一项必须完成的硬任务。推进这项工作，比认识更重要的是决心，比方法更重要的是担当。已经基本实现省级统筹的省份，应主动对标对表《指导意见》，及时研究解决工作中遇到的问题，尤其要重点关注市（地）以下责任意愿减弱、工作质量下降等问题，在推进“基金上统、管理下沉”上拿出管用的实招硬招。尚未实现省级统筹的省份，应倒排工期、加快进度，在深入调研基础上抓紧制定完善实施意见，尤其要抓住本地区实行省级统筹的突出问题和关键环节，找出体制机制症结和短板，明确工作重点，拿出解决办法。各地省级统筹实施意见应于2019年底前报人力资源社会保障部备案。我部将根据各地情况适时组织调研、验收等工作。对工作进展缓慢的，我部将通过函询、约谈等方式进行督办。

五、进一步加强组织领导

推进工伤保险省级统筹是一项系统工程。各地人力资源社会保障部门要切实加强组织领导，完善工作机制，注重统筹协调，强化上下联动，形成工作合力，确保改革举措落地生根。要明确各级人力资源社会保障部门在管理上的主体责任，科学制定实行省级统筹的各项管理办法，健全省级统筹考核指标，强化考核结果运用，把“基金上统、管理下沉”落到实处。要加强经办内控和基金监督，落实责任，落实措施，做好基金管理风险防控工作。要切实加强宣传引导，通过形式多样的宣传工作，把目标任务讲清楚，把工作要求讲清楚，把确保不影响待遇支付讲清楚，争取各方面的理解和支持，为推进改革营造良好的氛围。

各地在推进工作中遇到的重大情况，请及时报部工伤保险司。

人力资源社会保障部办公厅

2019年9月26日

应急管理部　人力资源和社会保障部　教育部　财政部　国家煤矿安全监察局关于高危行业领域安全技能提升行动计划的实施意见

（应急〔2019〕107号）

各省、自治区、直辖市及新疆生产建设兵团应急管理厅（局）、人力资源和社会保障厅（局）、教育厅（局）、财政厅（局）、煤矿安全培训主管部门，各省级煤矿安全监察局，有关中央企业，各有关单位：

按照《国务院办公厅关于印发职业技能提升行动方案（2019—2021年）的通知》（国办发〔2019〕24号）要求，为认真实施高危行业领域安全技能提升行动计划，现提出以下意见。

一、目标任务

从现在开始至2021年底，重点在化工危险化学品、煤矿、非煤矿山、金属冶炼、烟花爆竹等高危行业企业（以下简称高危企业）实施安全技能提升行动计划，推动从业人员安全技能水平大幅度提升。

——高危企业在岗和新招录从业人员100%培训考核合格后上岗；特种作业人员100%持证上岗；高危企业班组长普遍接受安全技能提升培训，其中取得职业资格证书或职业技能等级证书或接受相关专业中职及以上学历教育的人员比例提高20个百分点以上；化工危险化学品、煤矿、金属非金属地下矿山、金属冶炼、石油天然气开采企业从业人员中取得职业资格证书或职业技能等级证书的比例达到30%以上。

——遴选培育50个以上具有辐射引领作用的安全技能实训和特种作业人员实操考试示范基地、50个以上安全生产教育培训示范职业院校（含技工院校，下同）、100家以上安全生产产教融合型企业；安全技能培训基础进一步夯实，培训供给能力和质量大幅度提升。

——安全技能培训制度机制更加完善，以企业为主体、各类机构积极参与、劳动者踊跃参加、部门协调配合、政府激励推动的高危行业领域安全技

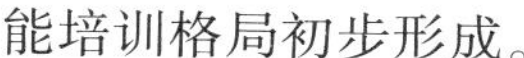

能培训格局初步形成。

二、有针对性地开展安全技能提升培训

（一）开展在岗员工安全技能提升培训。高危企业是安全技能提升培训的责任主体，企业主要负责人要组织制定并推动实施安全技能提升培训计划。培训计划要覆盖全员，将被派遣劳动者、外包施工队伍人员纳入统一管理和培训。要围绕提升职工基本技能水平和操作规程执行、岗位风险管控、安全隐患排查及初始应急处置的能力，构建针对性培训课程体系和考核标准。要分岗位对全体员工考核一遍，考核不合格的，按照新上岗人员培训标准离岗培训，考核合格后再上岗。企业要制定计划，2021 年底前安排 10%以上的重点岗位职工完成职业技能晋级培训，取得职业资格证书或职业技能等级证书后，按照有关规定给予职业培训补贴或参保职工技能提升补贴。

（二）严把新上岗员工安全技能培训关。高危企业新上岗人员安全生产与工伤预防培训不得少于 72 学时，考核合格后方可上岗；要建立健全并严格落实师带徒制度，出徒后方可独立上岗。要加大从职业院校招收新员工力度，逐步提高从业人员中高中阶段及以上文化程度的招收比例。工作岗位调整或离岗 3 个月以上重新上岗的人员要接受针对性安全培训，考核合格方可重新上岗。人力资源社会保障、教育、财政部门要会同应急管理、煤矿安监部门在危险化学品“两重点一重大”装置操作、矿山井下作业、石油天然气钻井作业、油气管道带压开孔、金属冶炼煤气作业等风险偏高的技能操作型岗位新招录员工中，推行企业新型学徒制，实行“入企即入校”企校合作培养培训，按规定给予职业培训补贴。

（三）实施班组长安全技能提升专项培训。各省级应急管理、煤矿安全培训主管部门要统筹制定总体方案，明确目标进度、培训内容、考核形式、实施主体、保障措施等，2021 年底前将高危企业班组长轮训一遍。实行企业内安全培训、职业技能培训等学习成果互认。各级应急管理、煤矿安全培训主管部门要会同教育、人力资源社会保障部门搭建校企合作平台，推动职业院校设置安全管理相关专业，通过“文化素质+职业技能”等多种方式面向高危班组长招生，由校企共研培养方案，根据企业生产特点灵活安排学习，推行面向真实生产环境的任务式培养模式，实施“学历证书+若干职业技能等级证书制度”试点。对于符合条件人员，按规定给予职业培训补贴。

（四）强化特种作业人员安全技能培训考试。各企业要依法明确从事特种作业岗位的人员，新任用或招录特种作业人员要参加专门的安全技能培训，考试合格后持证上岗。严格危险化学品和新申请煤矿安全作业的特种作业人员须具备高中阶段及以上文化程度，严格特种作业人员理论和实际操作培训课时要求，不具备实际操作条件的机构不得承担培训任务，鼓励企业建立特种作业人员培训考试点。应急管理部门、煤矿安全培训主管部门要组织实施特种作业实操考点创优提升计划，取消以问答代替实际操作的培训和考试方式。结合培训内容、培训时长、考核结果、物价水平等因素，确定特种作业人员安全技能培训补贴。

（五）将安全生产知识贯穿各类人员职业培训全过程。人力资源社会保障部门要把安全生产与工伤预防内容编入各类人员职业技能标准和培训教材，明确培训课时要求，考核评价中涉及安全生产的关键技能不合格的，则技能考核成绩不及格。教育、人力资源社会保障部门要在职业院校相关专业教学标准中增加安全生产知识，作为必修内容。应急管理部门要提供专家、内容资源等支持，会同人力资源社会保障和教育部门组织编制培训大纲和有关教材。

三、提高安全技能培训供给质量

（一）重点提升企业安全技能培训能力。鼓励有能力的企业设立职工培训中心、编制课程体系、建立考核标准和题库，自主组织安全技能培训考核；其他不具备能力的企业要委托有能力的企业或机构，提供长期、量身定制的培训考核服务。强化规划布局和经费投入，支持在高危企业集中的地区新建或提升改造一批具有辐射引领作用的高水平安全生产和技能实训基地，其中2021年底前实现省级以上化工园区都有具备实训条件的专业机构、其他化工园区都有自建共建或委托具备实训条件的专业机构提供安全技能培训服务。应急管理、煤矿安全培训主管部门要遴选一批安全技能培训示范企业，推荐纳入产教融合型企业，按规定给予政策激励。

（二）推动职业院校开展安全技能培训。应急管理、人力资源社会保障和教育部门要联合遴选公布一批安全技能提升培训能力和意愿较强的示范职业院校，引导强化高危行业安全技能培训供给，开展化工危险化学品产业工人培养试点。应急管理部门要会同有关部门经常举办高危行业产教融合对接洽谈活动，推动一批化工园区与职业院校建立产教联盟，推动一批职业院校在高危企业设立分校区，推动一批高危企业依托职业院校设置职工培训机构、实训基地。应急管理部门、煤矿安全培训主管部门要共建一批安全生产特色职业院校，支持职业院校申报特种作业人员考试点。鼓励社会培训机构开展安全技能提升培训，落实同等支持政策。

（三）建设安全生产网络平台和机制。应急管理部门要引导各类力量参与，建设企业安全生产网络学院和高危行业分院，建立完善课程超市和自主选学机制。建立高危行业安全技能学习培训学分银行制度，有序开展学习成果的认定、积累、转换，制定线上学习课时按比例计入培训总课时的标准，逐步实现理论知识更新再培训以线上培训为主。探索为每位高危企业从业人员建立安全技能培训学习个人终身账号和档案，存储个人学习、培训、从业等信息，一人一档、终身有效，使培训和考核过程可追溯。推动现代模拟实训考试技术应用，防止过度虚拟化。

（四）强化专兼职师资队伍建设。高危企业要建立健全内部培训师选拔、考核和退出机制，大力推动管理、技术人员和能工巧匠上讲台，并给予授课技巧培训和基本课件、通用案例等支持，逐步实现企业在岗培训以企业内训师承担为主。省级以上应急管理部门要公开遴选、择优公布若干区域性、专业性安全技能培训师资研修基地。各培训机构要制定师资培养培训计划，并组织教师每年到企业实践或调研，提高授课针对性和感染力。

（五）规范培训考核标准体系。应急管理部门、煤矿安全培训主管部门要发挥标准在安全技能培训中的基础性作用，加快构建培训机构标准、实训条件标准体系。推广结构化、模块化的矩阵培训方法和职业培训包制度，提升培训规范性、系统性。按照看得懂、记得住、用得上原则，开发分层次、分专业、分岗位的教材体系，倡导使用新型活页式、工作手册式教材，鼓励企业编写企业内部培训教材。建设安全生产数字资源库，推动安全培训课件、事故案例、电子教材等资源共建共享。

四、强化保障措施

（一）强化组织领导保障。各省级应急管理部门要会同人力资源社会保障、教育、财政、煤矿安全培训主管部门研究制定本地区高危行业领域安全技能提升行动计划实施方案。要建立工作抽查评估和情况通报机制，将方案实施情况纳入对下级政府安全生产和消防综合考核内容，作为安全生产标准化达标评审必要条件。发挥行业协会在促进校企合作对接、培训考试标准建设等方面的作用。注重总结经验、推广典型，层层培育示范企业、示范院校、示范基地。强化政策解读和宣传，适时举办全国性安全技能竞赛，营造良好工作氛围。

（二）落实职业培训补贴政策。要将高危行业领域安全技能提升行动计划中相关内容纳入职业技能提升行动，细化有关资金补贴条件和具体标准。高危企业要在职工教育培训经费和安全生产费用预算中配套安排安全技能培训资金，用于一般从业人员安全技能培训；落实企业职工教育经费税前扣除限额提高至工资薪金总额8%的税收政策。依法从工伤保险基金提取工伤预防费用于工伤预防的宣传培训。推动安全生产责任险保险机构为参保企业提供安全技能培训服务。通过现有渠道安排资金，对安全技能实训基地建设、培训教材开发、师资培训、数字资源建设等给予支持。省级应急管理部门、煤矿安全培训主管部门要会同人力资源社会保障部门建立完善安全技能培训机构管理制度，将符合条件的安全技能培训机构名单，纳入人力资源社会保障部门统一目录清单管理；要建立安全技能培训实名制管理平台，及时向人力资源社会保障部门推送补贴性培训人员信息，减少企业及个人报送纸质材料，提高审核拨付补贴资金工作效率。

（三）加大执法检查力度。各级应急管理部门、煤矿安监部门要把企业安全培训纳入年度执法计划，规范安全培训执法程序和方法，将抽查企业培训计划、持证情况、抽考安全生产常识作为培训执法重要内容，发现应持证未持证或未经培训就上岗的人员，依法责令企业限期改正并予以处罚。发现不按统一的培训大纲组织教学培训、不按统一题库进行考试等行为的安全培训和考试机构，要依法严肃处理。

应急管理部　人力资源和社会保障部
教育部　财政部　国家煤矿安全监察局
2019年10月28日

中央企业工资总额管理办法

（2018 年 12 月 11 日经国务院国有资产监督管理委员会第 158 次主任办公会议审议通过　2018 年 12 月 7 日国务院国有资产监督管理委员会令第 39 号公布）

第一章　总　则

第一条　为建立健全与劳动力市场基本适应、与企业经济效益和劳动生产率挂钩的工资决定和正常增长机制，增强企业活力和竞争力，促进企业实现高质量发展，推动国有资本做强做优做大，根据《中华人民共和国企业国有资产法》、《企业国有资产监督管理暂行条例》、《中共中央 国务院关于深化国有企业改革的指导意见》、《国务院关于改革国有企业工资决定机制的意见》和国家有关收入分配政策规定，制定本办法。

第二条　本办法所称中央企业是指国务院国有资产监督管理委员会（以下简称国资委）履行出资人职责的企业。

第三条　本办法所称工资总额，是指由企业在一个会计年度内直接支付给与本企业建立劳动关系的全部职工的劳动报酬总额，包括工资、奖金、津贴、补贴、加班加点工资、特殊情况下支付的工资等。

第四条　中央企业工资总额实行预算管理。企业每年度围绕发展战略，按照国家工资收入分配宏观政策要求，依据生产经营目标、经济效益情况和人力资源管理要求，对工资总额的确定、发放和职工工资水平的调整，作出预算安排，并且进行有效控制和监督。

第五条　工资总额管理应当遵循以下原则：

（一）坚持市场化改革方向。实行与社会主义市场经济相适应的企业工资分配制度，发挥市场在资源配置中的决定性作用，逐步实现中央企业职工工资水平与劳动力市场价位相适应。

（二）坚持效益导向原则。按照质量第一、效益优先的要求，职工工资水平的确定以及增长应当与企业经济效益和劳动生产率的提高相联系，切实实现职工工资能增能减，充分调动职工创效主动性和积极性，不断优化人工成本投入产出效率，持续增强企业活力。

（三）坚持分级管理。完善出资人依法调控与企业自主分配相结合的中央企业工资总额分级管理体制，国资委以管资本为主调控中央企业工资分配总体水平，企业依法依规自主决定内部薪酬分配。

（四）坚持分类管理。根据中央企业功能定位、行业特点，分类实行差异化的工资总额管理方式和决定机制，引导中央企业落实国有资产保值增值责任，发挥在国民经济和社会发展中的骨干作用。

第二章　工资总额分级管理

第六条　国资委依据有关法律法规履行出资人职责，制定中央企业工资总额管理制度，根据企业功能定位、公司治理、人力资源管理市场化程度等情况，对企业工资总额预算实行备案制或者核准制管理。

第七条　实行工资总额预算备案制管理的中央企业，根据国资委管理制度和调控要求，结合实际制定本企业工资总额管理办法，报经国资委同意后，依照办法科学编制职工年度工资总额预算方案并组织实施，国资委对其年度工资总额预算进行备案管理。

第八条　实行工资总额预算核准制管理的中央企业，根据国资委有关制度要求，科学编制职工年度工资总额预算方案，报国资委核准后实施。

第九条　工资总额预算经国资委备案或者核准后，由中央企业根据所属企业功能定位、行业特点和经营性质，按照内部绩效考核和薪酬分配制度要求，完善本企业工资总额预算管理体系，并且组织开展预算编制、执行以及内部监督、评价工作。

第十条　中央企业工资总额预算一般按照单一会计年度进行管理。对行业周期性特征明显、经济效益年度间波动较大或者存在其他特殊情况的企业，工资总额预算可以探索按周期进行管理，周期最长不超过三年，周期内的工资总额增长应当符合工资与效益联动的要求。

第三章　工资总额分类管理

第十一条　主业处于充分竞争行业和领域的商业类中央企业原则上实行工资总额预算备案制管理。职工工资总额主要与企业利润总额、净利润、经济增加值、净资产增长率、净资产收益率等反映经济效益、国有资本保值增值和市场竞争能力的指标挂钩。职工工资水平根据企业经济效益和市场竞争力，结合市场或者行业对标科学合理确定。

第十二条 主业处于关系国家安全、国民经济命脉的重要行业和关键领域、主要承担重大专项任务的商业类中央企业原则上实行工资总额预算核准制管理。职工工资总额在主要与反映经济效益和国有资本保值增值指标挂钩的同时，可以根据实际增加营业收入、任务完成率等体现服务国家战略、保障国家安全和国民经济运行、发展前瞻性战略性产业以及完成特殊任务等情况的指标。职工工资水平根据企业在国民经济中的作用、贡献和经济效益，结合所处行业职工平均工资水平等因素合理确定。

上述企业中，法人治理结构健全、三项制度改革到位、收入分配管理规范的，经国资委同意后，工资总额预算可以探索实行备案制管理。

第十三条 公益类中央企业实行工资总额预算核准制管理。职工工资总额主要与反映成本控制、产品服务质量、营运效率和保障能力等情况的指标挂钩，兼顾体现经济效益和国有资本保值增值情况的指标。职工工资水平根据公益性业务的质量和企业经济效益状况，结合收入分配现状、所处行业平均工资等因素合理确定。

第十四条 开展国有资本投资、运营公司或者混合所有制改革等试点的中央企业，按照国家收入分配政策要求，根据改革推进情况，经国资委同意，可以探索实行更加灵活高效的工资总额管理方式。

第四章 工资总额决定机制

第十五条 中央企业以上年度工资总额清算额为基础，根据企业功能定位以及当年经济效益和劳动生产率的预算情况，参考劳动力市场价位，分类确定决定机制，合理编制年度工资总额预算。

第十六条 工资总额预算与利润总额等经济效益指标的业绩考核目标值挂钩，并且根据目标值的先进程度（一般设置为三档）确定不同的预算水平。

（一）企业经济效益增长，目标值为第一档的，工资总额增长可以与经济效益增幅保持同步；目标值为第二档的，工资总额增长应当低于经济效益增幅。

（二）企业经济效益下降，目标值为第二档的，工资总额可以适度少降；目标值为第三档的，工资总额应当下降。

（三）企业受政策调整、不可抗力等非经营性因素影响的，可以合理调整工资总额预算。

（四）企业未实现国有资产保值增值的，工资总额不得增长或者适度下降。

第十七条 工资总额预算在按照经济效益决定的基础上，还应当根据劳动生产率、人工成本投入产出效率的对标情况合理调整。企业当年经济效益增长但劳动生产率未提高的，工资总额应当适当少增。企业劳动生产率以及其他人工成本投入产出指标与同行业水平对标差距较大的，应当合理控制工资总额预算。

第十八条 主业处于关系国家安全、国民经济命脉的重要行业和关键领域、主要承担重大专项任务的商业类中央企业和公益类中央企业可以探索将工资总额划分为保障性和效益性工资总额两部分，国资委根据企业功能定位、行业特点等情况，合理确定其保障性和效益性工资总额比重，比重原则上三年内保持不变。

（一）保障性工资总额的增长主要根据企业所承担的重大专项任务、公益性业务、营业收入等指标完成情况，结合居民消费价格指数以及企业职工工资水平对标情况综合确定，原则上不超过挂钩指标增长幅度。

（二）效益性工资总额增长原则上参照本办法第十六、十七条确定。

第十九条 工资总额在预算范围不发生变化的情况下，原则上增人不增工资总额、减人不减工资总额，但发生兼并重组、新设企业或者机构等情况的，可以合理增加或者减少工资总额。

第二十条 国资委按照国家有关部门发布的工资指导线、非竞争类国有企业职工平均工资调控水平和工资增长调控目标，根据中央企业职工工资分配现状，适度调控部分企业工资总额增幅。

对中央企业承担重大专项任务、重大科技创新项目等特殊事项的，国资委合理认定后，予以适度支持。

第二十一条 中央企业应当制定完善集团总部职工工资总额管理制度，根据人员结构及工资水平的对标情况，总部职工平均工资增幅原则上在低于当年集团职工平均工资增幅的范围内合理确定。

第五章 工资总额管理程序

第二十二条 中央企业应当按照国家收入分配政策规定和国资委有关要求编制工资总额预算。工资总额预算方案履行企业内部决策程序后，于每年一季度报国资委备案或者核准。

第二十三条 国资委建立中央企业工资总额预算动态监控制度，对中央企业工资总额发放情况、人工成本投入产出等主要指标执行情况进行跟踪监测，定期发布监测结果，督促中央企业加强预算执行情况的监督和控制。

第二十四条 中央企业应当严格执行经国资委备案或者核准的工资总额预算方案，在执行过程中出现以下情形之一，导致预算编制基础发生重大变化的，可以申请对工资总额预算进行调整：

（一）国家宏观经济政策发生重大调整。

（二）市场环境发生重大变化。

（三）企业发生分立、合并等重大资产重组行为。

（四）其他特殊情况。

第二十五条 中央企业工资总额预算调整情况经履行企业内部决策程序后，于每年10月报国资委复核或者重新备案。

第二十六条 中央企业应当于每年4月向国资委提交上年工资总额预算执行情况报告，国资委依据经审计的财务决算数据，参考企业经营业绩考核目标完成情况，对中央企业工资总额预算执行情况、执行国家有关收入分配政策等情况进行清算评价，并且出具清算评价意见。

第六章 企业内部分配管理

第二十七条 中央企业应当按照国家有关政策要求以及本办法规定，持续深化企业内部收入分配制度改革，不断完善职工工资能增能减机制。

第二十八条 中央企业应当建立健全职工薪酬市场对标体系，构建以岗位价值为基础、以绩效贡献为依据的薪酬管理制度，坚持按岗定薪、岗变薪变，强化全员业绩考核，合理确定各类人员薪酬水平，逐步提高关键岗位的薪酬市场竞争力，调整不合理收入分配差距。

第二十九条 坚持短期与中长期激励相结合，按照国家有关政策，对符合条件的核心骨干人才实行股权激励和分红激励等中长期激励措施。

第三十条 严格清理规范工资外收入，企业所有工资性支出应当按照有关财务会计制度规定，全部纳入工资总额核算，不得在工资总额之外列支任何工资性支出。

第三十一条 规范职工福利保障管理，严格执行国家关于社会保险、住房公积金、企业年金、福利费等政策规定，不得超标准、超范围列支。企业效益下降的，应当严格控制职工福利费支出。

第三十二条 加强企业人工成本监测预警，建立全口径人工成本预算管理制度，严格控制人工成本不合理增长，不断提高人工成本投入产出效率。

第三十三条 健全完善企业内部监督机制，企业内部收入分配制度、中长期激励计划以及实施方案等关系职工切身利益的重大分配事项应当履行必要的决策程序和民主程序。中央企业集团总部要将所属企业薪酬福利管理作为财务管理和年度审计的重要内容。

第七章 工资总额监督检查

第三十四条 中央企业不得违反规定超提、超发工资总额。出现超提、超发行为的企业，应当清退并且进行相关账务处理，国资委相应核减企业下一年度工资总额基数，并且根据有关规定对相关责任人进行处理。

第三十五条 国资委对中央企业工资总额管理情况进行监督检查，对于履行主体责任不到位、工资增长与经济效益严重不匹配、内部收入分配管理不规范、收入分配关系明显不合理的企业，国资委将对其工资总额预算从严调控。

第三十六条 实行工资总额预算备案制管理的中央企业，出现违反国家工资总额管理有关规定的，国资委将责成企业进行整改，情节严重的，除按规定进行处理外，将其工资总额预算由备案制管理调整为核准制管理。

第三十七条 国资委将中央企业工资总额管理情况纳入出资人监管以及纪检监察、巡视等监督检查工作范围，必要时委托专门机构进行检查。对工资总额管理过程中弄虚作假以及其他严重违反收入分配政策规定的企业，国资委将视情况对企业采取相应处罚措施，并且根据有关规定对相关责任人进行处理。

第三十八条 中央企业应当依照法定程序决定工资分配事项，加强对工资分配决议执行情况的监督。职工工资收入分配情况应当作为厂务公开的重要内容，定期向职工公开，接受职工监督。

第三十九条 国资委、中央企业每年定期将企业工资总额和职工平均工资水平等相关信息向社会披露，接受社会公众监督。

第八章 附 则

第四十条 本办法由国资委负责解释，具体实施方案另行制定。

第四十一条 本办法自2019年1月1日起施行。《关于印发〈中央企业工资总额预算管理暂行办法〉的通知》（国资发分配〔2010〕72号）、《关于印发〈中央企业工资总额预算管理暂行办法实施细则〉的通知》（国资发分配〔2012〕146号）同时废止。

中华全国总工会关于进一步深化劳模和工匠人才创新工作室创建工作的意见

（总工发〔2017〕13号　2017年7月6日）

为深入贯彻习近平总书记关于劳模工作重要讲话精神和大力弘扬工匠精神的重要指示，落实《新时期产业工人队伍建设改革方案》的有关要求，激励广大劳模和工匠人才发挥示范带头作用，引领职工群众积极投身大众创业、万众创新，现就进一步深化劳模和工匠人才创新工作室（以下简称创新工作室）创建工作提出如下意见。

一、充分认识深化创新工作室创建工作的重要意义

创新工作室是由较强技术能力、业务能力、创新能力和管理能力的劳模、工匠人才领衔，以技术创新、管理创新、服务创新和制度创新为主要内容，以解决工作现场难题、推动所在单位创新发展为目标的群众性创新活动团体。深化创新工作室创建工作，有利于传承劳模精神、劳动精神、工匠精神，展示劳模和工匠人才的时代风采，增强劳模和工匠人才的感召力，让广大职工学有榜样、赶有目标；有利于发挥劳模和工匠人才的示范引领作用，更好地传播劳动技能、创新方法、管理经验，培养造就更多“大国工匠”；有利于提升职工技能素质，为职工学习交流、攻坚克难构筑平台，夯实大众创业、万众创新群众基础；有利于提高职工创新能力，促进优秀创新成果转化应用，增强企业自主创新能力和核心竞争力，实施创新驱动发展战略。各级工会要把深化创建工作作为贯彻落实《新时期产业工人队伍建设改革方案》的重要举措，提高认识，增强责任感和使命感，切实推进工作，务求取得实效。

二、深化创新工作室创建工作的总体要求和目标任务

（一）总体要求。深入贯彻习近平总书记系列重要讲话精神和治国理政新理念新思想新战略，牢固树立和贯彻落实新发展理念，紧紧围绕实施创新驱动发展战略和《中国制造2025》，大力弘扬劳模精神、劳动精神、工匠精神，

以提高广大职工的职业道德、创新能力和技术技能素质为核心，以发现和解决工作现场的急、难、险、重问题为重点，广泛开展技术创新、管理创新、服务创新、制度创新，不断提高创建质量和运行实效，最大限度实现创新工作室示范引领、集智创新、协同攻关、传承技能、培育精神等功能，团结和动员广大职工积极投身群众性创新实践，加快形成人人敢创新、人人会创新、人人善创新的良好局面，打造一支规模宏大、技能精湛、素质优良、结构合理的技术工人队伍，为实现中华民族伟大复兴的中国梦作出新的更大贡献。

（二）目标任务。到2020年，创新工作室创建工作取得重大进展，各级创新工作室创建总数超过10万家，全国示范性创新工作室总数达到300家，形成以全国示范性创新工作室为引领、以省市级创新工作室为中坚，基层创新工作室蓬勃发展的良好局面。创新工作室的运作更加规范，创新创效成绩更加突出，品牌影响力更加显著，真正成为发挥劳模和工匠人才作用，传承劳模精神、劳动精神、工匠精神的“新平台”；解决生产技术难题的“攻关站”；推动企业技术创新的“孵化器”；培养高技能人才的“练兵场”，促进职工队伍整体素质不断提高，打造一支知识型、技术型、创新型技术工人队伍。

三、扎实推进创新工作室创建工作

创新工作室是深入开展群众性技术创新活动的有效载体，为发挥劳模和工匠人才示范引领作用拓展了新途径，各级工会要多措并举，积极探索，不断深化创建工作。

（三）加强对创建工作的指导。要站在全局和战略的高度，把进一步深化创新工作室创建工作列入重要议事日程，统筹有序推进创建工作，突出问题导向，加强分类指导，提升创建工作整体水平。引导国有企业创新工作室加强制度建设、制定工作标准、规范运转程序，促进持续健康发展；提高非公企业对创建创新工作室重要性的认识，指导其深入挖掘本企业劳模和工匠人才的创新创造潜能，加快创新工作室的建立和推广；鼓励机关事业单位创建符合单位实际的创新工作室，进一步拓宽创建领域。

（四）鼓励企业积极开展创建工作。各级工会要通过各种方法和手段，积极与企业达成共识，调动企业创建创新工作室的积极性和主动性。鼓励企业将创建工作纳入企业创新工作总体规划，从场地保障、人员配备、资金投入、设备设施、活动时间等方面给予大力支持。引导企业探索建立跨区域、跨行业、跨企业的创新工作室联盟。企业工会要发挥承上启下的重要作用，为创新工作室的创建工作和活动开展提供指导帮助，及时研究解决工作中遇到的困难和问题，确保创建工作落地见效。

（五）增强创新工作室的创新能力。要积极发挥创新工作室的创新潜能，进一步提高各种类型创新工作室的创新攻关能力、创新成果管理能力。技术攻关型创新工作室要紧贴企业生产实际，开展群众性技术攻关、技术革新和发明创造活动，破解技术难题，推动企业技术进步。技能传授型创新工作室要为劳模和工匠人才传授绝技绝活提供条件，达到“传帮带”效果的最大化，培养和造就一大批高技能人才。窗口服务型创新工作室要在适应客户需求、改进服务流程、拓展服务手段上大胆创新，不断提高服务质量和水平。

（六）搭建创新成果转化平台。建立健全创新工作室创新成果网上展示系统，充分发挥网络平台的媒介作用和服务功能，及时发布创新成果，加强技术交流，推动创新成果在本产业、本地区乃至更大范围应用。组建专家咨询委员会和专业技术委员会，为创新工作室提供政策咨询、技术指导、创新支持、知识产权保护等专业服务，组织开展创新成果鉴定、成果展示、成果评选工作，举办技术推广、经验交流等活动，积极向政府相关部门推荐优秀创新成果，促进创新项目孵化和成果转化。

（七）加大对创新工作室领衔人的培养力度。要立足实际需求，运用工会组织的资源和手段，积极搭建各种有效平台，定期或不定期地开展有针对性的培训活动，提高创新工作室领衔人的管理能力和工作水平，带领创新工作室不断开创新局面。拓展不同企业、行业创新工作室的交流合作，鼓励职业相关、技术相近、技能相通的工作室领衔人互学互鉴，共同提升创新能力和水平，进一步推动创新工作室不断深化发展。

四、强化创新工作室创建工作的保障措施

面对新形势新任务新要求，各级工会要加大创新工作室创建工作力度，健全工作机制，完善政策措施，促进创新智慧竞相迸发、创新能量充分释放、创新成果大量涌现。

（八）形成工作合力。积极争取党政重视和支持，主动加强与有关部门沟通协调，创造有利于创新工作室深化发展的条件和环境；把创建工作与企业创新发展相结合，与高技能人才振兴计划、大国工匠培养支持计划和技能劳动者激励计划相衔接，促进创建工作制度化、规范化、长效化，使创新工作室在推动企业技术进步、产业转型升级、创新驱动发展战略实施中发挥支撑作用。

（九）加大经费投入。全国总工会设立的职工创新补助资金，要拓展来源、增加额度，重点用于创新工作室开展的技术革新、技术协作、发明创造

和技能培训等活动；各地工会也要加大对创新工作室的资金支持力度，把更多的资金用在示范效应好、创新攻关能力强、培养人才较多的创新工作室建设上；基层工会要积极争取各方面的支持，加大对创新工作室的经费投入，保障其工作的正常开展。

（十）完善奖惩机制。精心培育先进典型，加大激励力度，对成绩突出的创新工作室及其成员应给予相应的精神或物质奖励，在评选表彰各级工人先锋号时应向创新工作室倾斜，优先推荐作出突出贡献的成员参与五一劳动奖章的评选。加强动态管理，对作用发挥不佳、整改措施不力、考核不合格的创新工作室及时予以摘牌。

（十一）强化宣传引导。加强舆论宣传，运用现场会、观摩会、学习交流会等方式，及时总结、推广创建创新工作室的经验和做法，形成推进创新工作室不断深化发展的良好氛围。运用微博、微信、移动客户端等新媒体，开展分众化、互动式宣传，扩大创新工作室的社会影响力，激励广大职工积极践行新发展理念，为建设创新型国家贡献聪明才智。

职工创新工作室创建工作，根据实际情况，参照本意见执行。

中华全国总工会关于充分发挥地方工会劳模和一线职工兼职副主席作用的意见

（总工发〔2018〕11号　2018年4月16日）

为认真学习贯彻习近平新时代中国特色社会主义思想和党的十九大精神，深入推进工会系统改革创新，进一步做好地方工会劳模和一线职工兼职副主席工作，充分发挥地方工会劳模和一线职工兼职副主席作用，现提出如下意见。

一、重视发挥地方工会劳模和一线职工兼职副主席的积极作用

党的十八大以来，习近平总书记高度重视工人阶级和工会工作，多次发表重要讲话，作出重要论述，提出并形成一系列新思想新观点新论断，为做好工会工作提供了理论指导和行动指南。在中央党的群团工作会议上，习近平总书记指出，在工会等群团组织中要适当增加兼职干部比例，增强群团组织广泛性、代表性。《中共中央关于加强和改进党的群团工作的意见》明确，工会、共青团、妇联负责人中基层一线代表人士的兼职比例应当适当增加。党的十九大报告提出："推动工会、共青团、妇联等群团组织增强政治性、先进性、群众性，发挥联系群众的桥梁纽带作用，组织动员广大人民群众坚定不移跟党走。"这为开创新时代工会工作新局面指明了前进方向。

近年来，各级地方工会把在工会领导班子中增设劳模和一线职工兼职副主席，作为推进工会改革的一项重要内容，在工会领导班子的安排上，不断提高劳模和一线职工兼职副主席比例，把产业工人、农民工等一线职工中的劳动模范、先进人物吸纳进工会领导班子，通过明确职责、建立制度、搭建平台、提供保障等多种方式，充分发挥劳模和一线职工兼职副主席的作用，取得了一定成效。实践证明，在地方工会领导班子中增设劳模和一线职工兼职副主席，契合工会改革实际，符合职工群众需要，是新形势下促进工会密切联系职工群众的有力举措，对于保持和增强工会工作和工会组织的政治性、先进性、群众性，更好承担起团结带领职工群众听党话、跟党走的政治责任

具有重要意义。

各级地方工会要以习近平新时代中国特色社会主义思想为指导，全面贯彻落实党的十九大精神，深入贯彻落实习近平总书记关于工人阶级和工会工作的重要论述，始终站在巩固党执政的阶级基础和群众基础的高度，把充分发挥劳模和一线职工兼职副主席作用作为深化工会系统改革的重要举措，加强组织领导、强化责任担当，更好地发挥劳模和一线职工兼职副主席作用，把工会组织建设得更加充满活力、更加坚强有力，努力推动新时代工会工作展现新作为、展示新形象、再上新台阶。

二、明确地方工会劳模和一线职工兼职副主席的人选范围和工作职责

（一）人选范围。地方工会劳模和一线职工兼职副主席人选应为中国工会会员，主要从产业工人、农民工等一线职工中的劳动模范、先进人物中产生。要坚持从工会组织性质和特点出发，根据工会工作需要和领导班子建设实际，突出政治标准，注重能力素质，充分考虑广泛性、代表性、专业性等因素，按照干部双重管理的有关规定，进行推荐、考察和审批。人选一般不在工会组织中重复兼职。

（二）主要职责。地方工会劳模和一线职工兼职副主席在兼职期间，应按照工会领导班子分工履行职责，重点做好以下工作：

1. 积极宣传贯彻党的基本理论、基本路线、基本方略和党中央的重大决策部署，党的工运理论、工会重点工作安排和与职工群众利益密切相关的法律法规和政策制度；

2. 带头践行党的群众路线，密切联系职工群众，听取意见建议，充分反映职工群众意愿和利益诉求；

3. 做好组织、宣传、教育、引导职工群众工作，服务职工群众，维护职工群众合法权益；

4. 按照工会有关工作规定行使职权、履行义务；

5. 积极参与工会重大事项和重大问题的研究，充分发表意见，认真执行工会各项决议决定，及时报告工作落实情况；

6. 充分发挥连结工会与职工群众的独特优势，参与和指导所在单位和系统的工会工作。

三、健全地方工会劳模和一线职工兼职副主席发挥作用的制度

（一）出席会议制度。地方工会劳模和一线职工兼职副主席出席工会有关重要会议，确保其参与工会重大事项和重大问题决策，参与制定工会重要政

策文件，对涉及职工切身利益的全局性、政策性重大问题，提出意见和主张。

（二）调查研究制度。地方工会劳模和一线职工兼职副主席围绕工会重点工作，结合本职工作，选定调研课题，开展调研活动，每年应参与不少于2次工会调研活动，并形成专项调研报告，为工会科学决策提供参考。

（三）报告工作制度。地方工会劳模和一线职工兼职副主席每年向主席会议报告工作。负责承担专项工作的，应不定期报告工作进展情况。遇有其他重大问题，应及时沟通汇报，保证工作顺利开展。

（四）服务保障制度。各级地方工会为劳模和一线职工兼职副主席参加会议、活动、调研、阅读文件等提供必要条件。指定专人负责做好劳模和一线职工兼职副主席联系服务工作，收集意见建议并及时答复。

四、加强对发挥地方工会劳模和一线职工兼职副主席作用工作的领导

（一）加强领导，明确责任。地方工会劳模和一线职工兼职副主席是工会领导班子成员，由同级党组织与上级工会共同管理，在工会兼职期间，不改变原身份，不脱离原工作岗位。各级地方工会要高度重视劳模和一线职工兼职副主席工作，在同级党组织和上级工会的领导下，严格进行选拔、使用、管理。要加强与有关部门沟通协调，为劳模和一线职工兼职副主席发挥作用提供组织保障。要明确责任分工，支持劳模和一线职工兼职副主席履行职责，妥善处理做好本职工作与工会兼职工作的关系。要根据实际情况，适时对劳模和一线职工兼职副主席履职情况进行评价，在届中调整或任期届满时，及时作出组织鉴定。

（二）创新方法，搭建平台。各级地方工会要根据劳模和一线职工兼职副主席专业特长和本职工作特点，合理安排工作，使劳模和一线职工兼职副主席更好地弘扬劳模精神和工匠精神，将本职岗位和自身优势与做好工会工作紧密结合，努力在本职岗位上创新、创造、创优。引导和帮助劳模和一线职工兼职副主席立足所在单位，结合实际认真贯彻工会各项工作部署，探索工会工作新思路，努力出特色、出经验、出亮点。运用“互联网+”等技术手段，打开直通职工群众的渠道，倾听职工呼声，了解职工诉求。

（三）加强培训，提高能力。各级地方工会要组织劳模和一线职工兼职副主席接受政治理论和工会业务等方面的教育培训，劳模和一线职工兼职副主席当选1年内应安排参加培训。定期举办劳模和一线职工兼职副主席专题培训班，依托工会教育培训阵地和互联网平台，为劳模和一线职工兼职副主席创造更多培训机会和更好的学习条件，使劳模和一线职工兼职副主席全面系统掌握工会工作的特点及必要知识，提高议事能力和服务职工水平。积极与

同级党委组织部门沟通，将劳模和一线职工兼职副主席培训纳入同级党校、行政学院等主体培训班次调训范围。

（四）创造条件，强化保障。各级地方工会要及时了解劳模和一线职工兼职副主席在参与工会工作中遇到的困难和问题，加强与劳模和一线职工兼职副主席所在单位的沟通，积极协调解决劳模和一线职工兼职副主席开展工会工作所需时间和经费保障等问题，提供必备条件。注重总结推广劳模和一线职工兼职副主席发挥作用的好经验、好做法，促进交流学习，提升工作水平。加大舆论宣传力度，对劳模和一线职工兼职副主席履职情况及时进行宣传报道，充分调动劳模和一线职工兼职副主席的积极性，提高劳模和一线职工兼职副主席的社会影响力和在职工群众中的号召力。

各级地方工会要结合实际，根据本意见，制定具体办法。各级产业工会可根据实际情况，参照本意见执行。

中华全国总工会关于深入开展“当好主人翁、建功新时代”主题劳动和技能竞赛的意见

（总工发〔2018〕23 号　2018 年 7 月 25 日）

为深入贯彻习近平新时代中国特色社会主义思想和党的十九大精神，按照全总十六届七次执委会和 2018 年庆祝“五一”国际劳动节暨“当好主人翁、建功新时代”劳动和技能竞赛推进大会的部署要求，动员广大职工充分发挥主力军作用，凝聚起新时代的奋斗伟力，在决胜全面建成小康社会、全面建设社会主义现代化国家新征程中展现新作为，现就深入开展“当好主人翁、建功新时代”主题劳动和技能竞赛（以下简称“主题劳动和技能竞赛”）提出如下意见。

一、主题劳动和技能竞赛的指导原则

——坚持突出竞赛主题。竞赛活动要以“当好主人翁、建功新时代”为主题，以深化供给侧结构性改革、推动经济高质量发展为主线，以贯彻落实《新时期产业工人队伍建设改革方案》，建设知识型、技能型、创新型职工队伍为重点，大力弘扬劳模精神、劳动精神、工匠精神，推进全国引领性劳动和技能竞赛，动员广大职工用劳动筑梦，以实干圆梦，做新时代的见证者、开创者、建设者。

——坚持以职工为中心。竞赛活动要面向基层、面向一线职工、面向普通劳动者，满足职工多样化需求；尊重职工首创精神，让职工当主角，动员职工群众积极参与竞赛方案的制定和过程监督；扩大竞赛在非公企业和农民工群体中的覆盖面和影响力，最大限度地把职工组织到竞赛活动中来。

——坚持新发展理念。竞赛活动要坚持创新、协调、绿色、开放、共享的发展理念，坚持质量第一、效益优先，突出技术创新和素质提升，促进竞赛由“速度型”、“体力型”向“效益型”、“智力型”转变；按照建设“智慧工会”的要求，利用“互联网+”等现代化手段，创新竞赛的方式和载体，

使竞赛活动富有新时代特色，具有吸引力和感召力。

——坚持职工和企业“双赢”。竞赛活动要坚持共建共享，紧扣企业生产经营实际，促进企业发展；着力提高职工素质和能力，维护职工发展权益；完善竞赛激励制度，推动职工创新成果和技能要素按贡献参与分配，在促进经济发展的同时，让职工受益，增强职工在竞赛中的获得感。

二、围绕制造强国和创新驱动发展战略开展职工技术创新活动

（一）营造良好职工创新环境。引导职工树立时时可创新、处处可创新、人人可创新的理念，立足岗位开展创新，解决身边技术难题；建立健全以岗位创新、班组（团队）创新、劳模和工匠人才（职工）创新工作室为主要载体的职工创新体系；发挥职工技协作用，搭建职工创新成果展示、交流平台，促进成果转化。

（二）聚焦关键核心技术突破开展竞赛。在实施科技创新2030——重大项目和国家科技重大专项、关系民生福祉的重点领域技术供给、面向科技强国的基础研究等领域开展技术攻关、发明创造等竞赛活动，推动关键共性技术、前沿引领技术、现代工程技术、颠覆性技术等取得重大突破，增强原始创新能力，铸就大国重器，为建设科技强国提供有力支撑。

（三）突出质量提升开展竞赛。推动实施质量强国战略，贯彻落实《中共中央　国务院关于开展质量提升行动的指导意见》，教育引导职工牢固树立质量第一意识，提高职工群众质量素养，深入开展质量管理小组和质量信得过班组建设等活动，围绕提升产品、服务、工程质量和加强品牌建设开展群众性质量提升活动，推动形成企业追求质量、社会崇尚质量、人人关心质量的良好氛围。

（四）针对发展先进制造业开展竞赛。围绕实施《中国制造2025》，聚焦新技术、新管理、新模式、新业态，瞄准关键领域、基础材料、核心技术和共性需求，广泛开展小革新、小发明、小改造、小设计、小建议等“五小”活动，深化劳模和工匠人才（职工）创新工作室创建活动，动员广大职工立足岗位、提升技能、精益求精、创新创造，在优化传统制造、发展高端制造、推进智能制造、实施绿色制造中发挥重要作用。

三、围绕人才强国战略和新时期产业工人队伍建设改革强化职工技能素质提升活动

（五）开展岗位练兵、师傅带学徒等活动。坚持工作和培训相结合，组织职工立足岗位开展经常性、普遍性练兵活动，强化基本功训练，掌握岗位技

能，通过工作提高技术，通过练兵促进工作。广泛开展师傅带学徒活动，积极协助政府和企业推广现代学徒制和企业新型学徒制，总结推广选树技能带头人（工匠人才、金牌工人、首席技师、首席员工等）活动经验，鼓励劳模和工匠人才进行“传帮带”，培养大批高技能人才。

（六）促进职工职业技能竞赛向纵深发展。推动建立以企业岗位练兵和技术比武为基础、以国家和行业竞赛为主体、国内竞赛与世界技能大赛等国际竞赛相衔接的职业技能竞赛体系；根据国家战略性发展需要，重点从国家支柱性产业、战略性新兴产业、现代服务业等产业中选择就业人数多、技术含量高的工种进行比赛；强化技能竞赛的培训功能，重视赛前练兵、赛后交流，让竞赛成为职工展示才能、交流技艺的平台和提升技能水平的绿色通道。

（七）加强职工技能培训和交流。推动企业制定职工培养计划，健全职工培训制度，监督企业足额提取职工教育经费，并将经费的60%以上用于一线职工的培训；依托工会院校、企业培训中心和社会培训机构等，推进职工技能实训基地建设，提升职业技能培训基础能力；开展职工技能交流活动，总结推广先进操作法，促进职工之间相互学习、共同提高。

四、围绕实施区域协调发展战略推进全国引领性劳动和技能竞赛

（八）突出竞赛重点。围绕京津冀协同发展、长江经济带发展、“一带一路”建设、粤港澳大湾区建设、大运河文化带建设、东北振兴等国家战略的实施，进一步落实全总有关通知要求，结合各自功能定位和发展导向，聚焦重点地区、重点领域和重点项目，细化具体实施方案，不断丰富和完善竞赛活动。

（九）深化重大工程建设竞赛。在总结多年来开展重大工程竞赛经验和做法的基础上，结合新时代国家战略规划，依据《重大工程建设劳动和技能竞赛工作指南》，进一步规范竞赛的组织领导、活动形式、活动内容、日常管理、考核评估、表彰奖励等，推动重大工程劳动和技能竞赛进一步扎实有效开展。

（十）开展贫困地区基础设施建设竞赛。在贫困地区的交通、水利、电力等基础设施重点项目和民族地区重大基础设施项目、民生工程建设中，组织动员职工群众广泛开展重大工程竞赛、职工技术创新和素质提升等活动，促进项目优质高效安全完工，促进贫困地区基础设施进一步完善，加快经济社会发展。

五、围绕建设美丽中国和可持续发展战略组织群众性生态文明建设活动

（十一）加强生态文明宣传教育。把生态文明作为职工素质教育的重要内容，结合全国节能宣传周和全国低碳日活动，广泛开展形式多样、职工喜闻乐见的宣传活动，普及生态文明法律法规和科学知识，引导职工树立绿色发展理念，倡导简约适度、绿色低碳的生活方式，推动形成人人、事事、时时崇尚生态文明的社会氛围。

（十二）开展污染防治竞赛。动员广大职工积极参与污染防治攻坚战，推动实施大气、水、土壤污染防治三大行动计划；按照国家化解过剩产能和产业转型升级的要求，重点在高耗能、高排放、高污染的行业领域，围绕关键技术、生产设备改造、环保设施运行等重点难点问题，瞄准国内外同行业一流水平，开展清洁生产、节能减排、循环利用等竞赛活动；发挥职工节能减排义务监督员队伍作用，群防群治，促进企业节能减排。

（十三）开展生态系统保护竞赛。根据国家生态环境保护战略规划，围绕重点水利工程建设、防汛抗旱水资源优化调度、推进荒漠化、水土流失综合治理等开展重大工程竞赛；围绕各流域水污染防治、湿地保护和恢复、地质灾害防治等开展对标竞赛；助力国家生态文明先行示范区建设，积极参加国土绿化行动，推动生态系统质量和稳定性的提升。

六、围绕新时代职工安全健康需求深化“安康杯”竞赛

（十四）开展群众性安全生产活动。组织职工广泛开展隐患排查治理、安全生产合理化建议、安全管理优秀成果展示、安全知识普及和安全技能培训等活动，切实提高职工的安全意识和技能水平；强化班组安全建设，推进班组安全管理标准化、规范化和科学化，不断夯实安全生产的群众基础。

（十五）发挥工会劳动保护监督检查作用。加强工会劳动保护监督检查员和特聘煤矿群众监督员队伍建设，提升“两员”的专业素质和工作水平，按照工作要求履职尽责，配合政府有关部门加强对职业病防治工作的监督管理，切实保障职工生命安全与健康权益。

（十六）加强安全宣传和企业安全文化建设。加大国家相关法律法规和政策文件的宣传力度，做好职工劳动安全卫生知识的普及工作；结合全国“安全生产月”，有针对性地开展宣传培训、操作演练、亲情教育、警示教育等安全文化活动，把先进的安全生产理念、科学的安全管理方法、实用的安全操作技能送到企业，逐步形成上下齐心、知行合一的安全文化。

七、切实加强组织领导

（十七）高度重视，认真谋划。开展“当好主人翁、建功新时代”主题劳动和技能竞赛是贯彻落实党的十九大精神、实现宏伟目标的重要举措，是践行为实现中华民族伟大复兴的中国梦而奋斗这一工运时代主题的重要载体。各级工会要高度重视，摆上重要议事日程，在完成《2016—2020 年劳动和技能竞赛规划》目标任务的基础上，确定新目标，提出新要求，采取切实措施，对竞赛活动进行再动员、再部署，在全国职工中掀起劳动和技能竞赛新热潮。

（十八）因地制宜，分类指导。适应新时代新要求，探索建立既有宏观指导、又有具体举措，既有示范引领、又有面上发动，既有丰富内容、又有机制保障的地方、产业、企业相结合的竞赛工作体系。地方和产业工会要搭建区域和行业的竞赛平台，做好竞赛方案制定、竞赛发动和指导工作，从实际出发确定竞赛重点，以点带面，精准发力。企业工会要积极探索和创新竞赛的组织形式、活动内容和载体，并动员职工群众积极参加上级工会组织的竞赛活动，为职工发挥聪明才智和实现自身价值提供更大的舞台。注重总结竞赛工作经验、选树竞赛典型，发挥引领性竞赛的示范带动作用，推动全国竞赛广泛深入开展。

（十九）强化监督，完善机制。加强竞赛过程管理和考核评估，通过对地方和企业开展竞赛活动的成效进行评估，发现问题、找出不足、改进工作。评估方法、指标体系要科学合理，评估内容、评估范围要切合实际，评估结果要作为竞赛活动评先评优、推荐表彰的重要参考。完善督促检查、统计监测、动态调整机制，进一步把竞赛活动做实。认真落实全总《基层工会经费收支管理办法》（总工办发〔2017〕32 号）有关规定，积极推动政府（企业）制定和完善劳动和技能竞赛奖励办法，进一步完善竞赛激励机制。

（二十）弘扬精神，示范引领。注重从劳动和技能竞赛中发现和宣传典型，培养和选树先进，营造劳动光荣的社会风尚和精益求精的敬业风气。坚持面向基层、面向一线、面向普通职工群众，做好五一劳动奖和工人先锋号推荐评选等工作，培养和选树不同层面的工匠人才。精心组织劳模和工匠人才进学校、进企业、进社区，用他们的干劲、闯劲、钻劲鼓舞更多的人，激励广大职工勤于创造、勇于奋斗、善于团结、敢于梦想，争做新时代的奋斗者。

（二十一）加强宣传，总结经验。充分发挥工会系统宣传阵地的作用，广泛运用微博、微信、移动客户端等新媒体，宣传推广基层开展竞赛活动的新鲜经验和先进典型，把主题劳动和技能竞赛打造成在职工中有较强感召力、在社会上有广泛影响力的品牌。坚持继承与创新相结合，适应新时代、聚焦新目标，不断丰富和完善竞赛内容，创新方式，总结推广先进经验，让劳动和技能竞赛在新时代展现出新的生机和活力。

中华全国总工会关于印发《基层工会会员代表大会条例》的通知

（总工发〔2019〕6号）

各省、自治区、直辖市总工会，各全国产业工会，中央和国家机关工会联合会筹备组，全总各部门、各直属单位：

《基层工会会员代表大会条例》已经中华全国总工会第十七届书记处第4次会议通过，现印发给你们，请结合实际，认真贯彻执行。

中华全国总工会

2019年1月15日

基层工会会员代表大会条例

第一章　总　则

第一条　为完善基层工会会员代表大会制度，推进基层工会民主化、规范化、法治化建设，增强基层工会政治性、先进性、群众性，激发基层工会活力，发挥基层工会作用，根据《中华人民共和国工会法》《中国工会章程》等有关规定，制定本条例。

第二条　本条例适用于企业、事业单位、机关、社会团体和其他社会组织单独或联合建立的基层工会组织。

乡镇（街道）、开发区（工业园区）、村（社区）建立的工会委员会，县级以下建立的区域（行业）工会联合会，如召开会员代表大会的，依照本条例执行。

第三条　会员不足100人的基层工会组织，应召开会员大会；会员100人以上的基层工会组织，应召开会员大会或会员代表大会。

第四条　会员代表大会是基层工会的最高领导机构，讨论决定基层工会重大事项，选举基层工会领导机构，并对其进行监督。

第五条 会员代表大会实行届期制，每届任期三年或五年，具体任期由会员代表大会决定。会员代表大会任期届满，应按期换届。遇有特殊情况，经上一级工会批准，可以提前或延期换届，延期时间一般不超过半年。

会员代表大会每年至少召开一次，经基层工会委员会、三分之一以上的会员或三分之一以上的会员代表提议，可以临时召开会员代表大会。

第六条 会员代表大会应坚持党的领导，坚持民主集中制，坚持依法规范，坚持公开公正，切实保障会员的知情权、参与权、选举权、监督权。

第七条 基层工会召开会员代表大会应向同级党组织和上一级工会报告。换届选举、补选、罢免基层工会委员会组成人员的，应向同级党组织和上一级工会书面报告。

上一级工会对下一级工会召开会员代表大会进行指导和监督。

第二章 会员代表大会的组成和职权

第八条 会员代表的组成应以一线职工为主，体现广泛性和代表性。中层正职以上管理人员和领导人员一般不得超过会员代表总数的20%。女职工、青年职工、劳动模范（先进工作者）等会员代表应占一定比例。

第九条 会员代表名额，按会员人数确定：

会员100至200人的，设代表30至40人；

会员201至1000人的，设代表40至60人；

会员1001至5000人的，设代表60至90人；

会员5001至10000人的，设代表90至130人；

会员10001至50000人的，设代表130至180人；

会员50001人以上的，设代表180至240人。

第十条 会员代表的选举和会议筹备工作由基层工会委员会负责，新成立基层工会的由工会筹备组负责。

第十一条 会员代表大会根据需要，可以设立专门工作委员会（小组），负责办理会员代表大会交办的具体事项。

第十二条 会员代表大会的职权是：

（一）审议和批准基层工会委员会的工作报告；

（二）审议和批准基层工会委员会经费收支预算决算情况报告、经费审查委员会工作报告；

（三）开展会员评家，评议基层工会开展工作、建设职工之家情况，评议基层工会主席、副主席履行职责情况；

（四）选举和补选基层工会委员会和经费审查委员会组成人员；

（五）选举和补选出席上一级工会代表大会的代表；

（六）罢免其所选举的代表、基层工会委员会组成人员；

（七）讨论决定基层工会其他重大事项。

第三章　会员代表

第十三条　会员代表应由会员民主选举产生，不得指定会员代表。劳务派遣工会员民主权利的行使，如用人单位工会与用工单位工会有约定的，依照约定执行；如没有约定或约定不明确的，在劳务派遣工会员会籍所在工会行使。

第十四条　会员代表应具备以下条件：

（一）工会会员，遵守工会章程，按期缴纳会费；

（二）拥护党的领导，有较强的政治觉悟；

（三）在生产、工作中起骨干作用，有议事能力；

（四）热爱工会工作，密切联系职工群众，热心为职工群众说话办事；

（五）在职工群众中有一定的威信，受到职工群众信赖。

第十五条　会员代表的选举，一般以下一级工会或工会小组为选举单位进行，两个以上会员人数较少的下一级工会或工会小组可作为一个选举单位。

会员代表由选举单位会员大会选举产生。规模较大、管理层级较多的单位，会员代表可由下一级会员代表大会选举产生。

第十六条　选举单位按照基层工会确定的代表候选人名额和条件，组织会员讨论提出会员代表候选人，召开有三分之二以上会员或会员代表参加的大会，采取无记名投票方式差额选举产生会员代表，差额率不低于15%。

第十七条　会员代表候选人，获得选举单位全体会员过半数赞成票时，方能当选；由下一级会员代表大会选举时，其代表候选人获得应到会代表人数过半数赞成票时，方能当选。

第十八条　会员代表选出后，应由基层工会委员会或工会筹备组，对会员代表人数及人员结构进行审核，并对会员代表进行资格审查。

符合条件的会员代表人数少于原定代表人数的，可以把剩余的名额再分配，进行补选，也可以在符合规定人数情况下减少代表名额。

第十九条　会员代表实行常任制，任期与会员代表大会届期一致，会员代表可以连选连任。

第二十条 会员代表的职责是：

（一）带头执行党的路线、方针、政策，自觉遵守国家法律法规和本单位的规章制度，努力完成生产、工作任务；

（二）在广泛听取会员意见和建议的基础上，向会员代表大会提出提案；

（三）参加会员代表大会，听取基层工会委员会和经费审查委员会的工作报告，讨论和审议代表大会的各项议题，提出审议意见和建议；

（四）对基层工会委员会及代表大会各专门委员会（小组）的工作进行评议，提出批评、建议；对基层工会主席、副主席进行民主评议和民主测评，提出奖惩和任免建议；

（五）保持与选举单位会员群众的密切联系，热心为会员说话办事，积极为做好工会各项工作献计献策；

（六）积极宣传贯彻会员代表大会的决议精神，对工会委员会落实会员代表大会决议情况进行监督检查，团结和带动会员群众完成会员代表大会提出的各项任务。

第二十一条 选举单位可单独或联合组成代表团（组），推选团（组）长。团（组）长根据会员代表大会议程，组织会员代表参加大会各项活动；在会员代表大会闭会期间，按照基层工会的安排，组织会员代表开展日常工作。

第二十二条 基层工会讨论决定重要事项，可事先召开代表团（组）长会议征求意见，也可根据需要，邀请代表团（组）长列席会议。

第二十三条 基层工会应建立会员代表调研、督查等工作制度，充分发挥会员代表作用。

第二十四条 会员代表在法定工作时间内依法参加会员代表大会及工会组织的各项活动，单位应当正常支付劳动报酬，不得降低其工资和其他福利待遇。

第二十五条 有下列情形之一的，会员代表身份自然终止：

（一）在任期内工作岗位跨选举单位变动的；

（二）与用人单位解除、终止劳动（工作）关系的；

（三）停薪留职、长期病事假、内退、外派超过一年，不能履行会员代表职责的。

第二十六条 会员代表对选举单位会员负责，接受选举单位会员的监督。

第二十七条 会员代表有下列情形之一的，可以罢免：

（一）不履行会员代表职责的；

（二）严重违反劳动纪律或单位规章制度，对单位利益造成严重损害的；

（三）被依法追究刑事责任的；

（四）其他需要罢免的情形。

第二十八条 选举单位工会或三分之一以上会员或会员代表有权提出罢免会员代表。

会员或会员代表联名提出罢免的，选举单位工会应及时召开会员代表大会进行表决。

第二十九条 罢免会员代表，应经过选举单位全体会员过半数通过；由会员代表大会选举产生的代表，应经过会员代表大会应到会代表的过半数通过。

第三十条 会员代表出现缺额，原选举单位应及时补选。缺额超过会员代表总数四分之一时，应在三个月内进行补选。补选会员代表应依照选举会员代表的程序，进行差额选举，差额率应按照第十六条规定执行。补选的会员代表应报基层工会委员会进行资格审查。

第四章 会员代表大会的召开

第三十一条 每届会员代表大会第一次会议召开前，应将会员代表大会的组织机构、会员代表的构成、会员代表大会主要议程等重要事项，向同级党组织和上一级工会书面报告。上一级工会接到报告后应于 15 日内批复。

第三十二条 每届会员代表大会第一次会议召开前，基层工会委员会或工会筹备组应对会员代表进行专门培训，培训内容应包括工会基本知识、会员代表大会的性质和职能、会员代表的权利和义务、大会选举办法等。

第三十三条 会员代表全部选举产生后，应在一个月内召开本届会员代表大会第一次会议。

第三十四条 会员代表大会召开前，会员代表应充分听取会员意见建议，积极提出与会员切身利益和工会工作密切相关的提案，经基层工会委员会或工会筹备组审查后，决定是否列入大会议程。

第三十五条 召开会员代表大会，应提前 5 个工作日将会议日期、议程和提交会议讨论的事项通知会员代表。

第三十六条 每届会员代表大会第一次会议召开前，可举行预备会议，听取会议筹备情况的报告，审议通过关于会员代表资格审查情况的报告，讨论通过选举办法，通过大会议程和其他有关事项。

第三十七条 召开会员代表大会时，未当选会员代表的经费审查委员会委员、女职工委员会委员应列席会议，也可以邀请有关方面的负责人或代表列席会议。

可以邀请获得荣誉称号的人员、曾经作出突出贡献的人员作为特邀代表参加会议。

列席人员和特邀代表仅限本次会议，可以参加分组讨论，不承担具体工作，不享有选举权、表决权。

第三十八条 基层工会委员会、经费审查委员会及女职工委员会的选举工作，依照《工会基层组织选举工作条例》规定执行。

第三十九条 会员代表大会应每年对基层工会开展工作、建设职工之家和工会主席、副主席履行职责等情况进行民主评议，在民主评议的基础上，以无记名投票方式进行测评，测评分为满意、基本满意、不满意三个等次。测评结果应及时公开，并书面报告同级党组织和上一级工会。

基层工会主席、副主席测评办法应由会员代表大会表决通过，并报上一级工会备案。

第四十条 基层工会主席、副主席，具有下列情形之一的，可以罢免：

（一）连续两年测评等次为不满意的；

（二）任职期间个人有严重过失的；

（三）被依法追究刑事责任的；

（四）其他需要罢免的情形。

基层工会委员会委员具有上述（二）（三）（四）项情形的，可以罢免。

第四十一条 本届工会委员会、三分之一以上的会员或会员代表可以提议罢免主席、副主席和委员。

罢免主席、副主席和委员的，应经同级党组织和上一级工会进行考察，未建立党组织的，由上一级工会考察。经考察，如确认其不能再担任现任职务时，应依法召开会员代表大会进行无记名投票表决，应参会人员过半数通过的，罢免有效，并报上一级工会批准。

第四十二条 规模较大、人数众多、工作地点分散、工作时间不一致，会员代表难以集中的基层工会，可以通过电视电话会议、网络视频会议等方式召开会员代表大会。不涉及无记名投票的事项，可以通过网络进行表决，如进行无记名投票的，可在分会场设立票箱，在规定时间内统一投票、统一计票。

第四十三条 会员代表大会与职工代表大会应分别召开，不得互相代替。如在同一时间段召开的，应分别设置会标、分别设定会议议程、分别行使职权、分别作出决议、分别建立档案。

第四十四条 会员代表大会通过的决议、重要事项和选举结果等应当形成书面文件，并及时向会员公开。

第五章　附　则

第四十五条　除会员代表的特别规定外，召开会员大会依照本条例相关规定执行。

第四十六条　本条例由中华全国总工会负责解释。

第四十七条　本条例自发布之日起施行，以往有关规定与本条例不一致的，以本条例为准。1992 年 4 月 14 日中华全国总工会办公厅印发的《关于基层工会会员代表大会代表实行常任制的若干暂行规定》同时废止。

中华全国总工会 人力资源社会保障部 中国企业联合会/中国企业家协会 中华全国工商业联合会关于实施集体协商“稳就业促发展构和谐”行动计划的通知

（总工发〔2019〕23号）

各省、自治区、直辖市总工会、人力资源社会保障厅（局）、企业联合会/企业家协会、工商业联合会，新疆生产建设兵团人力资源社会保障局、企业联合会/企业家协会、工商业联合会：

为深入贯彻党的十九大提出的“发展基层协商民主”和“完善政府、企业、工会共同参与的协商协调机制，构建和谐劳动关系”的要求，在当前经济下行压力加大和外部环境更加复杂严峻的形势下，进一步发挥集体协商集体合同制度协调劳动关系的基础性作用，稳定就业岗位，促进企业发展，构建和谐劳动关系，实现企业和职工共商共建共创共享，国家协调劳动关系三方会议研究决定，从2019年至2021年，在全国范围内实施集体协商“稳就业促发展构和谐”行动计划（以下简称行动计划）。

一、指导思想

坚持以习近平新时代中国特色社会主义思想为指导，深入贯彻落实党的十九大和十九届二中、三中全会精神，坚持新发展理念和中国特色社会主义集体协商理念，围绕落实中央经济工作会议和民营企业座谈会议要求，正确把握当前形势任务，切实将稳就业、促发展、构和谐作为当前集体协商工作的主线，着力健全集体协商制度，巩固集体协商基础，拓展集体协商内容，提升集体协商质量，引导职工正确看待和处理当前利益与长远利益，有效协调劳动关系双方利益关系，保护和调动企业与职工的生产经营积极性主动性，推动企业和职工形成利益共同体，促进实现劳动者体面劳动和企业健康持续

发展，营造有利于改革发展稳定的环境。

二、目标任务

通过各级协调劳动关系三方的共同努力，集体协商制度在推动构建和谐劳动关系中的作用更加明显，中国特色社会主义集体协商制度更加巩固发展，集体协商实效性不断增强，力争2021年实现已建工会的企业集体协商建制率动态保持在80%以上，其中规模（限额）以上已建工会的企业开展年度集体协商、签订工资专项集体合同保持在90%以上，行业（区域）集体合同覆盖职工数达到8000万以上，职工利益诉求表达渠道进一步畅通，企业和职工获得感、满意度不断提升。

三、具体措施

（一）分类实施企业集体协商。鼓励生产经营正常的企业，围绕工资调整、奖金分配、考核奖惩、劳动定额、休息休假、工时制度、职工福利费和教育经费使用、劳动保护、女职工特殊保护等进行协商。鼓励和支持因产业转型升级、结构调整和经贸摩擦等造成生产经营困难或生产经营方式重大调整的企业，围绕转岗稳岗、轮岗休假、待岗培训、工资福利、裁员方案等涉及职工利益调整的重大事项进行协商。鼓励基础较好的企业建立经常性的沟通协商机制，开展多层次协商，畅通职工诉求表达渠道，努力解决企业及职工生产生活中的困难和问题。

（二）积极推进行业集体协商。坚持以劳动密集型、中小企业集中的行业（区域）作为重点，聚焦企业和职工普遍关心的问题，就行业最低工资标准、主体工种指导价位、劳动定额、计件单价、劳动保护、休息休假、福利待遇等进行协商。鼓励有条件的企业在行业集体协商的基础上，开展企业集体协商。在环卫清洁等农民工集中的行业，通过开展集体协商建立健全职工工资正常增长机制，推动低收入群体收入合理增长。在快递、外卖、网约车等新业态领域行业，通过探索确定协商主体、创新协商模式开展行业集体协商，签订行业性集体合同或协议，明确行业用工规范和劳动标准。

（三）深入推进集体协商提质增效。将开展质效评估工作作为促进集体协商提质增效的重要途径，进一步规范代表产生、要约应约、协商会议、审议报送、公示等协商程序，广泛收集企业和职工诉求，切实将企业和职工关心的问题纳入协商内容，增强集体协商的实效性。坚持以企业（行业）自评为主、外部评估为辅的原则实施集体协商质效评估工作，引导企业（行业）通过开展自我评估，发现和整改存在的问题，提高集体协商质量和职工参与率、知晓率、满意率以及企业认可度。各地协调劳动关系三方根据工作需要，可自行或委托第三方专业机构进行评估，并将评估结果作为评先评优的重要条件。通过努力，力争评估优秀企业（行业）数量达到60%以上，建制企业职工对集体协商工作的参与率达到80%以上、知晓率达到90%以上。

（四）继续开展集体协商要约行动。各地要根据企业实际情况，每年适时集中开展协商要约行动，企业或企业代表组织应支持工会提出要约。对提出要约尚有困难的工会，上级工会要给予帮助和指导，必要时可依法代替基层工会行使要约权。一方提出集体协商要约的，另一方应当在规定时间内及时给予回应。

（五）发挥集体协商谋求共识、化解矛盾、凝聚力量、促进发展作用。鼓励生产经营困难企业开展“共同约定行动”，开展以“稳岗位、促发展”为主要内容的劳动竞赛和和谐劳动关系创建活动，推动形成企业关爱职工、职工关心企业、共谋企业发展的良好氛围。工会和职工要支持企业的改革创新，加强职工技能培训、推广职工先进操作法，努力提高企业生产效率和核心竞争力。各级工会和企业要进一步强化职工法律意识和责任意识教育，引导职工遵纪守法、履行劳动合同、服从企业管理、履职尽责，为企业发展做贡献。

四、保障机制

（一）加强协商主体建设。加强基层工会组织建设，推进工会组织向新兴领域新兴群体延伸，巩固和扩大工会组织覆盖面。各级企业代表组织要切实加强行业协会、商会等组织建设，着力培育企业方协商主体，将推进行业集体协商作为加强行业自律、规范行业用工和竞争秩序、营造良好发展环境重要内容抓紧抓好。

（二）加强集体协商人才队伍建设。加强集体协商专家指导机构和指导员队伍建设，发挥集体协商指导员开展宣传指导、业务培训、技术支持等方面的积极作用。畅通专职集体协商指导员职业发展通道，将其作为劳动关系协调员队伍的重要力量，建立与相应职业资格相衔接的激励机制，力争专职指导员队伍达到1万人以上。加大职工方和企业方代表的培训力度，提高协商代表的能力和水平。省级、地市级工会每年培训集体协商职工方代表不少于100人，经济较发达、职工人数较多的县级工会每年培训集体协商职工方代表不少于50人；省级、地市级企业组织每年培训集体协商企业方代表不少于80人。

（三）加强对集体协商的指导服务。建立健全本地区本行业企业人工成本、劳动关系发展态势的监测体系，及时发布企业人工成本、职业薪酬、工资指导线、最低工资标准等集体协商参考数据。完善由人力资源社会保障部门、工会和企业组织等共同参与的集体协商争议调处机制，及时调处协商争议。加强对履行集体合同情况的监督检查，督促企业通过职工代表大会等形式，向职工公开集体合同履行情况。

（四）加强宣传凝聚共识。大力宣传国家积极就业政策和鼓励支持企业特别是民营企业发展的政策，推动各项政策落实落地。深入企业和工业园区、街道（社区）宣传集体协商在化解矛盾、构建和谐劳动关系、促进企业发展的意义。各级协调劳动关系三方每年要选树推广一批开展集体协商构建和谐劳动关系的典型，努力发挥典型的示范引领作用。

五、有关要求

（一）各地要加强组织领导，切实把推动实施行动计划摆上重要议事日程，争取当地党委、政府的重视和支持，努力推动形成党委领导、政府主导、三方协同、企业和职工积极参与的工作格局，积极争取将集体协商工作纳入各级党政和社会管理目标体系，作为人大执法检查的重要内容。

（二）各地要坚持从不同地区、不同行业和企业的实际出发，因地制宜，强化指导服务，分类实施，注重实效，力戒形式主义，不搞一刀切。加强对新业态新领域的调查研究，积极探索集体协商规范新业态劳动用工的途径和方法，努力发挥集体协商构建和谐劳动关系的作用。

（三）各地协调劳动关系三方要各司其职，密切配合，协同推进。人力资源社会保障部门要发挥好主导作用，积极做好推进立法、完善制度、制定规划、指导协调和集体合同审查等工作；各级工会要加强工会组织建设，强化宣传发动职工、指导协商要约、培训职工协商代表、监督集体合同履行等工作；企业联合会、工商联要加强企业代表组织建设和企业协商代表培训工作，做好引导企业树立协商理念、履行社会责任和督促企业履行集体合同等工作。各级协调劳动关系三方办公室要切实推进组织实施工作，建立健全沟通协调机制，适时开展调查研究和联合督导，注重培育推广典型，营造良好的社会舆论氛围。

中华全国总工会　人力资源社会保障部

中国企业联合会/中国企业家协会　中华全国工商业联合会

2019 年 6 月 5 日

中华全国总工会关于加强专职集体协商指导员队伍建设的意见

（总工发〔2019〕19 号　2019 年 6 月 21 日）

为进一步依法推动集体协商工作创新发展，促进集体协商提质增效，努力造就一支高素质的专职集体协商指导员队伍，为开展集体协商工作提供有力的人才支撑，现就加强专职集体协商指导员队伍建设提出如下意见。

一、重要意义

推进集体协商机制建设，是发展社会主义协商民主、完善政府、工会、企业共同参与的协商协调机制的重要内容，也是工会维护职工权益、构建和谐劳动关系的一项基础性、战略性、长期性的重要任务。新形势下加强专职集体协商指导员队伍建设，努力建设一支懂法律、会维护、善协商的专职集体协商指导员队伍，推动集体协商工作创新发展，是履行好工会维护职工合法权益、竭诚服务职工群众基本职责的客观需要，对于推动实现企业与职工协商共事、机制共建、效益共创、利益共享，推动构建中国特色和谐劳动关系，具有十分重要的现实意义。

二、指导思想和工作目标

（一）指导思想。坚持以习近平新时代中国特色社会主义思想为指导，全面贯彻党的十九大精神和习近平总书记关于工人阶级和工会工作的重要论述，进一步做好集体协商提质增效工作，坚持不懈地推进集体协商制度建设，着力建设一支高素质专业化的工会集体协商指导员队伍。

（二）工作目标。加强集体协商指导员队伍建设，应坚持专兼职结合、以兼职为主，更加注重发挥专职集体协商指导员的优势和作用。通过建立规范化的专职集体协商指导员选聘、管理、使用和培养制度，培养造就高素质的专职集体协商指导员队伍，着力解决县（区、旗）、乡镇（街道）、企业工会开展集体协商工作力量和能力不足的问题，确保集体协商工作深化发展。聘用专职集体协商指导员，原则上省级总工会2—3人，地市及县级总工会不少于3人。企业比较集中、职工人数较多的乡镇（街道）总工会和开发区（工业园区）工会可根据自身工作实际情况，合理配备专职集体协商指导员。各级工会聘用的专职集体协商指导员，原则上应分派到县及县以下行业、乡镇（街道）、开发区（工业园区）工会（工会联合会）开展工作。

三、主要职责

（一）宣传指导。面向企业（行业）宣传开展集体协商的意义和作用，提供政策法律咨询；推动企业建立完善集体协商机制，指导和帮助企业工会、行业性（区域性）工会联合会搜集整理与集体协商相关的资料、收集职工意见，提出协商要约，拟定协商方案，研究协商策略，确定协商内容，起草集体合同草案等。

（二）参与培训。协助本级工会对负责集体协商工作的工会干部、职工方协商代表等进行业务培训，着力提高工会干部和职工方协商代表开展集体协商的能力和水平。

（三）参加协商。接受上级工会指派或接受企业工会、行业性（区域性）工会联合会委托，作为职工方协商代表直接参加集体协商。对集体协商过程中发生的重大问题，及时向本级工会报告并提出意见建议。

（四）调查研究。调查了解地区、行业、企业人工成本、经营状况以及与集体协商相关的各种数据和信息，为基层工会开展集体协商提供数据支持；及时了解本地区开展集体协商工作的最新动态，发现和总结本地区先进经验和做法；对履行职责过程中面临的新情况、新问题进行调查研究，提出解决的对策建议。

（五）监督检查。按照本级工会的统一部署，参加对本地区集体合同履行情况的定期监督检查，协助本级工会对集体协商工作开展情况进行监督指导。

四、选聘条件

（一）认真贯彻习近平新时代中国特色社会主义思想，坚定不移走中国特色社会主义工会发展道路，政治立场坚定，品行端正，作风严谨，办事公道，热心服务职工群众，廉洁自律，具有较强的事业心和责任感。

（二）掌握国家和地方劳动法律法规和相关政策，熟悉企业人力资源管理、财务制度，以及劳动工资、社会保障、劳动安全卫生等相关专业知识。

（三）熟悉集体协商工作，具备一定的集体协商专业知识和实践经验，有较强的组织协调能力、协商谈判能力和研究解决问题的能力。

（四）身体健康，能独立承担参加协商、调查研究、工作指导和培训教学等任务。

选聘专职集体协商指导员应优先选用具有协调劳动关系专业资质及曾在劳动人事和法律援助机构工作的人员，将具有一定专业知识、热心服务职工群众的人才纳入到专职集体协商指导员队伍中来。

五、选聘办法和要求

（一）选聘办法。

各地应根据本地企业、职工队伍和劳动关系情况，科学合理制定人员选聘办法，有序推进专职集体协商指导员队伍建设。

1. 工会直接选聘人员。各地工会可优先从机关事业单位、企业的离岗退休人员中选聘。专职集体协商指导员年龄一般不超过65周岁，特殊需要的经上一级工会同意可延聘至68周岁。

2. 开发工会社会工作者岗位。对接本地区工会社会工作专业人才队伍体系，采用购买岗位或者设置专业岗位等方式，从本地区工会社会工作人才队伍中配置专门人员担任专职集体协商指导员。

3. 购买社会组织服务。工会大力培育孵化职工服务类社会组织，面向具有专业资质的社会组织购买集体协商工作相关服务，由社会组织承接工会集体协商工作任务或提供相关专业人才。

（二）选聘要求。

1. 严格选聘标准。按照专职集体协商指导员的职责任务和选聘条件，坚持公开、平等、竞争、择优的原则，严把准入门槛，规范选聘程序，建立规范化的选聘工作制度。

2. 分级聘任管理。省（区、市）总工会可以直接从符合条件的人员中择优选聘。各地（市）级及以下地方总工会、开发区（工业园区）工会可从符合条件的各类人员中择优选聘，统一培训、考试合格后颁发聘任证书，登记注册、建立档案，报上级工会备案。各省（区、市）总工会应每年将辖区内聘用的专职集体协商指导员基本情况报全国总工会权益保障部备案。

六、管理制度

通过制定相应办法、完善工作机制，建立健全专职集体协商指导员工作保障、考核激励、定期培训、联系沟通、职业发展等制度，保障专职集体协商指导员队伍长期稳定发展。

（一）工作保障制度。建立健全专职集体协商指导员薪酬或补贴制度。各级工会应根据当地经济社会发展水平，统筹考虑社会平均工资、其他社会工作者薪酬等因素，合理确定薪酬标准和增长机制。完善专职集体协商指导员工作保障机制，为其开展工作提供必要的办公条件，合理解决其交通费、伙食费、差旅费、保险费、通讯费等。

（二）考核激励制度。建立分级考核制度，按照不同的管理权限和工作要求，建立岗位责任制，量化考核指标；定期开展工作业绩评估考核，根据考核情况决定续聘、解聘或调整工作，对工作业绩特别突出的专职集体协商指导员应给予适当奖励。

（三）定期培训制度。制定专职集体协商指导员培训规划，有计划、有重点，分步骤、分层次开展培训，创新培训方法，拓展培训内容，通过集中学习、交流观摩、模拟协商、典型案例分析等多种形式，逐步提升专职集体协商指导员的专业水平。

（四）联系沟通制度。建立工会组织与本级聘用的专职集体协商指导员之间定期联系沟通制度，及时安排部署工作、交流通报情况、研究解决问题，进一步增强专职集体协商指导员队伍的凝聚力、责任感、归属感。

（五）职业发展制度。注重当前需要和长远发展相结合，探索建立专职集体协商指导员职业发展通道，鼓励他们参加相关专业技术考试和职业资格认证，拓展职业发展空间，逐步建立专职集体协商指导员的人才培养制度。

七、有关要求

（一）加强组织领导。各级工会要切实加强组织领导，研究制定发展规划，落实工作保障机制，确保专职集体协商指导员队伍健康发展、发挥作用。要把加强专职集体协商指导员队伍建设作为一项长期性基础性工作来抓，努力培养造就一支善于协调劳动关系的人才队伍。

（二）明确职责任务。各级工会要进一步明确职责任务，分级抓好落实。省级总工会负责统一制定管理办法和工作细则，建立本省专职集体协商指导员数据库，加强工作考核，确保本地区各级工会足额配齐配强专职集体协商指导员。各级地方总工会负责本级工会聘用的专职集体协商指导员的日常管理，建立工作档案，定期督促检查，开展年度考核，充分发挥专职集体协商指导员作用。

（三）强化经费保障。各级工会要建立和完善专职集体协商指导员队伍经费保障机制。全国总工会将根据专职集体协商指导员队伍建设情况给予适当补贴。各省（含省）以下地方总工会要列支专项经费对下级工会进行补助，保障本地专职集体协商指导员队伍的稳定和发展。各级工会要结合实际，因地制宜，结合绩效评价工作，对于专项经费发挥效益好的，应加大支持力度。

（四）强化督促检查。聘用专职集体协商指导员的专项经费必须做到专款专用。全国总工会将不定期对专项经费及配套资金的落实和使用情况进行检查。对不按规定列支专项经费的，全国总工会将缓拨或减拨下一年度该项经费；挪用该专项经费或虚报聘用专职集体协商指导员人数的，全国总工会将停拨该专项经费。各级地方工会要采取经常性督查和随机抽查等方式，及时了解掌握本地区专职集体协商指导员专项经费使用情况，加强对选派到县及县以下行业、乡镇（街道）、开发区（工业园区）工会（工会联合会）工作的专职集体协商指导员的指导和服务。

（五）营造良好氛围。各级工会要进一步加大宣传力度，推动形成有利于专职集体协商指导员队伍充分发挥作用的良好社会氛围；要积极争取党委、政府、人大、政协以及社会各界对这项工作的关心支持，形成齐抓共管的良好局面。

各级产业工会可根据工作需要建立专职集体协商指导员队伍，参照本意见执行。

中华全国总工会办公厅关于印发《全国示范性劳模和工匠人才创新工作室命名管理工作暂行办法》的通知

（总工办发〔2017〕19号）

各省、自治区、直辖市总工会，各全国产业工会，中共中央直属机关工会联合会、中央国家机关工会联合会：

《全国示范性劳模和工匠人才创新工作室命名管理工作暂行办法》已经中华全国总工会第十六届书记处第七十二次会议审议通过。现印发给你们，请认真贯彻执行。

中华全国总工会办公厅
2017年7月6日

全国示范性劳模和工匠人才创新工作室命名管理工作暂行办法

第一章　总　则

第一条　为进一步规范全国示范性劳模和工匠人才创新工作室（以下简称示范性创新工作室）的命名和管理工作，提高质量、突出实效、发挥作用、扩大影响，充分发挥劳模和工匠人才在创新实践中的示范引领和骨干带头作用，加快知识型、技术型、创新型技术工人队伍建设，推进新时期产业工人队伍建设改革，夯实创新驱动发展的群众基础，推动大众创业、万众创新，促进企业技术进步、产业转型升级和国家创新驱动发展战略的实施，制定本办法。

第二章　条件与任务

第二条　示范性创新工作室必须工作有计划、活动有开展、创新有成果。同时还应具备以下条件：

1. 原则上以一名在技术、业务方面有专长，且具有较高技能水平、管理经验和创新能力的省部级（含）以上劳模、全国五一劳动奖章获得者或有精湛技艺的工匠人才为领衔人，组成的创新团队。

2. 已有效运行 3 年以上，以相对固定的团队协作模式开展创新工作。

3. 具有相对固定的活动场所、基本的设备设施、明确的技术攻关课题和创新目标、必要的工作经费、完善的管理制度，能定期开展技术攻关或创新活动，运作规范有序。

4. 具有较强的创新和攻关能力，能积极开展创新创造活动，承担本地区、本行业、本单位的创新课题或技术攻关项目，取得创新成果，产生显著经济效益和社会效益。

5. 能充分发挥示范引领、集智创新、协同攻关、传承技能、培育精神等功能，带动本地区、本行业、本单位的群众性技术创新活动和职工技能素质提升。

6. 应在省（区、市）总工会命名的劳模和工匠人才创新工作室、职工创新工作室等职工创新先进团体中产生。

企事业单位原有建制的研发机构和班组等不在命名之列。

第三条　示范性创新工作室的主要任务是：弘扬劳模精神、劳动精神、工匠精神，发挥劳模和工匠人才在技术、业务等方面的专长，围绕本地区、本行业、本单位生产经营活动中的重点难点问题和工艺技术难题，积极开展技术创新、服务创新、管理创新、制度创新，增强企业核心竞争力；积极发挥劳模和工匠人才“传帮带”作用，开展技术培训、业务交流、师徒帮教等活动，推进新时期产业工人队伍建设，为实施创新驱动发展战略、制造强国战略提供人才保证和技能支撑。

第三章　命名与管理

第四条　全国总工会每 3 年命名 100 个示范性创新工作室。

第五条　示范性创新工作室命名工作应自下而上进行，由所在单位工会提出申请，经地市级总工会或省（区、市）产业工会考核后，由省（区、市）总工会或全国产业工会择优向全国总工会推荐。全国总工会组织审核、评审、公示，择优命名。已命名的示范性创新工作室申请更换领衔人，按上述程序进行。

第六条 示范性创新工作室须建立工作台账，记录日常活动、创新成果和成员发展等事项。所在单位工会应加强对工作台账的监督管理。

第七条 示范性创新工作室日常活动经费原则上由所在单位承担。各级工会应结合实际情况，给予一定资金支持，确保其正常开展活动，并保证专款专用、合法合规。全国总工会设立的职工创新补助资金将重点用于扶持示范性创新工作室的优秀项目。

第八条 示范性创新工作室要加强自身建设。各省（区、市）总工会和各全国产业工会每年要对示范性创新工作室进行考核，考核情况于年底前报全国总工会备案，对考核不达标的要求其制定整改方案，并督促落实。

第九条 示范性创新工作室实行动态管理。全国总工会每 3 年对示范性创新工作室进行考核，考核不达标的予以摘牌。

第十条 示范性创新工作室经所在省（区、市）总工会或全国产业工会推荐，可优先申报全国工人先锋号。

第四章 措施与要求

第十一条 各级工会要积极争取党政的重视和支持，将推进示范性创新工作室创建工作列入重要议事日程，纳入企业研发创新体系、发展规划和人才培养计划。

第十二条 各级工会要加强对示范性创新工作室的指导和服务。积极搭建交流平台，促进其相互学习、共同提高，更好地发挥示范带动作用；积极帮助示范性创新工作室转化创新成果，及时推广和应用到生产经营活动之中；引导有条件的示范性创新工作室加强横向联合，创建跨区域、跨行业、跨企业的创新工作室联盟。

第十三条 各级工会要关心示范性创新工作室成员的成长和进步，保护其成员的创造热情，在总结推广创新成果、推荐评选先进、组织疗休养和进修深造等方面予以优先考虑。

第十四条 各级工会要广泛宣传示范性创新工作室的先进事迹，总结推广其创新成果、成功经验或做法，带动更多的企事业单位开展创新工作室创建工作，积极引导广大职工以先进典型为榜样，扎实工作，创先争优，建功立业。

第十五条 本《办法》自发布之日起实施。

中华全国总工会办公厅关于印发《推进货车司机等群体入会工作方案》的通知

（总工办发〔2018〕9号）

各省、自治区、直辖市总工会，各全国产业工会，中共中央直属机关工会联合会、中央国家机关工会联合会，全总各部门、各直属单位：

按照全总书记处会议要求，现将《推进货车司机等群体入会工作方案》印发给你们，请结合实际，认真组织实施。相关工作进展情况，请及时报全国总工会基层工作部。

联系方式（略）

中华全国总工会办公厅

2018年3月3日

推进货车司机等群体入会工作方案

为认真贯彻落实全总十六届七次执委会议精神，最大限度地把货车司机等群体组织到工会中来，持续推进农民工入会工作，不断扩大工会组织和工会工作有效覆盖，现提出如下方案。

一、目标任务

在整体推进工会组建和会员发展工作基础上，以开展“货车司机入会集中行动”为牵引，全会上下联动，合力攻坚克难，大力推进货车司机、快递员、护工护理员、家政服务员、商场信息员、网约送餐员、房产中介员、保安员等群体（以下简称“八大群体”）入会，实现八大群体入会取得突破，推动农民工入会工作实现新提升，力争到2020年底全国农民工入会率达到55%。

二、指导原则

（一）坚持以党建带动工建。积极主动把建会工作融入党政工作全局，在党委领导下推进货车司机等八大群体入会工作，争取党委、政府重视支持，推动将其纳入各地党建工作目标考核体系，同部署、同检查、同落实。

（二）坚持围绕中心、服务大局。着眼于服务改革发展稳定大局，服务行业企业发展，充分发挥各级工会组织作用，最大限度地吸收货车司机等八大群体加入工会，加快提高农民工组织化程度，夯实党执政的阶级基础和群众基础。

（三）坚持维护职工合法权益。把全心全意服务货车司机等群体、维护其合法权益贯穿各项工作始终，紧扣职工需求、解决职工困难，以维权服务实效凝聚人心、增强入会吸引力，团结广大货车司机等群体坚定不移听党话、跟党走。

（四）坚持依法依章程开展工作。依照《工会法》《中国工会章程》，加大实践创新和政策创新力度，妥善处理新技术新业态新模式下货车司机等群体参加和组织工会的新问题，努力扩大工会组织对新产业新群体的覆盖面，坚决维护职工队伍和工会组织团结统一。

三、主要措施

（一）开展货车司机入会集中行动试点。

1. 试点单位。确定河北、浙江、安徽、广东、广西以及上海宝山、江苏南京、河南郑州、陕西西安、贵州贵阳等5省（区）、5市（区）作为全总开展货车司机入会集中行动试点单位。其他省份可参照全总试点安排，自行开展试点，探索推进工作。

2. 试点内容。立足道路货运行业现状和货车司机工作生活特点，在组织货车司机入会方式和工会组建形式上积极探索、大胆实践。重点从五个方面探索推进：①推动物流园区和龙头企业建会，带动其他货运企业建会和货车司机入会；②积极稳妥推进道路货运行业工会建设，扩大对中小微货运企业和货车司机的有效覆盖；③推进以挂靠方式运营的企业工会建设，引导其积极吸纳货车司机入会；④依托乡镇（街道）、村（社区）工会等，组织灵活就业的货车司机入会；⑤推行“互联网+”工会普惠性服务，借助货运网络平台等宣传动员货车司机入会。

3. 进度安排。2018年3月中旬，全总下发《推进货车司机等群体入会工作方案》，启动试点工作。3月中旬~8月中旬，各单位开展试点工作。8月底前，各试点单位向全总报试点工作总结。全总将在总结各地试点经验基础上，适时召开全国工会系统推进货车司机入会工作现场会，全面部署推进货车司机入会工作。

4. 责任分工。货车司机入会集中行动由全总基层工作部牵头，中国海员建设工会配合，全总办公厅、宣传教育部、权益保障部、网络工作部、财务部等部门参与，协调推进落实相关工作部署。

（二）同步推进其他群体入会。

1. 各省（区、市）总工会统筹协调本地各类重点群体入会工作。要加强与党委部门、政府部门、行业协会（商会）、功能性园区和龙头企业沟通联系，建立完善党委领导、政府支持、工会主抓、职工参与、社会协同的工作格局，凝聚推进工作合力。加强调查研究，切实摸清各类重点群体工作生活特点和入会现状，因地制宜确定工作重点，明晰集中发力方向。制订工作计划，明确任务分工，列出工作清单、时间表和路线图，有力有序推进工作。

2. 相关全国产业工会协力推进入会工作。根据产业工会职能分工，护工护理员入会主要由中国教科文卫体工会负责推动，房产中介员入会主要由中国海员建设工会负责推动，快递员入会主要由中国国防邮电工会负责推动，家政服务员、商场信息员入会主要由中国财贸轻纺烟草工会负责推动，网约送餐员入会主要由中国国防邮电工会、中国财贸轻纺烟草工会负责推动，保安员入会由全总基层工作部会同相关全国产业工会共同推动。各相关全国产业工会要认真研究产业发展趋势、产业政策和本产业重点群体入会现状、劳动关系特点，加强与政府部门、行业协会（商会）沟通协作，明确工作目标，制订实施方案，强化政策指导，深化服务引导，协力推动各类重点群体入会工作落地落实。

3. 发挥工会网上工作在推进入会方面的积极作用。要立足职工与互联网结合日益紧密的趋势，充分运用信息化手段畅通入会渠道，努力将各类重点群体纳入会员实名制管理体系，积极与新兴互联网信息平台企业合作，实现发展会员“精准定位”、服务职工“按需施策”，自下而上打造“工惠驿家”等服务品牌，以有效服务促进有效入会。

四、组织领导

（一）主要领导亲自抓。各级工会要高度重视推进货车司机等八大群体入会工作，将其作为“一把手”工程，精心谋划部署，不断加大工作力量和经费投入。注重发挥地方工会和产业工会两方面积极性，强化目标牵引，加强分工协作，形成全会一盘棋推进工作的良好态势。在推进货车司机等八大群体入会工作的同时，要继续保持工会组建和会员发展力度不减，工作不断，坚决消除建会盲区和空白点，补齐影响建会工作持续发展的短板。

（二）加大宣传力度。充分利用工会主流媒体以及微博、微信等现代传播手段，争取相关行业媒体支持，扩大舆论宣传，营造合力落实工作任务的良好氛围。工人日报、中工网要开设专题专栏，广泛宣传推进货车司机等群体入会工作先进经验做法。

（三）改进工作作风。各级工会要以高度的政治责任感和深厚的职工情怀，发扬钉钉子精神，全面推进货车司机等群体入会工作。要从实际出发，加强分类指导，注重改革创新，强化督促检查，确保工作实效。2018 年底前，各省（区、市）总工会、各相关全国产业工会分别形成推进重点群体入会情况报全总办公厅。全总将对各地工作开展督查，并适时下发推进货车司机等群体入会情况督查通报。

中华全国总工会办公厅关于印发《中华全国总工会关于企业集团建立工会组织的办法》的通知

（总工办发〔2018〕23号）

各省、自治区、直辖市总工会，各全国产业工会，中央和国家机关工会联合会筹备组，全总各部门、各直属单位：

《中华全国总工会关于企业集团建立工会组织的办法》已经中华全国总工会第十六届书记处第一百次会议审议通过，现印发给你们，请结合实际，认真贯彻执行。

中华全国总工会办公厅

2018年9月3日

中华全国总工会关于企业集团建立工会组织的办法

第一章　总　则

第一条　为进一步规范企业集团工会组织建立，充分发挥企业集团工会作用，根据《中华人民共和国工会法》《中国工会章程》《企业民主管理规定》《企业工会工作条例》等有关规定，制定本办法。

第二条　本办法所称企业集团，是指以资本为主要联结纽带的母子公司为主体，以集团章程为共同行为规范的母公司、子公司、参股公司及其他成员企业或机构共同组成的具有一定规模的企业法人联合体。

凡符合前款规范要求、行政管理机构健全并依法设立登记的企业集团，经上级工会批准，可在企业集团范围内建立集团工会组织。

第三条　建立集团工会组织，在同级党组织和上级工会的领导下进行。企业集团未建立党组织的，在上级工会领导下进行。

第四条 企业集团建立工会组织，必须坚持党的领导，贯彻落实党的全心全意依靠工人阶级的根本指导方针，始终把握正确政治方向；坚持民主集中制，注重广泛性、代表性；坚持职工为本，充分反映职工群众的意愿和要求；坚持依法规范，符合法律和工会章程规定。

第五条 企业集团根据法人治理结构、经营模式、企业规模、职工队伍状况等实际，适应贯彻新发展理念、建设现代化经济体系、加快完善社会主义市场经济体制的需要，统筹考虑振兴实体经济、深化国有企业改革、发展混合所有制经济、民营企业发展等形势任务，立足实际建立健全工会组织。

第二章 集团工会的建立

第六条 集团工会是工会的基层组织。组建集团工会，依照《工会基层组织选举工作条例》产生。集团工会的组织形式，根据集团实际确定。

第七条 在京中央企业集团组建集团工会，按规定报相关全国产业工会，由相关全国产业工会按程序报中华全国总工会批准。京外中央企业集团和其他企业集团组建工会，按规定报企业集团所在地同级地方工会批准。

第八条 集团工会选举主席 1 人、副主席若干人、常务委员若干人，组成常务委员会。成员单位和职工人数较少的，可不设常务委员会。

集团工会每届任期三年至五年。任期届满，应按期进行换届选举。

第九条 集团工会在选举产生集团工会委员会的同时，选举产生同级工会经费审查委员会。集团工会成立后，按照有关规定及时建立集团工会女职工委员会，并选配女职工委员会主任。

第十条 集团工会的名称，为“企业集团工商登记名称+工会（联合会）委员会”。集团所属子公司的工会组织名称，为“子公司工商登记名称+工会委员会”。对于工会名称不规范的，应结合工会换届工作进行规范。

第十一条 集团工会依法依规设置工会工作机构，并按照有关规定配备专职工作人员，专职工作人员人数，根据有关规定确定，或由集团工会与集团协商确定。根据工作需要，可配备兼职工作人员，坚持以专职为主，兼职为辅，专兼职相结合。

集团工会根据工作需要，设立相关工作机构或专门工作委员会、工作小组。

第十二条 在企业集团改组改制中，要科学设置、合理规范工会组织，不得随意把工会组织机构撤销、合并或者归属其他工作部门。

第十三条 集团工会具备法人条件的，依法取得社会团体法人资格，工会主席为法定代表人。

第十四条 各级工会要加强对企业集团建立工会组织工作的领导，确保集团工会组织建立符合法律和工会章程、组织机构健全、职工群众拥护、作用发挥明显。

第三章 集团工会的组织领导关系

第十五条 集团工会的领导关系，根据产业和地方相结合的组织领导原则确定。

集团工会以同级党组织领导为主，同时接受所在地方工会的领导和上级有关产业工会的指导。

在京的中央企业集团工会，以同级党组织领导为主。同时在中华全国总工会领导下，按照行业分类原则，由相关全国产业工会实施具体指导。

第十六条 集团工会对集团母公司所在地的子（分）公司工会实行直接领导。不在母公司所在地的子（分）公司工会，在同级党组织领导下，以所在地工会领导为主，其工会组织关系、经费关系等明确在所在地工会，在所在地工会的领导下建立健全工会组织并按期换届，参加所在地工会组织开展的工作；同时接受集团工会的领导，参加集团工会统一组织开展的具有集团特点的工作和活动等。铁路、民航、金融等行政管理体制实行垂直管理的产业所属企业集团子（分）公司除外。

第十七条 以地方政府部门改组的资产经营公司为母公司组建的企业集团，可按照本办法建立集团工会委员会。原工会组织承担地方产业工会领导职能的，改建为集团工会后，如所在地方工会认为需要，可继续依托集团工会组建产业工会，也可建立新的产业工会。

第十八条 集团工会是集团职工代表大会的工作机构，负责集团职工代表大会的日常工作。

第四章 集团工会的经费

第十九条 集团工会经费，通过经费留成、上级工会补助、集团行政补助支持等方式解决。

第二十条 集团工会经费收缴，实行属地管理原则。铁路、民航、金融等行政管理体制实行垂直管理的产业所属企业集团子（分）公司除外。

企业集团所在地的子（分）公司工会，其工会经费按规定的比例上缴给集团工会，由集团工会按比例上缴上级工会。集团工会与所在地子（分）公司工会经费分成比例由集团工会确定。

企业集团所在地以外的子（分）公司，工会经费上缴所在地工会。集团工会可与其子（分）公司所在地工会协商，从子（分）公司上缴所在地工会经费中明确一定比例上缴集团工会。

第五章　附　则

第二十一条　本办法由中华全国总工会负责解释。

第二十二条　本办法自印发之日起施行。1997 年 3 月 17 日全国总工会办公厅印发的《全国总工会关于企业集团建立工会组织的试行办法》（总工办发〔1997〕19 号）同时废止。

中华全国总工会办公厅印发《关于广泛深入持久开展“五小”活动的指导意见》的通知

（总工办发〔2019〕17 号）

各省、自治区、直辖市总工会，各全国产业工会，中央和国家机关工会联合会，全总各部门、各直属单位：

《关于广泛深入持久开展“五小”活动的指导意见》已经全总十七届第十三次书记处会议审议通过，现印发给你们，请结合实际认真贯彻落实。

中华全国总工会办公厅
2019 年 10 月 14 日

关于广泛深入持久开展“五小”活动的指导意见

小发明、小创造、小革新、小设计、小建议活动（以下简称“五小”活动）是工会的一项传统工作，是“当好主人翁、建功新时代”主题劳动和技能竞赛的重要内容。为使“五小”活动在新时代展现新的生机和活力，推动劳动和技能竞赛广泛深入持久开展，现对广泛深入持久开展“五小”活动提出如下意见。

一、开展“五小”活动的总体要求

（一）重要意义。习近平总书记指出，“要组织职工广泛深入开展岗位练兵、技术交流、技能培训，踊跃参加技术革新、技术协作、合理化建议等活动，着力培养知识型、技术型、创新型人才队伍”。开展“五小”活动是贯彻落实习近平总书记重要讲话精神的重要举措，是推动产业工人队伍建设改革、提高职工技能素质、培养大国工匠的重要抓手，是组织动员职工立足岗位建功立业、把“当好主人翁、建功新时代”主题竞赛落实到基层的重要途径。

（二）总体要求。“五小”活动要以习近平新时代中国特色社会主义思想为指导，深入贯彻落实《新时期产业工人队伍建设改革方案》，按照全总关于广泛深入持久开展劳动和技能竞赛的工作要求，注重岗位创新，注重解决一线问题，注重增强创新能力，扩大覆盖面、提高参与度，使活动落实到基层、深入到一线，长期坚持下去、形成长效机制，进一步组织动员广大职工建功新时代。

（三）基本原则。“五小”活动要坚持以职工为中心，尊重职工首创精神，让职工当主角，动员职工群众参与到活动的各个环节，夯实活动的群众基础；坚持以需求为导向，围绕生产经营的重点和难点，紧密结合岗位实际，根据市场需求、企业需要、职工期盼开展活动；坚持在继承中创新，在总结以往经验做法的基础上，适应新时代新要求，不断丰富和完善竞赛内容，创新活动方式和载体；坚持共建共享，通过抓好活动激励，在促进企业发展的同时让职工受益，增强职工获得感。

二、大力增强职工岗位创新能力

（四）增强职工创新意识。职工是“五小”活动的参与者，是岗位创新的主力军。要引导职工充分认识技术创新的重要性，充分认识“改善改进也是创新”，树立“时时可创新、处处可创新、人人可创新”的理念。通过“工匠论坛”“职工创新大讲堂”等形式，推广普及创新方法，激发职工创新潜能，动员职工立足岗位开展技术创新、管理创新和服务创新。

（五）提升职工技能素质。要围绕提升职工技能水平和创新能力组织开展群众性、常态化的岗位练兵活动，注重线上线下相结合，引导职工在干中学、学中练。积极协助政府和企业推广现代学徒制和企业新型学徒制，采取“一带一”“一带多”“多带多”等多种形式促进师带徒活动创新发展，做好传帮带。广泛开展技能比武、技术培训等活动，强化实战化要求，让先进生产技术和先进操作方法为更多的职工所掌握。

（六）营造良好创新氛围。大力弘扬劳模精神、劳动精神、工匠精神，注重从“五小”活动中发现、培养、选树劳动模范和工匠人才，特别是优秀技能人才和一线职工典型，宣传他们的先进事迹，推广他们的劳动技能、创新方法、管理经验，充分发挥其示范带头作用。把职工创新纳入企业创新体系，把“竞赛文化”融入企业文化和职工文化当中，鼓励创新，既要重视结果，也要重视过程，不断增强职工创新勇气，引导职工积极投身“五小”活动。

三、立足岗位开展“五小”活动

（七）重视发现和解决岗位难点问题。要从发现问题入手，组织一线职工、立足一线岗位、解决一线问题。重点围绕提升产品、服务、工程质量和效益，改造落后的技术设备、不合理的工艺和过时的操作方法，推动节能降耗、污染防治、生态环境保护，促进劳动安全和职业健康，提升企业管理水平和服务水平等方面开展活动。

（八）把合理化建议摆到突出位置。合理化建议活动是我国工人阶级的一个伟大创举，是职工发扬主人翁精神和发挥聪明才智的有效形式，也是职工参与企业管理、推动技术进步的重要途径。把合理化建议作为“五小”活动最基础最重要的环节，一方面要增强广泛性，提高合理化建议的参与率，组织广大职工积极参与；另一方面要增强实效性，提高合理化建议的质量，促进合理化建议的采纳和实施。

（九）完善“五小”活动体系。进一步完善以岗位创新、班组（团队）创新、劳模和工匠人才（职工）创新工作室以及创新工作室联盟等为主要内容的“五小”活动体系，形成基础广泛、人才集聚、成果丰硕的良好局面。发挥职工技协的组织优势、人才优势和阵地优势，开展技术交流、技术协作、技术帮扶等活动，在“五小”活动中发挥骨干作用。

（十）创新“五小”活动方式方法。按照建设“智慧工会”的要求，运用“互联网+”、移动客户端、大数据、云计算等现代化手段组织开展“五小”活动，促进活动在策划动员、组织实施、考核评选等各个环节的智能化，增强活动的先进性、便利性和趣味性。在活动中设置形式多样、职工喜闻乐见的比赛项目，设立创新看板等可视化载体，增加活动的“赛味”，更好地激发广大职工的积极性，使活动更具吸引力和感召力。

四、进一步扩大“五小”活动覆盖面

（十一）推动“五小”活动从国有企业向非公企业拓展。要系统总结国有企业开展活动的经验做法，在展现良好成效的同时，推动活动不断向科学化、制度化、规范化发展。积极探索非公企业开展活动的新途径、新模式，选好切入点和突破口，加强分类指导，重点推进已建工会规模以上非公企业劳动和技能竞赛，带动中小企业活动的普遍开展。

（十二）推动“五小”活动从生产领域向管理、服务等领域延伸。生产、管理和服务都是企业运营的重要环节。要推动“五小”活动从一线生产岗位向管理岗位、服务岗位延伸，充分发挥每一个技术工人、科技人员和管理人员的聪明才智，努力形成全方位、全领域的活动新格局。在组织职工创新产品技术、工艺和设备的同时，围绕管理方式、管理手段、管理模式等进行创新，不断提升企业管理水平；围绕服务方法、服务途径、服务市场等进行创新，进一步提高服务质量和水平。

（十三）推动“五小”活动从企业向机关事业单位扩展。“五小”活动作为发挥职工积极性、动员职工岗位建功的载体和手段，不仅适用于企业，同样适用于机关事业单位。机关事业单位可借鉴企业开展“五小”活动的经验，结合自身实际，动员职工从提升岗位技能、改进工作方法、提高工作效率等方面入手开展“五小”活动，交流工作经验，进一步提升机关事业单位的管理服务水平。

五、促进“五小”活动成果的推广和转化

（十四）搭建职工创新成果交流、转化平台。通过组建技能人才（劳模）服务队、劳模和工匠人才创新工作室联盟、举办创新成果展示活动等，积极推动“五小”创新成果走出班组、走出企业、走向社会。积极参与技术市场活动，有条件的地区和企业要建立职工创新成果库，充分利用科技中介机构开展技术开发、技术转让、技术咨询、技术服务活动，与有关部门联合开展创新辅导、项目对接、产业论坛、人才服务、产学研用合作等活动，促进创新成果转化。

（十五）重视职工创新成果知识产权保护。要在职工中开展知识产权普及教育，增强职工知识产权意识，加强专利宣传和咨询服务，依托有关机构和专家帮助职工做好创新成果的专利申请。推动有关部门通过源头追溯、实时监测、在线识别等强化知识产权保护，保护职工创新成果。积极推荐职工优秀创新成果参评国家科技进步奖、中国专利奖等奖项。

（十六）加大创新成果应用和孵化力度。注重对职工的创新提案进行分类整理，分段控制，及时反馈，保证创新提案的科学性、针对性和可行性。积极争取行政主管部门和企业的支持，利用科技成果孵化基地，组织开展专题项目开发，加大产业化扶持力度。活动中创造出来的先进技术、工具、工作法、管理经验等要通过成果表彰、举办培训班、现场讲解演示等方法进行推广。

六、加强“五小”活动的组织领导

（十七）建立健全协同推进的组织领导机构。各地要高度重视，建立活动组织领导机构，制定活动方案，落实活动责任，形成“党委领导、行政支持、

工会牵头、多部门协作，职工广泛参与”的工作格局。注重发挥产业工会优势和作用，组织开展形式多样、具有产业特色的活动。与其他有关部门加强政策协调和资源整合，合力推进“五小”活动。加强对工会干部的培训，引导大家深入了解“五小”活动，吸取先进经验，提高活动组织能力。

（十八）积极开展科学合理的绩效评估工作。要加强活动过程管理和考核评估，坚持问题导向和成果导向并重，定性与定量相结合，建立科学合理的评估指标体系，全面评价地方和企业活动效果。评估可通过自上而下评估、自查自评或第三方评估的方式进行，注重评估结果反馈和工作改进，并以此作为评先评优、推荐表彰的重要参考。建立健全项目预报、工作台账、督导通报等工作制度，强化活动过程管理、督导和考核。

（十九）多样化设计活动奖励激励措施。坚持物质奖励和精神奖励相结合，积极争取地方政府和企业行政支持，根据职工的需求和期盼，通过“积分制”“创新银行”等多种方式，加大奖励、及时奖励、精准奖励，扩大职工受益面。推动企业合理制定“五小”成果的收益分配方案，建立活动奖励晋级制度，把“五小”活动作为职工业绩评价、技能评定、培训深造、晋级晋升的重要依据，保护好职工创新创造的积极性。

（二十）注重活动品牌建设和宣传推广。加强调查研究，认真总结“五小”活动的创新举措和先进经验，注重典型引路，及时发现和解决存在的问题，不断完善活动体制机制，推动活动常态化、长效化。运用传统媒体和新兴媒体相结合的方式，充分利用工会及其他宣传资源和手段，做好“五小”活动的宣传推广工作，把“五小”活动打造成在职工中有较强感召力、在社会上有广泛影响力的品牌。

各省（区、市）总工会、各全国产业工会要根据本意见，结合实际、强化措施、贯彻落实。

中华全国总工会办公厅印发《中华全国总工会关于加强乡镇（街道）工会建设的若干意见》的通知

（总工办发〔2019〕24号）

各省、自治区、直辖市总工会，各全国产业工会，中央和国家机关工会联合会，全总各部门、各直属单位：

《中华全国总工会关于加强乡镇（街道）工会建设的若干意见》已经中华全国总工会第十七届书记处第19次会议审议通过，现印发给你们，请结合实际认真贯彻落实。

中华全国总工会办公厅

2019年12月27日

中华全国总工会关于加强乡镇（街道）工会建设的若干意见

为深入贯彻党中央的决策部署，贯彻党的十九大和十九届二中、三中、四中全会精神，落实中国工会十七大要求，推动工会改革创新举措在基层落地见效，夯实工会基层基础，现就加强乡镇（街道）工会建设提出如下意见。

一、明确指导思想。坚持以习近平新时代中国特色社会主义思想为指导，深入学习贯彻习近平总书记关于工人阶级和工会工作的重要论述，紧紧围绕保持和增强工会组织政治性、先进性、群众性这条主线，以促进区域经济高质量发展、加强和创新基层社会治理为中心任务，以维护职工合法权益、竭诚服务职工群众为基本职责，完善工会组织体系、扩大工会组织覆盖，优化运行机制、激发基层活力，充分发挥乡镇（街道）工会组织的重要作用。

二、主要工作职责。乡镇（街道）工会在同级党（工）委和上级工会领导下，依据《中华人民共和国工会法》和《中国工会章程》独立自主地开展工作。主要是：积极推动企事业单位依法建立工会组织，广泛吸收职工入会；加强职工思想政治引领；深化劳动和技能竞赛；维护职工合法权益，指导开展集体协商、签订集体合同，健全以职工代表大会为基本形式的企事业单位民主管理制度，健全协调劳动关系机制；推动落实职工福利待遇，开展困难职工帮扶，建设职工信赖的“职工之家”。

三、规范组织形式。乡镇（街道）工会组织应依据《中华人民共和国工会法》和《中国工会章程》建立，不得随意撤销、合并，具备法人条件的，依法取得社会团体法人资格。

乡镇（街道）工会组织形式有工会委员会、工会联合会和总工会。乡镇（街道）工会委员会由会员（代表）大会选举产生。乡镇（街道）工会联合会委员会可以由会员（代表）大会选举产生，也可以按照联合制、代表制原则，由下一级工会组织民主选举的主要负责人和适当比例的有关方面代表组成。乡镇（街道）辖区内有企业100家以上、职工5000人以上，能够配备专职工会主席（副主席）和专职工作人员的，可以建立乡镇（街道）总工会，其委员会换届和选举工作参照《关于地方工会召开代表大会及组成工会委员会、经费审查委员会的若干规定》执行。建立乡镇（街道）工会组织，应同时建立经费审查委员会和女职工委员会。

乡镇（街道）工会领导辖区内有隶属关系的各类基层工会组织（含区域性、行业性工会联合会）。

根据工作需要，县（市、区）总工会可以在不具备建立工会组织条件的乡镇（街道）设派出代表机关，即乡镇（街道）工会工作委员会。

四、健全制度机制。推动乡镇（街道）工会建设纳入党建带工建机制，推动建立乡镇（街道）党（工）委定期听取工会工作汇报、乡镇（街道）工会主席列席党（工）委有关会议制度，落实重大事项向乡镇（街道）党（工）委和上级工会请示报告制度。健全乡镇（街道）工会（会员）代表大会、委员（常委）会议、工作例会等制度；落实基层工会会员代表大会代表常任制，充分发挥会员代表、委员的作用。探索建立乡镇（街道）工会工作权责清单，健全工作评价制度。

五、强化干部配备。县级以上地方工会应与党委组织部门、编制部门协商，推动把乡镇（街道）工会干部纳入编制内统筹解决，纳入各级党委组织人事工作总体安排进行培养、使用，推动落实工会党员负责人作为同级党（工）委委员候选人提名人选制度。在推荐乡镇（街道）工会主席、副主席人选时，上级工会应积极争取工会主席按党政同级副职配备，专职副主席按中层正职配备。优化乡镇（街道）工会干部队伍结构，保持任期内相对稳定。建立乡镇（街道）总工会的，应设立专职主席（或副主席）和专职工作人员。积极推动乡镇（街道）党（工）委副书记兼任总工会主席。通过“专兼挂”等方式配强乡镇（街道）工会领导班子成员，充分发挥兼职、挂职副主席作用。

六、建设社会化工会工作者队伍。落实《中华全国总工会　民政部　人力资源社会保障部关于加强工会社会工作专业人才队伍建设的指导意见》，巩固发展社会化工会工作者队伍，将其作为乡镇（街道）工会专职人员的重要来源。地方工会要通过争取公益性岗位、直接聘用、购买服务等方式，积极发展社会化工会工作者队伍，建立健全选聘、管理、使用等制度。职工 2000 人以下的乡镇（街道）工会，可配备 1 名社会化工会工作者；职工 2000 人以上的，每 3000 人可配备 1 名社会化工会工作者。社会化工会工作者可以作为区域性、行业性工会联合会主席（副主席）候选人。各级工会要加大培育工会积极分子和志愿者队伍力度，引导社会力量参与工会工作。

七、提高培训质量。各级工会应高度重视乡镇（街道）工会干部培训工作。省级工会要制定培训规划，市、县级工会根据规划认真组织实施。新任乡镇（街道）工会主席、专职副主席在上岗一年内应参加上级工会组织的脱产培训，并达到合格；其他干部可通过脱产培训、以会代训、交流研讨、网上学习等多种途径，提高理论政策水平和业务工作能力，以适应岗位需求。社会化工会工作者应进行岗前培训。

八、保障工作经费。各级工会要保障乡镇（街道）工会的工作经费，通过经费留成、上级工会补助、财政支持等方式，保障乡镇（街道）工会正常运行。全国总工会每年从对下补助经费中，安排专项资金用于乡镇（街道）工会的工作经费，专款专用。地方工会综合考虑乡镇（街道）辖区内企业、职工数量和工作实际情况，确定一定比例的经费留成，或在本级经费预算中通过转移支付、项目化管理和定额补助等方式给予一定数量的专项经费。开展各种群众性、普惠性服务项目和活动，要积极争取地方政府和社会的支持。

县以上各级工会要在年度本级经费预算中安排专项资金，解决乡镇（街道）社会化工会工作者的经费，并逐步提高其待遇。有条件的地方，上级工会可以向乡镇（街道）工会的非公职人员发放兼职补贴。

九、严格财务监管。乡镇（街道）工会全部收支都要纳入预算管理，按照上级工会的要求编制年度收支预算和决算，严格按照工会财务管理规定所确定的范围使用工会经费，确保工会经费用于服务工会工作和用在职工身上，让工会经费真正惠及职工群众和工会会员。具有社会团体法人资格的乡镇

（街道）工会，应按规定开设独立的银行账户，实行财务独立核算；不具备开设独立银行账户或不具备独立核算条件的乡镇（街道）工会，其经费由所在县（市、区）总工会代管。有条件的乡镇（街道）工会可以建立会计核算中心，对所辖小型企业工会实行集中核算，分户管理。乡镇（街道）工会应严格执行工会财务管理的相关规定，强化内部会计监督，实行工会委员会集体领导下的主席负责制，重大收支集体研究决定。强化工会经费的审查监督。

十、建好服务阵地。各级工会要推动乡镇政府、街道办事处帮助解决乡镇（街道）工会办公和会员职工开展活动所必要的场所和设施等。按照“会、站、家”一体化的要求，统筹建好、用好、管好职工服务和活动阵地。乡镇（街道）工会可单独建设服务阵地，也可与党政机构、其他群团组织，辖区内机关、事业单位、企业等共建共享阵地，实现资源有效配置。积极推进“互联网+”工会普惠性服务，建设线上线下融合的区域服务职工平台。引导社会组织为职工提供专业化服务，延伸工作手臂，提升服务质量。

十一、加强组织领导。各级工会要提高政治站位，引导乡镇（街道）工会积极参与加强和创新基层社会治理。将乡镇（街道）工会建设作为夯实基层基础的重点，列入重要议事日程，加大资金和力量投入，及时研究解决乡镇（街道）工会建设中的重要问题。加强分类指导，引导乡镇（街道）工会按照“六好”标准因地制宜开展工作，不断提升工作水平。鼓励和支持乡镇（街道）工会探索创新，及时总结推广典型经验。加强舆论宣传，为乡镇（街道）工会工作营造良好氛围。

中华全国总工会办公厅
关于印发《全国总工会关于加强产业工会工作的实施办法》的通知

（厅字〔2018〕10号）

各全国产业工会、全总各部门：

《全国总工会关于加强产业工会工作的实施办法》已经中华全国总工会第十六届书记处第八十八次会议审议通过，现印发给你们，请结合实际，认真贯彻执行。

中华全国总工会办公厅
2018年4月17日

全国总工会关于加强产业工会工作的实施办法

为深入学习贯彻习近平新时代中国特色社会主义思想和党的十九大精神，贯彻落实《新时期产业工人队伍建设改革方案》，深入推进产业工会工作创新发展，充分发挥产业工会在加强产业工人队伍建设改革、促进产业经济高质量发展的积极作用，根据《中华全国总工会关于深入推进产业工会工作创新发展的意见》，制定加强产业工会工作的实施办法。

一、建立全国产业工会工作专题会议制度

1. 建立全国产业工会工作会议制度。全总每5年召开一次全国产业工会工作会议，遇有特殊情况，可适时召开。会议的主要任务是贯彻落实中央有关会议精神，总结推广加强产业工会建设、发挥产业工会作用等方面的经验，研究推进产业工会工作创新发展的思路和举措，更好地发挥产业工会作用。

2. 建立全总机关产业工会工作会议制度。根据产业工会面临的形势任务，全总每年适时召开全总机关产业工会工作会议，听取各全国产业工会工作汇

报，研究产业工会工作面临的重大理论和实践问题，明确重点工作任务和要求，把产业工会工作纳入工会工作总体格局一起部署、一起推进。

二、加大对全国产业工会经费保障力度

3. 继续将产业工会年度重点工作所需经费纳入全总本级经费收支预算，继续在驻会全国产业工会的日常办公经费、差旅费等方面加大保障力度。

4. 进一步加大对产业工会工作经费的支持力度，经全总书记处批准的临时性重大活动所需经费，由全总本级调整预算安排，保障重点工作、重点活动的开展。

三、积极为全国产业工会工作创造条件

5. 全总在开展全国五一劳动奖和全国工人先锋号等各类评选表彰活动时，在条件允许的情况下，适当增加全国产业工会推荐名额。加强同政府有关部门的沟通协调，推动全国产业工会会同有关国家部委共同做好相关评选表彰工作。

6. 对在参加国家重大战略、重大工程等纳入全国引领性劳动和技能竞赛中取得优异成绩、表现突出的先进集体和先进个人，纳入全总总体表彰范围，经报全总书记处研究审批，进行适量表彰。

四、加强全国产业工会与省级地方工会的协调配合

7. 由全总办公厅下发文件，要求各省（区、市）总工会明确与全总各相关全国产业工会对口联系的产业工会或工作部门，以及具体工作职责、内容、方法、途径等，形成制度性安排，以更好加强全国产业工会的对下领导和工作指导，推动产业工会工作创新发展。

8. 各全国产业工会要积极主动加强与省级地方工会以及相应省级地方产业工会或部门的联系，建立有效的联系渠道，推动健全完善产业工会组织体系，确保工作上下贯通、指导及时有力。

五、加强对省（区、市）产业工会工作的督查

9. 建立专项督查制度。每2年对省（区、市）产业工会工作进行一次督查，遇有重大任务、重要工作，根据工作需要，可随机进行督查。督查由全总办公厅、组织部、财务部等部门，会同各全国产业工会共同进行。

10. 督查主要围绕组织领导、组织体系建设、人员配备、责任落实、经费保障、完成工作任务、发挥作用等情况进行。当前和今后一个时期，重点督

查推进《新时期产业工人队伍建设改革方案》和《中华全国总工会关于深入推进产业工会工作创新发展的意见》的贯彻落实情况。

六、切实加强全国产业工会党的建设

11. 在全总党组领导下，修订完善各驻会全国产业工会分党组工作规则，更好发挥分党组领导核心作用，为推进产业工会工作创新发展提供坚强政治保证。全国产业工会要更加自觉做到坚持党的领导，落实全面从严治党要求，切实提高党的建设水平，坚定不移走中国特色社会主义工会发展道路，始终坚持产业和地方相结合的我国工会组织领导原则，确保产业工会工作正确的政治方向。

12. 着眼建设高素质专业化产业工会干部队伍，加强产业工会领导班子建设，优化干部结构，加大培训力度，注重产业工会干部的培养、锻炼、交流和使用。推进产业工会委员会机关和委员、常委单位互派挂职干部，切实提高产业工会干部的综合素质和专业化水平。

全国厂务公开协调小组办公室关于印发《2019—2023年全国企业民主管理工作五年规划》的通知

（国厂开组办发〔2019〕4号）

各省、自治区、直辖市厂务公开协调（领导）小组：

《2019—2023年全国企业民主管理工作五年规划》已经2019年5月22日全国厂务公开协调小组第二十三次会议审议通过。现予印发，请结合本地实际，认真贯彻落实。

全国厂务公开协调小组办公室

2019年6月11日

2019—2023年全国企业民主管理工作五年规划

党和政府高度重视发展和谐劳动关系，党的十九大提出坚持以人民为中心的发展思想，强调构建和谐劳动关系。企业民主管理是构建和谐劳动关系的重要内容，对建立完善科学有效的利益协调、诉求表达、矛盾调处、权益保障机制具有重要作用。当前，我国发展仍处于并将长期处于重要战略机遇期，在新技术新业态新模式下，劳动用工呈现许多新特点，劳动关系出现许多新情况新问题，对构建和谐劳动关系带来新的挑战。《2014—2018年全国厂务公开民主管理工作五年规划》实施以来，各级厂务公开协调领导机构采取有效举措，认真落实规划要求，取得了积极成效，企业民主管理工作进一步深化发展。但还存在区域行业发展不平衡、覆盖面不充分、总体质量不够高等主要问题。为适应全面深化改革的新要求和劳动关系发展变化的新趋势，深入推动新时代企业民主管理工作创新发展，现制定2019—2023年全国企业民主管理工作五年规划。

一、指导思想

1. 坚持以习近平新时代中国特色社会主义思想为指导，全面贯彻党的十九大精神，服从服务全面深化改革的新要求，凝聚广大职工力量，汇集广大职工智慧。

2. 坚持以职工为本，立足社会主要矛盾新变化，把解决广大职工最关心、最直接、最现实的利益问题，作为企业民主管理工作的出发点和落脚点。

3. 坚持依法依规，切实贯彻落实劳动法律以及《中共中央办公厅、国务院办公厅关于在国有企业、集体企业及其控股企业深入实行厂务公开制度的通知》《企业民主管理规定》等法律法规政策，运用法治思维和法治方式推进工作。

4. 坚持共建共享，统筹处理好促进企业发展和维护职工权益的关系，加强体制机制建设，推动企业和职工构建利益共同体、事业共同体、命运共同体，助力企业高质量发展，实现共创共建共享共赢。

二、总体要求

5. 着力建制扩面，扩大领域、夯实基础。把企业民主管理建制工作与工会组建紧密结合起来。分类指导，以点带面，协调联动，扩大覆盖面，推动各类型企事业单位普遍建立职代会和厂务公开制度，设立董事会、监事会的公司制企业应建立健全职工董事职工监事制度。

6. 着力提质增效，提升质量、突出成效。推动企事业单位建立企业民主管理长效机制，实现企业民主管理融入企事业单位日常生产经营更加自觉紧密，企业民主管理制度更加健全完善，职工参与企业民主管理更加广泛充分，企业民主管理效能更加有效彰显。

三、具体目标

7. 中央企业全部建立职代会制度，符合条件的公司制企业建立职工董事职工监事制度；已建工会的国有企业及其控股企业、100 人以上的非公有制企业普遍建立职代会、厂务公开制度。推进事业单位普遍建立职代会、厂务公开制度。

8. 普遍推行区域（行业）职代会制度，鼓励小微企业结合自身特点开展多种形式的民主管理活动，实现 100 人以下非公有制企业民主管理制度覆盖率稳步增长。

9. 引导经济开发区（工业园区）、乡镇（街道）、产业聚集区的企业及社会组织广泛开展企业民主管理工作。

四、主要举措

10. 加强政策指导，推进企业民主管理制度化规范化法治化建设。全国厂务公开协调小组及其办公室将适时出台关于推进集团企业职代会制度建设、新时代深化企业民主管理工作等文件。各地要指导企事业单位贯彻落实企业民主管理相关法律法规，制定或修改完善有关职代会、厂务公开制度的实施细则及职工董事职工监事履职规则。严格规范民主程序，坚持企业改制方案提交职代会审议，职工安置方案、集体合同草案等涉及职工切身利益的重大事项提交职代会审议通过。指导各地通过运用“工会劳动法律监督意见书”“工会劳动法律监督建议书”，督促企事业单位依法建立职代会、厂务公开等民主管理制度。借助社会信用信息平台，督促未建制的企业及时整改。开展立法调研活动，继续推进国家层面的企业民主管理专项立法工作。出台地方法规规章的地区，要联合人大、政协、劳动监察等部门做好执法检查、政协视察和行政监察，督促法规政策落实落地。

11. 坚持依法治企，把企业民主管理融入企事业单位经营管理中。引导企事业单位依法经营管理、依法治企兴企，依据法律法规在决策制定、规章制度、人员安排、绩效考核、物资采购、招标投标等经营管理过程中，通过职代会、厂务公开等民主形式，广泛听取职工的意见和建议，不断完善管理制度，提高管理水平。

逐步推动将职工代表大会制度写入国有企业公司章程，与企业专业管理相结合，并纳入企业管理的制度体系中，严格规范履行职工代表大会的职责，完善符合市场经济规律和我国国情的国有企业法人治理结构。逐步推动职代会、职工董事等工作纳入国有企业党建巡视工作内容。国有企业应当发挥职代会、工会作用，坚持和完善职代会民主评议企业领导人员制度，加强职工民主监督。要依法推进职工董事职工监事制度建设，坚持职工董事、职工监事由职工代表大会选举产生，完善职工董事、职工监事履职的必要保障。职工董事、职工监事要向企业职代会报告工作，接受职代会监督、质询和民主评议。保障职工代表有效参与公司治理，在处理劳动关系重大问题、涉及职工切身利益重要事项时，切实发挥监督作用。

推动非公有制企业守法经营，自觉保障职工合法权益，积极履行社会责任，用法治方式规范企业经营管理。指导单独建制的非公有制企业认真落实职代会职权，制定或修改涉及劳动者切身利益的规章制度或者重大事项方案，提交职代会审议或审议通过。引导企业就劳动报酬、职工教育培训经费提取与使用、企业年金方案、工作时间、劳动安全卫生等涉及职工权益的事项与职工开展集体协商，并将协商内容经职代会或职工大会讨论通过。加强厂务公开制度建设，企业改革发展中的重大问题和职工关心的热点难点问题，必须通过厂务公开广泛听取职工的意见建议。将职代会、厂务公开作为非公有制企业经营管理的一项重要制度，与企业文化建设结合起来，进一步提高企业经营管理者和职工代表的民主意识，形成民主自觉。

12. 丰富内容形式，激发企业创新发展内生动力。持续深入开展“公开解难题、民主促发展”主题活动，紧密结合经济社会发展情况和企事业单位实际，进一步丰富活动形式。引导企业特别是非公有制企业经营管理者树立以人为本的理念，引导职工与企业共克时艰，为推动企业实现高质量发展贡献智慧和力量。将主题活动与开展“职工代表优秀提案活动”相结合，提高职工代表参与企事业单位管理和监督评议的能力，调动职工的积极性主动性创造性，激发企业在纾困解难、转型发展中的内生动力。进一步推动企业民主管理工作的内容向企业经营管理的重大问题延伸、向职工关心的热点难点问题延伸，与企业党建、领导班子建设、职工队伍建设、企业文化建设等结合起来。各地要探索建立全方位、多层次、制度化的企事业单位协商民主机制，与和谐劳动关系创建活动相结合，进一步丰富职代会闭会期间的民主管理活动，做到与职代会制度有效衔接。适应“互联网+”时代特点，指导企事业单位运用信息技术，积极探索民主管理、信息公开等有效实现形式，催生民主管理新活力，开辟民主管理工作新阵地，创造民主管理工作新方法，降低职工参与民主管理、民主监督的门槛，提高民主管理工作的便捷性、灵活性、互动性，使职工在参与过程中有更多获得感。

13. 完善工作机制，保障企业民主管理制度全面落实。各地要推动企业民主管理纳入推进基层民主政治建设、科学发展、促进社会和谐的党政目标责任制考核体系，纳入党建工作总体部署，纳入组织人事部门对党政干部的考核监督机制。要普遍推行企业民主管理质量评估机制建设，逐条细化标准，强化定量操作。以创建厂务公开民主管理示范单位活动为抓手，指导企事业单位把职代会制度作为民主管理机制建设的重点，健全职代会议案预告、职代会决议“票决制”、各专门委员会（工作小组）工作制度和决议落实制度。完善职工代表选举、提案、述职评议、巡视检查、培训等制度。鼓励各地建立健全企业民主管理激励约束机制，把企业职代会制度建设和发挥作用情况作为评选五一劳动奖状、模范职工之家及推荐企业经营管理者参评劳动模范等荣誉称号的必备条件。

14. 加强职工代表队伍建设，提升企业民主管理工作水平。各地要以增强职工代表履职能力为重点，深入推进职工代表素质提升工程。着力提高培训针对性有效性，努力实现职工代表培训工作覆盖面不断拓展、内容不断深化、方式不断改进、效果不断凸显，为推进新时代企事业单位民主管理工作打下坚实基础。各省（区、市）要建设一支高水平职工代表培训师资队伍，全国厂务公开协调小组办公室将在此基础上建立全国职工代表培训师资库。2022年全国企业民主管理调研检查活动，将把各地职工代表培训情况作为检查的重点内容，检验各地培训工作成果。

15. 坚持典型引领，充分发挥先进单位的示范带动作用。各地要以厂务公开民主管理先进单位表彰活动和创建厂务公开民主管理示范单位活动为抓手，精准指导、分类施策、对症下药，认真发现、总结、培育一批工作过硬的厂务公开民主管理示范单位、厂务公开民主管理工作先进单位以及推动厂务公开民主管理工作先进单位。通过宣传经验、一带一、一带多等形式，切实发挥不同类型的典型单位的示范带动作用，以点带面推动本地区企业民主管理工作提升整体水平。

五、组织领导

16. 加强组织领导。各地要争取同级党委政府支持，健全组织机构。已撤销机构的地区，要积极推动恢复工作机构。相关机构的领导或人员不到位的，要及时充实组织力量。各级厂务公开协调领导机构要坚持工作例会制度，每年定期研究部署工作。各成员单位要加强协调配合，形成整体合力，推动工作落实。要充分发挥厂务公开协调领导机构这一重要平台的作用，借助各方力量，巩固“党委统一领导、党政共同负责、有关方面齐抓共管、职工群众广泛参与”的领导体制和工作格局，加大政策指导力度、理论研究力度和督促检查力度。

17. 加强调查研究。各级厂务公开协调领导机构要深入基层开展调查研究。以2020年、2022年全国企业民主管理工作调研检查活动为契机，推动各地认真制定调研方案，按照工作情况评分表的要求，通过自检、互检、抽检等方式，围绕当前工作的重点内容，开展本级企业民主管理工作调研活动。要分析研究新时代企业民主管理工作的发展规律，正确研判工作发展趋势，及时解决工作中的理论与实践问题。加强对国有企业、集体企业、非公有制企业、外资企业、事业单位等不同类型企事业单位民主管理差异性研究，邀请地方有关部门、学术界及企业界人士，就企业产权结构变化对延伸民主管理工作领域的影响、在企业经营管理模式转变中如何推进企业民主管理工作创新发展、适应职工队伍结构深刻变化如何组织职工更有效地参与企业管理、适应互联网经济特点如何使企业民主管理更具有针对性等问题，举办各种类型的研讨会和经验交流会，形成理论成果，推动工作深入发展。

18. 加强督促实施。各地要围绕本规划提出的目标任务，制订本地区工作规划或工作计划，明确目标措施和工作步骤，确保工作落实。结合调研活动，定期对本地区和企事业单位开展企业民主管理工作进行指导，及时掌握工作情况，加强跟踪服务。在制定评估标准时，要将本地区劳动关系和谐状况、企业和职工发展情况、职工群众满意程度等作为企业民主管理工作的重要指标。各地要选树一批不同类型的先进典型，对工作完成较好的地区、单位予以表彰；对态度消极、不作为、乱作为问题予以批评，及时督促整改。

19. 加强分类指导。各级厂务公开协调领导机构要根据国有企业、非公有制企业的不同特点，因企施策、精准发力，推动企业破解发展困境、适应市场竞争，完善改革方案、积极稳妥推进改革，促进构建和谐劳动关系。积极推动混合所有制企业建立健全民主管理制度，探索工作新举措。进一步规范区域（行业）职代会的职权内容、工作制度、组织制度，引导小微企业结合自身特点，畅通利益表达渠道，推动协商解决区域（行业）内的共性问题，提升工作实效。指导学校、医院等事业单位把内部事务公开与社会事务公开结合起来，坚持将改革方案和涉及职工切身利益方案等提交职代会审议或审议通过，广泛听取职工群众的意见建议。

20. 加强宣传引导。全国厂务公开协调小组办公室将加强厂务公开信息员队伍建设和全国厂务公开民主管理工作网站建设，进一步畅通信息报送渠道。各级厂务公开协调领导机构要充分发挥各类媒体的宣传阵地作用，针对社会上出现的一些模糊认识和错误观点，通过专栏、专题片、动画、微电影等多种形式，讲好民主管理故事，普及企业民主管理基本知识，进一步引导企业经营管理者、广大职工群众和社会各界正确认识企业民主管理工作。广泛宣传企业民主管理在维护职工合法权益、构建和谐劳动关系，完善公司法人治理结构、加强企业党风建设，建立现代企业制度、促进企业健康发展，保障职工民主权利、推进基层民主政治建设中的积极作用。注重正面激励，不断释放正能量，扩大企业民主管理工作的社会影响力，为推动企业民主管理工作创新发展创造良好的社会环境和舆论氛围。

全国厂务公开协调小组办公室关于印发《2019—2023年职工代表培训规划》的通知

（国厂开组办发〔2019〕5号）

各省、自治区、直辖市厂务公开协调（领导）小组：

《2019—2023年职工代表培训规划》已经2019年5月22日全国厂务公开协调小组第二十三次会议审议通过。现予印发，请结合本地实际，认真贯彻落实。

全国厂务公开协调小组办公室

2019年6月11日

2019—2023年职工代表培训规划

职工代表培训是企事业单位实行民主管理的基础性工作和战略性工程，是健全以职工代表大会为基本形式的企事业单位民主管理制度体系的重要支撑。全国厂务公开协调小组办公室下发《2014—2018年职工代表培训规划》以来，各地区、各单位认真落实规划，不断加强职工代表培训师资队伍建设，推动职工代表履职能力有了显著提升，为企事业单位民主管理工作提供了充分保障。同时，职工代表培训工作也存在发展不平衡，师资队伍建设与实际需求还有一定差距，培训的广度深度还有待进一步拓展等问题。为培养造就高素质专业化的职工代表队伍，不断把新时代企事业单位民主管理工作推向前进，结合职工代表培训工作实际，制定本规划。

一、指导思想

高举中国特色社会主义伟大旗帜，全面贯彻党的十九大和十九届二中、三中全会精神，以习近平新时代中国特色社会主义思想为指导，以全面增强职工代表履职本领为重点，把强化代表意识、提升能力素质贯穿培训全过程，着力增强职工代表培训的针对性实效性，坚持注重实践、注重能力，联系实际、改革创新，不断深化职工代表培训工作，高质量教育职工代表、高水平服务企业改革发展。

二、主要目标

通过深入扎实推进职工代表培训工作，实现广大职工代表政治理论素养不断提高，对党的基本理论、基本路线、基本方略的政治认同、思想认同、情感认同不断增强，自觉把党的意志和主张落实到广大职工中去。

通过深入扎实推进职工代表培训工作，更加精准、有效地为职工代表提供专业知识和综合能力培训，实现广大职工代表参政议政意识明显增强，履职的基本知识体系不断健全、知识结构不断改善、综合素养不断提高。

通过深入扎实推进职工代表培训工作，建设一支高水平的职工代表师资培训队伍，建立全国职工代表师资培训库，努力实现职工代表培训工作覆盖面不断拓展、内容不断深化、方式不断改进、效果不断凸显，为推进新时代企事业单位民主管理工作打下坚实基础。

围绕以上目标，具体指标如下：

1. 各省（区、市）要围绕本规划提出的目标和任务，结合实际制定本地区职工代表培训五年规划或者实施办法。

2. 各省（区、市）要建设一支高素质职工代表培训师资队伍，在五年内至少要培养 20 名能够讲授有关职工代表培训课程的优秀讲师，为大规模、高质量、常态化、长效化开展职工代表培训提供重要的师资保障。

3. 各省（区、市）要注重加强案例式教学和互动式教学，充分发挥各级厂务公开示范单位的示范引领作用，结合全国厂务公开民主管理示范单位创建活动，在五年内选树出 30 家教学示范点，为职工代表培训提供一批生动鲜活案例样本。

4. 各省（区、市）及所辖地市要不断加大培训工作力度，通过在本级举办示范性培训班，在五年内至少完成 4000 人次民主管理业务培训。其中，每年至少开展一次对工会干部的民主管理业务培训。

5. 各省（区、市）及所辖地市要通过不同层次、各种形式，确保每年至少完成 5 万人次的职工代表培训，确保五年内各企事业单位的职工代表在其一届任期内能够至少接受一次履职能力培训，培训时间累计不少于 8 课时，确保公司制企业的职工董事、职工监事在任期内至少要接受一次履职能力培训，培训时间累计不少于 16 课时。

三、工作举措

（一）强化任务分工。全国厂务公开协调小组及办公室负责示范培训，重点抓好职工代表培训师资队伍建设；省级厂务公开协调领导机构及办公室负责主体培训，定期掌握培训规划完成进度，指导相关业务部门必须完成一定数量的职工代表培训；地市级以下厂务公开协调领导机构及办公室负责适应性培训，加强对企事业单位职工代表培训工作的推动和指导；各企事业单位负责基础性培训，采取多种灵活有效方式，认真组织开展有针对性的职工代表履职能力培训。

（二）改进培训方式。要适应“以需求为导向、以能力为核心”的职工代表学习特点，切实改进职工代表培训的方式方法。综合运用组织调训与自主选学、脱产培训与在职自学相结合的方式，采取就近、就地、短期、专题、送教上门、网络教学、远程培训等灵活多样的办班形式，积极推行互动式、案例式、模拟式、体验式等教学方法，把课堂教学与现场教学、考察学习与工作交流结合起来，提高培训效果。大力推广网络培训和远程教育普及型培训，不断提高职工代表培训的现代化、信息化水平。

（三）完善培训内容。适应新时代企事业单位民主管理工作特点，不断丰富职工代表培训内容，将习近平新时代中国特色社会主义思想，特别是习近平总书记关于工人阶级和工会工作的重要论述；职工代表大会、厂务公开、职工董事职工监事等企事业单位民主管理制度的基本知识；企业生产经营管理以及协调劳动关系的有关法律、法规、政策；提升职工代表履职能力的相关知识等内容作为培训重点。加强教材建设，鼓励各地区、各单位开发一批适应职工代表履职需要和学习特点，体现企事业单位民主管理工作理论和实践最新进展的精品课程、培训教材和基础知识读本，有条件的地方和企业可制作一批教学视频，便于基层企事业单位直接开展培训。

（四）加强师资建设。不断加强职工代表培训理论研究，深化对职工代表培训规律的认识。注重从各级厂务公开协调领导机构工作人员、业务骨干、优秀企业工会主席以及专家学者中选聘政治素质好、理论水平高、善于教学和研究的同志担任兼职教员。推动各级厂务公开协调领导机构建立健全师资库，每年进行更新，实行动态管理和师资共享。

（五）明确进度安排。

2019 年，为培训规划制定年，重点推动各地区、各单位围绕本规划提出的目标和任务，结合实际制定本地区职工代表培训五年规划或者实施办法。

2020 年，为师资队伍建设年，重点推动各地区加大职工代表培训师资力量的充实储备，基本完成培养至少20名能够讲授有关职工代表培训课程的优秀讲师的目标，推动建立全国职工代表培训师资库。

2021年，为中期评估推进年，重点掌握各地区、各单位职工代表五年规划落实进度情况，查摆、改进规划落实过程中存在问题，推动各地区、各单位继续加大工作力度。

2022年，为教学案例选树年，结合全国厂务公开民主管理示范单位创建活动的开展，重点推动各地区落实好30家职工代表培训教学示范单位的选树，为职工代表培训提供一批生动鲜活案例样本。

2023年，为规划总结验收年，重点督促各地做好职工代表培训规划的总结收尾工作。

各地区、各单位要结合培训规划的各项具体指标要求，根据年度重点任务，制定完成规划的进度表和路线图，逐年推进培训规划目标任务落实落地。

四、组织实施

（一）加强组织领导。各级厂务公开协调领导机构及成员单位要各司其职、密切配合、形成合力，不断加强对职工代表培训工作的组织领导，坚持分类分级、统筹安排，对规划实施情况进行督导，确保各项任务扎实推进、取得实效。

（二）做好经费保障。职工代表培训经费实行分级负责的原则。各地区各部门各单位要进一步加大投入，做好经费预算，完善培训经费“跟着培训项目走”的管理办法，严格实行专款专用，为开展职工代表教育培训工作提供充足经费保障。

（三）加强评估监管。各级厂务公开协调领导机构及办公室要建立科学有效的培训考核和评估机制，对培训机构要加强监管，对培训设计、培训实施、培训管理、培训效果等进行评估，及时根据评估结果查找不足、改进工作、提高质量。有条件的地方和企业可探索建立职工代表数据库，对职工代表履职情况进行跟踪反馈，实现培训成果可追溯、可查询、可转换。

（四）加强宣传动员。强化典型示范，突出导向作用，大力宣传推行职工代表培训的典型经验和良好成效。创新宣传方式，充分运用全国厂务公开民主管理网以及各类新闻媒体，采取灵活多样的形式，做好推广动员宣传工作，为在企事业单位广泛深入开展职工代表培训营造良好社会氛围，广泛动员企事业单位、培训机构积极开展职工代表培训。

图书在版编目（CIP）数据

产业工人队伍建设改革工作文件汇编/推进产业工人队伍建设改革协调小组办公室编.
—北京：中国工人出版社，2020.10
ISBN 978-7-5008-7513-0

Ⅰ.①产…　Ⅱ.①推…　Ⅲ.①产业工人—体制改革—文件—汇编—中国
Ⅳ.①D412

中国版本图书馆CIP数据核字（2020）第205896号

产业工人队伍建设改革工作文件汇编

出 版 人	王娇萍
责任编辑	安　静　周子欣
责任印制	栾征宇
出版发行	中国工人出版社
地　　址	北京市东城区鼓楼外大街45号　邮编：100120
网　　址	http://www.wp-china.com
电　　话	（010）62005043（总编室）（010）62005039（印制管理中心） （010）62382916（工会与劳动关系分社）
发行热线	（010）62005996　82029051
经　　销	各地书店
印　　刷	天津中印联印务有限公司
开　　本	710毫米×1000毫米　1/16
印　　张	22.75
字　　数	400千字
版　　次	2020年12月第1版　2020年12月第1次印刷
定　　价	68.00元